풀 뿌 리
민주주의와
아 나 키 즘

삶의 정치 그리고
살림살이의 재구성을 향해

풀 뿌 리
민주주의와
아 나 키 즘

하승우 지음

이매진

풀뿌리민주주의와 아나키즘
삶의 정치 그리고 살림살이의 재구성을 향해

지은이 하승우 **펴낸곳** 이매진 **펴낸이** 정철수
편집 기인선 최예원 김성현 **디자인** 오혜진 **마케팅** 김둘미
처음 찍은 날 2014년 4월 30일 **등록** 2003년 5월 14일 제313-2003-0183호
주소 서울시 마포구 성지5길 17, 301호(합정동) **전화** 02-3141-1917 **팩스** 02-3141-0917
이메일 imaginepub@naver.com **블로그** blog.naver.com/imaginepub
ISBN 979-11-5531-043-4 (03300)

일러두기

― 한글 전용을 원칙으로 했고, 독자가 읽기 쉽게 인명, 지명, 단체명, 정기 간행물 등 낯선 이름은 처음 나올 때 원어를 함께 썼다. 주요 개념이나 한글만 보고 뜻을 짐작하기 힘든 말도 한자나 원어를 함께 썼다.
― 단행본, 정기간행물, 신문에는 겹꺾쇠(《 》)를, 논문, 영화, 방송 프로그램, 연극, 노래, 그림, 오페라 등에는 홑꺾쇠(〈 〉)를 썼다.
― 인명의 경우 관례로 굳어진 것을 빼면 외래어표기법 표기일람표와 용례를 따랐다.
― 인용문의 띄어쓰기는 의미를 크게 해치지 않으면서 원문을 고치기도 했다.

이 도서의 국립중앙도서관 출판시도서목록(CIP)은 서지정보유통지원시스템 홈페이지(http://seoji.nl.go.kr)와 국가자료공동목록시스템(http://www.nl.go.kr/kolisnet)에서 이용하실 수 있습니다.(CIP제어번호: CIP2014014043)

차 례

들어가며 — 풀뿌리, 민주주의, 아나키즘

한국 사회에서 풀뿌리민주주의grassroots democracy에 관한 관심이 점점 높아지고 있다. 한편으로는 풀뿌리 보수주의라는 말이 나오고 있지만, 실감 없이 겉도는 민주주의를 내실 있게 만들려면 삶의 현장에 민주주의를 뿌리내릴 방법을 찾아야 한다는 목소리도 높아지고 있다. 상식적으로 말하면 민주주의의 원리는 '민중의, 민중에 의한, 민중을 위한 정치'다. 그런데 현대의 대의 민주주의는 민중이 권력의 주체임을 자각하고 자처하는 '민중의 정치'라는 의미를 제거하고, '민중에 의한 정치'를 선거로 제한했으며, '민중을 위한 정치'를 민중을 대상화하는 정치적 수사로 만들었다. 특히 한국처럼 매우 중앙 집중화된 대의 민주주의에서 정치는 권력과 화폐, 언론을 소유한 기득권층이 선거를 통해 권력을 정당화하고 민중의 이름을 팔아 이익을 추구하는 과정으로 변질됐다. 기득권층에 맞서 민주 정부를 수립하려는 열망은 있었지만, 그 열정이 정작 자신이 일하고 생활하는 지역사회의 변화로 이어지지 않아 민주주의는 겉도는 말이 돼버렸다. 풀뿌리민주주의에 관한 관심의 증대는 이른바 민주주의의 위기와 무관하지 않다. 이제 민주주의는 다시금 자신의 본래 의미인 '민중성'을 확보하고 실현할 것을 요구받고 있고, 풀뿌리민주주의는 이런 요구에 보내는 시대적인 응답이라 얘기할 수 있다. 풀뿌리민주주의는 '민주화 이후의 민주주의'만이 아니라 '민주주의의 민주화'를 요구한다.

그리고 민주주의의 주체에 관련해서 보면 풀뿌리민주주의는 '시민 없는 시민운동'의 한계를 지적하며 시민들을 삶의 주체로 세우려는 이론이다. 과거의 사회운동이 '민주 대 반민주'나 '국가 대 시민사회', '합리성 대 비합리성'이라는 대립 축을 중심으로 전개됐다면, 이제는 사회의 변화에 발맞춰 새로운 내용과 형식을 갖춰야 한다는 주장이 설득력을 얻고 있다. 1987년 6월 민주항쟁 이후 시민운동 단체들이 양적인 면에서 성장을 거듭하지만, 여기에 발맞춰 시민들의 자발적인 참여가 증가하거나 시민사회의 구조가 내부적으로 탄탄해지는 모습을 찾아보기는 어렵다. 오히려 한국의 시민사회가 내부 구조 면에서 아주 취약하다는 연구 결과가 발표되고, 시민운동 단체들의 내부 의사 결정 과정이나 의사소통 구조가 비민주적이라는 지적도 계속 있었다. 그런 의미에서 시민사회가 성장할 수 있는 '방법'으로서, 그리고 단순히 제도나 정책을 바꾸는 게 아니라 시민 주체를 부각하고 성장하게 하는 '과정'으로 풀뿌리민주주의는 주목받고 있다.

또한 수도권 집중도가 매우 심각한 한국의 현실을 고려할 때, 풀뿌리민주주의에 관한 관심은 지역과 지방을 향한 관심이기도 하다. 수도권 문제는 단지 인구 집중의 문제가 아니라 지역 간 불균등 발전과 지역 격차를 가져온 구조적인 문제이기 때문이다. '내부 식민지'라는 개념이 주장될 정도로 한국의 상황은 심각하다. 식민지 시대에 만들어진 강력한 중앙집권형 국가 체계는 거의 변화 없이 지금까지 유지돼왔다. 해방 이후 실시된 지방자치 제도가 박정희 정부 때 중단된 뒤 1991년에 부활하기는 했지만 중앙이 기획하고 지방/지역이 실행하는 구조는 지금도 변함없이 유지되고 있다. 그런 의미에서 풀뿌리민주주의에 관한 관심은 지방자치와 주민자치, 자치와 자급을 향한 관심에도 맞닿아 있다. 지역사회의 역량을 강화하고 대안적인 지역사회 비전을 만드는 중요한 방법으로서 풀뿌리민주주의가 강조된다.

그런데 이렇게 높아지는 관심에 견줘 풀뿌리민주주의에 관한 논의는 턱없이 부족한 실정이다. 그동안 한국에서 진행된 연구들을 살펴보면,

풀뿌리민주주의라는 말은 주로 진행 중인 지방자치 운동이나 지방정부의 성과를 설명하는 개념으로 사용되고 있을 뿐 독자적인 이론으로 자리 잡지 못하고 있다. 그리고 진지한 이론적 고찰보다는 지역운동 사례를 다루기 위한 방법으로 풀뿌리민주주의가 거론되는 정도였다. 상향식 민주주의라는 관점이나 시민사회 이론으로 풀뿌리민주주의를 설명하려 했지만, 개별 사례를 부각시키거나 부분적인 설명을 시도할 뿐 풀뿌리민주주의의 이론적인 지향을 제시하지는 못했다. 또한 시기 측면에서도 기존 연구들은 한국 사회의 풀뿌리민주주의의 역사를 주로 1987년 민주화 이후 시기에서만 찾고 한국 현대사와 풀뿌리민주주의의 관계를 설명하지는 못했다.

풀뿌리민주주의에 관한 논의가 부족하고 논의 방식이 협소한 현실은 한국뿐 아니라 해외 연구에서도 드러난다. 영미권에서 진행된 논의들도 주로 지역 거버넌스local governance나 지역 정치local politics, 공동체 권력community power 차원에서 풀뿌리민주주의를 다룬다. 풀뿌리민주주의가 작은 지역사회나 소규모 지역 공동체에만 적용될 수 있다는 생각은 이 개념을 적극적으로 주장하는 이론가들 사이에서도 드러난다. 그러다 보니 개념의 타당성을 주로 공동체운동 같은 실증적인 사례 연구를 통해서만 증명하려 하고, 하나의 이념과 지향으로서 풀뿌리민주주의의 의미는 잘 드러나지 않았다.

이렇게 이론적인 기반이 부족한 상황에서도 풀뿌리민주주의를 실현하려는 운동은 1968년 이후 전세계에서, 그리고 한국의 경우 1970년대 이후 지역사회를 기반으로 삼은 풀뿌리 주민운동 단체나 협동조합운동을 통해 경험을 축적하고 역사를 만들어왔다. 국가권력과 재벌의 억압과 간섭을 받으면서도 풀뿌리운동은 지역사회에 서서히 뿌리를 내려왔고, 1991년에 지방자치제가 부활된 뒤에는 다양한 영역으로 활동을 넓히고 있다. 참여예산운동, 학교급식이나 보육, 주민 참여에 관련된 조례 제정 또는 개정 운동, 마을 만들기, 협동조합운동, 정보 공개와 주민참여운동 등 한국 사회에서도 다양한 형태로 풀뿌리운동이 전개되고 있다. 이렇게 운동이 활발해지면서 운동의 경험을 비교하고 분석할 수 있는 이론적 틀이 필요해졌지만 관련된 연구는 매우 부족하다. 풀뿌리민주주의에서 이론과 경험의 불균형이 점점 더 심해지고 있다. 이 책은 이런 불균형을 바로잡는 좋은 계기가 될 것이다.

이 책은 아나키즘의 관점에서 풀뿌리민주주의의 이론적 기반을 다지려 한다. 아나키즘의 관점에서 풀뿌리민주주의를 접근하는 것은 크게 네 가지 이유 때문이다.

첫째, 이 책은 아나키즘을 통해 한국 사회에서 풀뿌리민주주의의 전통을 복원하려 한다. 보통 풀뿌리민주주의에 관련된 연구들은 1987년 이후 시기만 다루거나 1991년 지방자치 제도가 부활된 이후의 시기만을 다룬다. 그 전까지는 강력한 중앙집권형 국가에 군사독재가 지배하던 시기라 사실 민주주의를 얘기하기 어려웠다. 그러나 어떤 제도가 뿌리를 내리려면 오랜 세월 동안 누적된 전통이 필요하다. 특히 시민 참여의 경우에는 그런 전통이 더더욱 절실하고 또 필요하다. 그런데 풀뿌리민주주의에 관련된 논의들은 한국 사회에 존재하는 그런 전통을 파악하지 못했다.

이 책은 한국 사회가 풀뿌리민주주의의 역사적 경험을 가지고 있다고 본다. 조선 후기에 생겨난 두레 같은 공동 노동 조직이나 계 같은 자조 모임들은 내부에 민주주의의 맹아를 품고 있었다. 민주주의의 기본이라 할 '회의하는 전통'이 두레나 동계, 촌회 같은 마을 단위 모임에 전해지고 있었고, 일터와 삶터에서 모두 협동이 기운이 싹트고 있었다. 그런 전통이 있었기 때문에 일제 강점기에 수용된 아나키즘은 대종교 계통의 민족주의자들이 주장하던 대동사상이나 공자나 맹자의 원시 유교나 노자의 무치주의無治主義 등 한국의 전통사상하고 어울리면서 발전할수 있었다. 1930년대까지 주요한 사회사상으로 자리 잡은 아나키즘은해방 이후에도 이어졌으며, 이런 흐름은 직간접으로 풀뿌리민주주의에연관된다. 예를 들어 1945년 9월 해방 직후 만들어진 아나키스트 단체인 '자유사회건설자연맹'은 "우리는 독재정치를 배격하고 완전한 자유의 조선건설을 기한다. 우리는 집산주의 경제제도를 거부하고 지방 분산주의의 실현을 기한다. 우리는 상호부조에 의한 인류일가이상人類一家理想의 구현을 기한다"는 강령을 선포했는데, 이런 주장은 풀뿌리민주주의하고 무관하지 않다. 따라서 아나키즘의 전통과 그 맥을 살리는 일은 풀뿌리민주주의를 우리 전통 속에서 파악할 수 있는 계기를 마련해준다.

한편 이론 연구하고 다르게 현실의 실천 운동은 풀뿌리민주주의에관련된 논의들을 민초민주주의民草民主主義라는 형태로 발전시키기도 했다(민초라는 표현은 동학의 뜻을 이어받아 근대 문명의 한계를 극복하려한 생명운동에서 주로 사용됐다). 1970년대 이후 원주에서 무위당 장일순 등이 시작한 생명운동은 그 뒤 한살림모임이나 생명민회운동으로 발전했는데, 이런 시도들은 "낭비와 파괴를 구조적으로 강요하는 자본주의적 시장기구로부터 가능한 한의 독립성을 유지하여, 자치적 '해방구'를 만들어보려는 노력"(장일순 2005)인 동시에 "민초들은 스스로 그 무의의 탁월한 자연 생명의 질서를 깨달아 스스로 변화하고, 스스로 다스리고, 스스로 운명을 결정하여 나아간다"(김지하 2003)는 점을 강조했다. 아나키즘이 내포한 사회혁명의 문제의식 역시 이런 지향을 공유하고 있다. 따라서 아나키즘으로 거슬러 올라가면 한국 사회 풀뿌리민주주의의 전통은훨씬 넓게 파악될 수 있다. 그리고 아나키즘의 전통과 그 맥을 살리는것은 풀뿌리민주주의를 우리 전통 속에서 파악할 수 있는 계기를 마련해준다. 이런 내용을 2부에서 다루려 한다.

둘째, 아나키즘의 이론적 특징, 특히 분권과 연방주의는 풀뿌리민주주의에 밀접한 연관성을 가지고 있다. 보통 아나키즘은 모든 형태의 권력을 거부한다는 오해에 시달리고 무정부주의라는 비판을 받아왔지만 프루동P. Proudhon이나 크로폿킨P. Kropotkin 같은 아나키스트들은 자유로운 코뮌에서 권력의 존재를 인정했다. 프루동은 자치라는 민주주의의 가장 위대한 원리가 연방주의에서 자연스레 구현될 것이라고 주장했다. 각 지방의 자치를 보장하고 권력이 상향식으로 구성되는 연방주의만이 시민의 참된 주권을 보장하고 시민이 대표/대리인들을 해임하거나 소환하면서 자신들의 일반의지를 실행할 수 있다고 믿었기 때문이다. 크로폿킨 역시 캐나다와 미국의 연방주의에 관심을 가졌고 러시아로 돌아간 뒤에는 소비에트의 연방화를 주장했다. 크로폿킨의 아나키즘은 권력 자체를 전면 거부하는 방식을 뜻하는 게 아니라, 하향식으로 강요당하는 국가, 아래에서 위로 올라오는 민중의 의지를 거부하는 국가를 반대했다고 해석할 수 있다. 크로폿킨은 국가를 부정했지만 권력이 분산된 연방 공화국을 지지했고 실제로 자치가 보장되는 연방 정부를 구상했다.

아나키즘의 이런 권력관과 정치 이론은 시민 참여의 활성화와 자치를 주장하는 풀뿌리민주주의하고 잘 어울린다. 그리고 풀뿌리민주주의를 민주주의의 한 지류가 아니라 '민주주 이론'으로 다루려면 작은 지역 공동체뿐 아니라 국가 단위에도 적용될 수 있어야 한다. 강력한 중앙 집권형 국가에서는 개별 정치 공동체의 자율성이 보장되지 않는다는 점을 고려하면, '국가 안의 국가'를 지향하는 연방주의야말로 풀뿌리민주주의가 지향할 사회 모델로 이야기될 수 있다. 그렇지만 현재까지 풀뿌리민주주의와 연방주의를 함께 다루는 논의는 거의 없었다고 해도 지나치지 않다. 따라서 3부에서는 아나키즘의 권력관과 연방주의의 관점에서 풀뿌리민주주의의 이론적 기반을 다지려 한다.

셋째, 아나키즘의 원리를 따르는 협동조합운동이나 대안 공동체, 대안 학교 등은 한국 사회에서 풀뿌리민주주의를 실현하는 중요한 흐름이다. 아나키즘은 사회를 근본적으로 변화시킬 수 있는 다양한 사회적 실천을 장려해왔다. 예를 들어 공동육아나 대안 학교를 만드는 실천, 생산협동조합이나 소비협동조합을 만들어 농촌과 도시의 '서로 살림相生'을 앞당기려는 실천, 농촌과 도시에 대안적인 마을 공동체를 세우려는 실천, 대안적인 의료 체계를 만들려는 실천 등 다양한 실천이 있었고, 아나키즘은 이런 삶의 변화를 통해서만 국가를 대신할 힘이, 국가 없이 살 수 있는 힘이 만들어질 수 있다고 강조했다.

크로폿킨은 협동조합의 '보편적인 복지와 생산자들의 복지'라는 특성이 사회적이고 건전한 정신을 기르는 중요한 기구라고 봤다. 이런 협동조합들이 사회의 계급 구조를 직접 해체하지는 못하지만, 작은 마을에서는 사회적인 차별을 실질적으로 완화하며 가난한 사람들의 생활을 돕고 향상시킬 뿐 아니라 공통의 필요를 구성함으로써 생활을 조직하기 때문이다. 때로는 이런 활동이 국가의 경계를 뛰어넘어 국제적인 활동으로 발전하기 때문이다. 그리고 이런 활동으로 다져진 경험은 시민의 자존감을 높인다.

또한 아나키즘이 주장하는 임금 제도의 폐지 또는 개인이나 코뮌 간의 자유로운 협약을 통한 공산주의 사회의 실현은 경제를 이해관계나 수익이나 화폐가치의 관점이 아니라 필요와 호혜와 상생의 관점에서 바라볼 수 있게 해준다. 자본주의는 위기를 반복하고 있는데 마땅한 대안은 보이지 않는다. 협동조합이나 사회적 기업 등이 대안으로 얘기되지만 전체 사회가 어떻게 바뀌어야 하는지에 관한 고민은 쉽게 풀리지 않는다. 자치가 자급을 통해서만 가능하다는 점을 생각하면 살림살이는 풀뿌리민주주의의 중요한 과제다. 아나키즘은 이런 과제를 푸는 데 여러 시사점을 준다. 이런 내용을 4부에서 다루려 한다.

넷째, 풀뿌리민주주의는 단순히 아래에서 시작해 변화의 씨앗을 만들자는 '운동의 전략'이 아니다. 오히려 풀뿌리민주주의는 우리의 삶이 단단하게 이 땅에 뿌리를 내려서 권력이 우리를 밀어내고 갈아엎으려 해도 잡초처럼 끈질기게 버텨보자는, 그리고 서로 뿌리를 단단히 얽어서 함께 살아보자는 '생활의 전략'이다. 운동의 가치에 동의하는 사람들이 늘어나야 하지만, 그 가치가 생활로 단단히 묶이지 않으면, 따라서 운동의 가치와 삶이 단단히 서로 부둥켜안고 받쳐주지 않으면 변화는 지속되기 어렵다. 풀뿌리민주주의는 변화의 과정이면서 그것 자체가 변화의 목표다.

마찬가지로 아나키즘은 특정한 역사 법칙을 따르거나 특정한 세력이 사회를 이끌어야 한다고 보지 않았다. 아나키스트들은 역사가 역사적 유물론이나 과학적 사회주의 같은 특정한 발전 법칙에 따라 실현된다는 마르크스주의자들의 이론을 거부했다. 새로운 사회의 구체적인 청사진이 미리 그려질 수 없다고 본 아나키스트들은 새로운 사회란 그 목표를 추구하는 과정에서, 그리고 운동에 참여하는 대중의 집단적 활력을 통해 구성돼야 한다고 강조했다. 소외되고 배제된 사람들이 정치 주체로 성장하는 '과정 중심의 민주주의'를 중시하는 풀뿌리민주주의의 특징도 이런 특성에 무관하지 않다. 최근 '오큐파이occupy 운동'을 비롯해 새롭게 등장하는 아나키즘 운동도 이런 점을 강조한다.

풀뿌리민주주의가 지향하는 가치 또한 자기의식을 되찾은 시민이 스스로 세상을 바꾸는 데 있다. 정치적으로 소외된 시민이 정치의 주체로 성장해 공동체를 이끈다는 생각은 각각의 시민이 정치적 가능성과 잠재성을 품고 있다는 점을 인정하고, 시민운동이 일방적인 선동보다 지속적인 대화와 상호 이해를 지향할 때만 가능하다. 풀뿌리민주주의에 관련된 여러 논의들이 이 점을 늘 강조했지만, 당위적인 수준이었을 뿐 이론적인 차원으로 끌어올리지는 못했다. 아나키즘은 이런 점을 보완할 수 있다. 5부에서 이런 내용을 다루려 한다.

마지막 6부에서는 아나키즘의 이념을 통해 한국 풀뿌리민주주의의 발전 방향을 모색하려 한다. 아나키즘의 연방주의는 한국의 풀뿌리운동이 지방자치라는 다분히 형식화된 틀을 넘어 새로운 국가 구조를 고민하게 한다. 국가 안의 국가를 만들고 연합의 논리를 실현하는 연방주의는 다양한 풀뿌리들이 상생의 길을 모색할 수 있는 틀을 제시할 것이다. 그리고 아나키즘의 호혜와 자급의 경제는 풀뿌리운동이 협동조합과 다양한 형태의 공동 노동 형식을 통해 살림살이의 사회성을 다시 실현해야 한다는 점을 강조한다. 이윤을 넘어서는 관계의 형성과 확장을 목적으로 하고, 상품이 아니라 생활재를 생산하면서 살림살이를 지키는 실천과 자급의 운동이 풀뿌리민주주의를 강화하는 바탕이다. 또한 아나키즘이 제기하는 사회적 개인과 주체성은 풀뿌리민주주의를 실현할 다양한 주체들을 구성할 것이다. 이런 주체의 활성화에 도움을 주는 기본소득과 지역화폐의 활성화는 다른 경제를 구현할 힘을 마련할 밑바탕이 된다.

사실 모순되지만 이 책은 한국연구재단의 지원을 받았다. 이 책을 쓰는 동안 나는 대학을 떠날 준비를 했고, 이를 위한 대비가 필요했다. 그리고 그런 대비 덕분인지 2012년부터는 대학 강의도 관둘 수 있었다(그 시점부터 지원이 끝났지만). 그때나 지금이나 누군가의 표현을 빌면 '상근저자'를 모색할 정도로 글을 파는 처지라 이 책에 담긴 고민들은 내가 써온 여러 글들에서 조금씩 드러난 바 있다. 그리고 긴 호흡으로 썼지만 지금 시점으로 끊어보면 내가 봐도 여전히 부족한 부분들이 보인다.

그 부분은 더 치열한 고민과 삶으로 채워야 할 것 같다. 부족한 면이 많지만 하고 싶은 일을 좋은 사람들과 함께 하고 싶다는 마음으로 지금껏 살고 있다. 아나키즘은 그런 마음을 지켜주고 삶을 살아가게 한다.

또 모순되지만 이 책을 쓰는 동안에 아이도 한 명 태어났다. 결혼도 하고 아이도 있고 아나키즘을 얘기하는 사람으로선 분명하지 않은 삶이다. 어느 순간부터 흐릿한 경계인으로 사는 게 약간 몸에 익었다. 경계에 있기에 만날 수 있는 여러 사람들이 내게 생기를 불어넣어 주기 때문이다. 그래서 나는 앞으로도 계속 흐릿하게 살 것 같다. 그 삶의 과정에서 만난 각시, 솔랑군, 풀뿌리자치연구소 이음 사람들, 땡땡책협동조합 사람들, 협동조합을 비롯한 많은 곳에서 대안을 일구는 사람들, 독서회를 통해 만난 사람들, 함께 하지 못함에 가슴 졸이게 만드는 사람들, 여전히 지키며 싸우고 있는 사람들과 계속 만남을 이어가고 싶다.

※ 이 책은 2009년도 정부(교육부)의 재원으로 한국연구재단의 지원을 받아 수행된 연구임 (NRF-2009-812-B00009).

1부

풀뿌리운동과
풀 뿌 리
민 주 주 의

보통 풀뿌리민주주의는 작은 공동체나 지역사회에서 실현되는 민주주의를 가리키는 말로 사용된다. 풀뿌리민주주의는 직접민주주의나 참여민주주의하고 같은 의미로 사용되고, 그런 민주주의를 가능하게 하는 '규모의 민주주의'[1]로 해석되기도 한다. 그런데 그렇게 직접적인 정치 참여나 규모만으로 풀뿌리민주주의를 정의하면, '풀뿌리grassroots'의 의미가 잘 부각되지 않는다.

풀뿌리민주주의는 단순히 민주주의를 지역 차원으로 확대하는 것을 뜻하지 않는다. 풀뿌리민주주의는 민주주의를 그 근본에서 되짚어보려는 노력이고, 좌와 우라는 이념 스펙트럼도 뛰어넘는 개념이다. 민주주의는 데모스, 곧 민초가 결정권을 행사하는 과정을 보장하는 것이다. 모두 참여할 수는 없더라도 누구나 참여할 수 있게 하고, 단지 발언권만 주는 데 그치지 않고 실질적인 의결권을 행사할 수 있게 하는 것이 민주주의다. 나아가 삶의 중요한 결정들이 나와 우리의 자기 결정권을 통해 내려져야 한다고 보는 것이 민주주의다.

그런 의미에서 풀뿌리민주주의는 자본주의 사회의 '1원 1표'의 민주주의나 사회주의 사회의 '1인 1표' 민주주의를 모두 찬성하지 않는다. 풀뿌리민주주의는 자본주의와 사회주의에 모두 스며들어 있는 기계적인 합리성, 형식화되고 이름뿐인 민주주의에 반대한다. 남보다 많은 영향력을 행사하며 군림하거나 전부 똑같은 권리를 누린다며 실질적인 개입을 무력하게 만드는 방식에 모두 반대한다. 근본적으로 풀뿌리민주

---

1 보통 고대 아테네의 민주주의를 예로 들며 작은 공동체에서만 직접민주주의가 가능하다고 얘기한다. 플라톤 같은 고대 서양 정치사상가들은 규모와 인구가 작아야 민주주의가 가능하다고 봤다. 동양의 사상가 노자도 '소국과민(小國寡民)'을 주장하며 작은 나라에서만 백성들이 소박함과 순박함을 잃지 않고 평화를 누릴 수 있다고 했다. 이렇듯 민주주의는 지나치게 크지 않은 공동체를 전제한다. 그래서 직접민주주의란 규모가 작은 도시국가에서 가능할 뿐 규모가 크고 복잡한 근대 사회에서는 불가능하다고 많은 정치학자들은 주장하기도 한다.

주의는 자본주의와 사회주의에서 대의민주주의를 따르며 관료화되고 중앙집권화되는 경향에 반대한다. 이런 의미를 파악해야 풀뿌리민주주의를 올바로 이해할 수 있다. 1부에서는 풀뿌리민주주의가 어떤 맥락에서, 어떤 과정을 거쳐 등장했는지 살펴보자.

1장. 변질한 민주주의와 분출하는 풀뿌리운동

1. 대의민주주의와 민주주의 개념의 변질

근대의 대의민주주의는 고대 아테네 직접민주주의의 대척점에 있다. 민주주의의 종류는 직접민주주의, 대의민주주의, 사회민주주의, 참여민주주의, 자유민주주의 등 다양하지만, 가장 대립되는 흐름은 직접민주주의와 대의민주주의다. 근대에 확립된 대의민주주의는 주권이 인민에게 있다는 '인민주권'을 주장하지만 실제 권력의 행사를 대표자에게 맡긴다는 점에서 지배자와 피지배자의 일치를 추구하는 직접민주주의하고 근본적으로 다르다. 풀뿌리민주주의는 권력의 소유자와 사용자가 분리될 수 있다는 생각에 맞선 도전인 만큼 대의민주주의의 속성을 정리하는 과정에서 그 문제의식이 더 분명해질 수 있을 것이다.

근대의 대의 정부 이론은 주권의 양도transferring를 구상한 토마스 홉스Thomos Hobbes에서 시작됐다. 홉스 이전의 공화주의자들에게는 주권이란 완전히 넘겨줄 수 없는 것이었기 때문이다(스키너 2004, 87). 예를 들어 인민주권을 주장한 파두아의 마르실리우스Marsilius of Padua는 "인민이 자신의 주권을 행사할 권리를 최고 통치자 또는 집행권자에게 이양하기로 동의했다 할지라도 그 공직자가 '절대적인 의미의 입법자가 될 수는 결코 없고 다만 상대적인 의미에서 그리고 일정한 기간 동안만' 그럴 수 있을 뿐이라고 역설"했다(스키너 2004, 191~192). 마키아벨리 역시 군주가 절대 권력을 확보할 수 있는 기술을 설파한 것이 아니라 개개의 시민이 공화국의 위대함과 조화할 수 있는 다양한 방법을 고민했다(군주보다 시민의 위대함을 강조하는 마키아벨리의 견해는 《군주론》보다 《로마사 논고》에서 잘 드러난다).[1] 공화주의는 대의 정부가 아니라 혼합정체mixed system를 모색했고 대의보다 시민들의 덕성을 개발하고 공동체를 활성화시킬 참여를 강조했다. 정치는 다양한 주체들의 역동적인 참여와 개입을 권장하는데, 대의민주주의는 주권이 인민에게 있지만 대표자가 인민을 대신해 입법과 집행권을 가진다고 보면서 인민과 대표자를 구분했다.

이런 낯선 전환이 어떻게 가능했을까? 자신의 결정권을 포기하지 않겠다고 주장하는 사람들을 대의민주주의는 어떻게 설득할까? 홉스는 폭력적인 자연 상태와 계산적인 합리성을 소유한 인간 존재를 가정해서 절대 주권인 리바이어던의 필요성을 끌어냈다. 홉스는 주요 저작인《시민De Cive》(1642)과 《리바이어던Leviathan》(1651)에서 그런 구상을 분명하게 드러냈다. 인간은 자연 상태에서 느끼는 공포, 곧 폭력적인 죽음이 주는 공포에서 벗어나 목숨을 보존하려고 모든 권리를 한 개인이나 평의회로 양도한다. 자연 상태에서 다수의 상태로 존재하던 다중multitude은 자신의 의지와 판단을 리바이어던에 모두 양도하고 국민people이 된다(Hobbes 1949, 70~71).[2] 그런데 자연 상태의 다중은 주권을 양도하고 리바이어던에 복종함으로써 주권의 입안자author가 된다. 주권을 완전히 양도하는 대부분의 국민하고 다르게 주권자는 국민을 돌봐야 한다는 요구를 받지만 절대적인 권력을 누릴 수 있다. 주권자는 하나의 인격체로서 전체 인민을 대

---

1 "신중함과 침착성에 대해 나는 인민이 군주보다 더 신중하고, 더 침착하며, 더 우월한 판단력을 가지고 있다고 말하겠다. 이 점에서 인민의 목소리를 신의 목소리에 비유하는 속담 역시 근거가 없지는 않다. 왜냐하면 속담은 앞날을 내다보는 놀라운 힘을 갖고 있기 때문이다"(마키아벨리 2003, 251). 그리고 "군주국에 비교할 때, 공화국은 자국 내에 존재하는 시민들의 다양성을 활용하여 시대적 조건의 다양성에 훨씬 잘 적응시킬 수 있다. 따라서 군주국보다 훨씬 더 오래 지속하며 행운을 더 오래 누릴 수 있다. 그러나 한 가지 방식으로 행동하는 데 익숙해진 사람은 내가 말한 대로 결코 변하지 않는다. 그러므로 시대가 변하여 그의 방식과 조화되지 않으면, 그는 필연적으로 몰락하게 마련이다"(마키아벨리 2003, 464~465).
2 홉스는 다중이 아니라 국민이라는 표현을 사용해 국가권력을 정당화했다. 비르노는 다중을 향한 공포가 가장 강하게 드러난 책이 바로 《시민》이라고 얘기한다(비르노 2004, 38~41).

표하고, "이 인격체의 통일성은 대표되는 자가 아니라 대표하는 자에게 있다"(Hobbes 1962, 127). 홉스에게서 이런 유기적인 관계는 정체body politic와 신체의 연관성으로 완성된다.

주권은 국가commonwealth의 영혼soul이기에, 일단 한번 육체를 벗어나면 구성원들은 더 이상 그 영혼에게서 신호를 받지 못한다. 복종의 목적은 생존이다.(Hobbes 1962, 167)

홉스의 대의정치는 자기 보존과 안전을 위해 주권자에게 철저히 복종하는 정치이자 나를 던져서 주권이라는 영혼의 육체를 구성하는 행위다. 이는 자연 상태에서 누리던 권리를 잠정적이고 일시적으로 위임하는 게 아니라 인간 의지의 완전한 양도를 의미한다. 그리고 각각의 정치적인 의지는 생존 가능성과 이익을 고려하는 계산적인 이성으로 대체된다. 더구나 홉스의 리바이어던은 사람들이 무엇을 얘기하고 학습할 것인지도 결정하는 절대적인 권한을 가진다. 한나 아렌트H. Arendt의 지적처럼 홉스는 열망의 대상은 제각기 다르지만 열망 자체는 모든 인간에게 동일하다고 가정했다(아렌트 1997, 367).

리바이어던은 사람들의 발언권을 철저히 봉쇄하는 절대 권력이라고 할 수 있으며, 홉스에게는 리바이어던의 목소리가 곧 인민의 목소리다. 리바이어던에서 민주주의는 불가능할 뿐 아니라 위험한 것이다. 민중은 자신의 주권을 포기해야만 주권자의 보호를 받을 수 있고 정치에 관여할 수 있다는 '역설'을 강요당한다. 시민이 스스로 수동적이 돼야만 안전과 질서를 얻을 수 있다는 부당한 논리는 민주주의의 정신과 활동에 좋지 않은 영향을 미칠 수밖에 없다.

홉스의 뒤를 이은 존 로크John Locke는 부권paternal power과 정치권력political

power을 구분하면서 모든 사람이 자연법에 따라 서로 도움을 주고받고 생존을 도모하는 평화로운 자연 상태를 구상했다. 홉스의 이론하고 다르게 자연 상태에서도 인간은 자기 의지를 타인에게 지나치게 강요하지 않는 평온한 이성calm reason과 양심의 명령conscience dictate에 따라 자연법을 지킨다. 다만 로크는 모든 사람이 재판권을 가지는 상황, 곧 법률이 없는 자연 상태의 불편함을 피하고 바로잡기 위해, 그리고 생명과 자유, 재산을 모두 뜻하는 소유property를 더 평화롭고 안전하게 지키기 위해 정치사회 또는 시민사회가 세워져야 한다고 봤다. 그렇지만 홉스하고 다르게 로크는 절대 군주 혼자만 자유를 계속 누리는 상황이야말로 사회를 위험에 빠뜨리게 된다고 비판했다. 정치사회에서는 어느 누구도 그 사회의 법률에서 면제될 수 없다(Locke 1993, 262~327).

언뜻 보면 홉스보다 로크가 훨씬 더 민주적인 것 같지만, 사실 그렇게 보기는 어렵다. 로크는 민주주의와 정치의 초점을 경제로 전환시켰기 때문이다. 로크는 사람들의 동의에서 정치사회의 기원을 찾았고, 정치사회인 국가commonwealth는 입법권과 집행권, 연합권federative power을 가진다. 로크에게 정부 구성의 목적은 홉스하고 다르게 생명의 보존이 아니라 소유, 그중에서도 특히 재산의 보존이었다. 따라서 국가에서도 개인의 독자적인 이해관계, 더 분명하게 말해 소유property는 그대로 유지될 뿐 아니라 생명하고 같은 비중으로 국가의 적극적인 보호를 받는다. 중세까지 사회의 그늘에 가려졌던 소유의 존재가 전면에 드러났다.

> 입법권은 국민의 생명과 재산을 완전히 자의적으로 다룰 수 있는 권력이 아니며, 또 그런 권력이 될 수도 없다.(Locke 1993, 329)

목숨만큼 소중한 소유권이라는 관념이 로크를 통해 전파된다. 로크는 절대 권력을 거부하고 시민에게 정치적 인격을 부여했지만, 정치의 구실을 소유의 보존으로 제한했다. 로크의 이론에서 정치는 분쟁을 해결하기 위한 수단으로 전락하고 수동성을 띤다. 자연스럽게 모든 사람이 정치에 개입할 필요는 없어진다.

로크는 각자 입법권을 행사하지 않고 "진정 적합하다고 생각하는 사람의 손에"넘겨줘야 한다고 여겼다(Locke 1993, 331). 그리고 이 대의 정부는 다수결로 결정을 내렸다. "다수가 나머지를 결정할 수 없는 곳에서 사회는 하나의 통일체로 행동할 수 없고 결국 그 즉시 다시 해체될 것"이기 때문이다(Locke 1993, 311). 물론 로크는 입법권과 집행권이 서로 견제하게 만들고 때로는 잘못된 권력에 맞선 인민의 무력 저항까지 인정한 점에서 홉스하고 달랐지만, 주권의 양도와 대의를 주장한 점에서는 동일했다. 그리고 로크도 발언권은 대표에 제한했다. 더 중요한 점은 로크가 정치의 구실을 소유권의 보장으로 축소했다는 사실이며, 이 점은 정치 민주주의가 경제의 비민주성을 유지하고 보호하는 논리로 이어졌다. 맥퍼슨C. B. Macpherson이 홉스와 로크의 자유주의를 '소유적 개인주의possessive individualism'라 비판하는 것도 같은 맥락이다.

홉스나 로크하고 다르게 존 스튜어트 밀John Stuart Mill은 로크가 분명하게 나누지 못한 정치사회와 시민사회를 구분하면서, 시민사회의 자율성을 확보하고 정부가 개인의 자아실현을 지원하게 만들려 했다. 홉스와 로크의 정치 이론이 목숨이나 소유의 보존처럼 소극적이고 수동적인 차원에 머물렀다면, 밀은 정치가 적극적으로 개인의 권리를 보호하고 개인의 의견을 활성화해야 한다고 봤다. 또한 밀은 정부의 권력만이 아니라 여론의 압력이나 다수의 폭압에도 맞서야 한다고 봤고, 이런 논리는 로크가 불가피하다고 본 다수결을 거부하고 다양성을 존중해야 한다는 주장으로 발전했다. 밀은 적극적으로 의견을 표현할 자유가 시민에

게 필요하다고 강조했다.[3]

그런데 밀이 주장하는 활발한 의견 표현은 사회의 모든 구성원을 위한 것이 아니었다. 공중public에 "소수의 현명한 자와 다수의 어리석은 개인"이 함께 속해 있다고 본 밀은 다수란 언제나 스스로 생각하지 않고다른 사람의 주장을 맹종한다고 비판했다(Mill 1998, 26). 밀은 현명한 소수만이 이 땅의 소금이며 이런 존재가 자랄 수 있는 토양을 보존하기 위해 다양성이 필요하다고 주장했다. 특히 밀은 현대 사회에서 대중이 군중 속에 묻혀 있고 이런 개인들의 무리인 대중이 정부를 이끄는 현상을, 곧 "평범한 사람들의 정부가 평범한 정부가 되는" 현상을 비판했다(Mill 1998, 74).

그런 의미에서 밀이 구상한 다양한 의견의 자유로운 표현은 뛰어난소수가 무지한 다수의 힘에 억눌리지 않기 위한 방패막이였다. 밀은 평범한 사람들의 발언인 여론을 전적으로 무시하지 않았지만 여론이 가진동질성을 경계해야 한다고 생각했다. 이런 생각은 민주주의를 바라보는 관점에도 연관된다. 밀은 자치(self-government)나 스스로 다스리는 민중권력power of the people over themselves이 실제 현실을 은폐하는 개념이라고 봤다.권력을 행사하는 민중은 지배를 받는 민중하고 결코 동일하지 않고, 자치 역시 다수로 불리는 타인이 하는 지배를 의미한다고 생각했기 때문이다(Mill, 1998: 14). 그래서 밀은 '선출되고 책임을 지는 통치elective and responsiblegovernment'를 실현하는 것이 현실적이고 좋은 대안이라고 주장했다. 밀은선한 전제군주란 현실적으로 불가능하다고 보면서 대의 정부가 유일한

---

3 밀은 의견의 자유와 의견을 표현할 자유가 필요한 이유를 네 가지로 설명한다. 첫째, 강제적으로 침묵하게된 의견이 진리일 수 있다. 우리의 판단은 언제나 오류를 범할 수 있다. 둘째, 침묵하게 된 의견이 오류라고 하더라도 그 의견은 부분적으로 진리를 가질 수 있다. 셋째, 일반적인 사회 통념이 진리라 하더라도 비판이나 반대 의견이 없다면 사람들은 그 통념을 합리적인 근거로 이해하지 않고 편견의 형태로 지지하게 될 것이다. 넷째,자유로운 토론이 없다면 교리 자체의 의미가 상실되거나 약화되고 개인의 행위는 활력을 잃게 된다(Mill 1998,59~61).

해결책이라고 주장했다. "단일하고 조그만 마을의 규모보다 커진 공동체에서 공적인 사안에 모든 사람이 참여할 수는 없기 때문에 완벽한 정부의 이상적인 형태는 대의제여야만 한다는 점은 이해된다"(Mill 1998, 256).

선거로 선출된 대표에게 권한을 위임하는 경우는 고대 아테네의 직접민주주의에서도 존재했다. 고대 아테네에서도 중요한 정책들은 행정관에게 위임됐다. 다만 큰 차이가 있는데, 대의민주주의에서는 권한이 위임될 뿐 아니라 평등한 발언권과 의제를 제안할 권리인 이세고리아 isēgoria나 능동적인 정치 행위도 봉쇄됐다는 점이다. 나아가 민중이 정치 체제에 불복하며 봉기할 권리도, 부조리한 정치 체제를 떠날 힘도 부정됐다. 시민이 스스로 공동체를 방어해야 하던 고대 사회는 시민의 무장할 권리를 부정하지 못했고, 시민을 설득하지 못하는 정치인은 항상 반란의 위협에 시달려야 했다. 대의민주주의는 이런 민중의 도전과 위협을 완전히 제거하는 장치였다.

지금까지 살펴본 것처럼 홉스나 로크의 논의에서, 심지어 밀의 논의에서도 대중은 평등한 발언권과 제안권, 결정권을 보장받지 못한다. 홉스의 리바이어던에서 대중은 주권자의 의지에 반하는 모든 행위를 포기해야 하고 그 의지를 거스르는 발언을 해서도 안 된다. 대중은 주권자가 금지하지 않은 것에 관해서만 자유를 누린다. 개인이 자연 상태에서 누리는 권리를 인정한 로크의 이론 역시 발언권을 대표들에게 위임한다. 대의 정부 아래에서 활발하게 논의가 벌어지는 곳은 대중이 모이는 아고라가 아니라 의회이고, 시민재판소가 아니라 법관들이 자리한 법정이었다.[4] 밀의 경우에도 공중은 발언의 자유를 누리지만 현명한 소수의 의

---

4 그리고 법은 재산과 지위에 따라 차등 적용됐다. 재산과 지위에 따른 정치적 권리와 재판권은 로크가 작성한 캐롤라이나 헌법 초안에서 두드러지게 나타났다(Locke 1993, 210~232).

견을 무시하지 않아야 한다는 전제가 붙었다. 대중이 오래된 습관에 지나치게 집착하거나 민족성이라는 실질적인 약점을 가지고 있고 완전히 무지한데다 정신 수양이 부족하다고 본 밀은 대중의 정치력을 제한하려 했다(Mill 1998, 264~266).

그리고 《시민》이나 《리바이어던》에서 홉스는 주권을 양도하는 방식이 선거라고 분명히 하지 않은 채 단지 계약compact에 따라, 다수가 계약에 동의함으로써 국가가 성립된다고 얘기했다. 그리고 파벌의 형성이 내전을 불러올 수 있기 때문에 시민이 자신의 의지를 주권자에게 하나로 모아주는 것이야말로 전체를 하나로 만드는 행동이고 정체에 하나의 인격을 부여하는 행위라고 강조했다(Hobbes 1962, 132).

반면 로크는 절대군주제란 또 다른 자연 상태에 지나지 않는다고 비판하면서 정치사회는 "모든 구성원이 빠짐없이 자연권을 포기하고 그것을 공동체의 손에 위임resign할 때" 성립한다고 주장했다(Locke 1993, 304). 로크역시 동의와 위임(홉스하고 다르게 절대적이고 철회할 수 없는 동의와 위임은 아니지만)을 말했으며, 《통치론The Second Treatise of Government》(1681)에서 위임의 형태가 선거여야 한다는 이야기를 분명하게 하지는 않지만행정 권력이 절차와 필요에 따라 필요할 경우 '새로운 선거'를 실시할수 있다고 언급했다(추첨은 거론조차 되지 않았다).

그런데 로크가 얘기하는 선거는 지금 우리가 경험하는 보통선거하고는 달랐다. 로크가 기초한 '캐롤라이나 헌법 초안The Foundamental Constitutions of Carolina'(1669)을 보면, 대표자를 선출할 권리와 대표자로 선출될 권리 모두 일정한 부동산을 소유한 사람들에게만 허용됐다(예를 들어 의원이되려면 500에이커 이상의 부동산을 소유해야 하고, 50에이커 이상의 부동산을 소유한 사람만 투표권을 가진다). 재산이 정치적인 권리 행사의전제 조건이었던 것이다. 결국 재산을 가진 자들이 자신의 재산을 지키고 늘릴 방법을 고민하는 장이 정치였다.

밀 역시 선거를 통해 구성되는 대의 정부가 현실적이고 가능한 대안 이라고 봤다. 이때 정부의 기능은 각각 정당한 영역을 가진다. 예를 들어 밀은 정부의 활동을 통제하는 일과 그런 활동을 실제로 행하는 일을 구 분하면서 의회의 구실을 통제로 제한했다. "행정적인 사안과 관련해 의 회representative assembly의 정당한 의무는 표결하고 그 사안을 결정하는 것이 아니라 그 결정을 내려야 하는 사람들이 더 적당한 사람이어야 한다는 점을 고려하는 것이다"(Mill 1998, 275). 곧 밀은 "의회의 정당한 기능이 정부를 감시하고 통제하는 것"이라고 주장했다(Mill 1998, 282). 결국 대표를 통해 대 의되는 목소리도 행정부를 감시하고 통제하는 데 그칠 뿐 실제로 행정 을 수행하는 구실을 맡지는 못했다. 또한 밀은 선거에서 유권자들이 "자 신의 사적인 이득이 아니라 공공의 이익을 고려하는 절대적인 도덕적 의 무"를 지고 "자신이 유일한 유권자인 듯 여기고 판단하기에 최선의 인물 에게 투표해야" 한다고 주장한다(Mill 1998, 355). 밀에게 선거는 비슷한 사람 이 아니라 시민을 위해 일할 '최상의' 정치인을 선출하는 제도였다.

이런 대의민주주의 구상은 '민중에 의한' 정치를 선거로 제한하고, '민중을 위한 정치'를 정치인의 활동으로 제한하는 구상으로 구체화됐 다. 그러면서 직접민주주의는 불가능하거나 잘못된 구상으로 점점 배제 됐다. '민중의' 정치를 가능하게 한 고대의 직접민주주의 제도인 추첨 제 도도 부정됐다. 고대 아테네의 대표자 선출 원리인 추첨 제도는 로마나 르네상스 시기 이탈리아 공화국에서도 지속됐다. 행정 관직을 선거로 뽑았지만 추첨제가 의회에서 계속 실행됐다는 점에서 직접민주주의 요 소는 완전히 제거되지 않은 셈이다. 특히 공화국에서 추첨은 공화국을 와해시키는 당파가 출현하지 못하게 막는 중요한 장치였다.[5]

이런 추첨 제도가 유사성의 원리를 따랐다면, 선거 제도는 '탁월성의 원리principle of excellence'를 따른다. 선거 제도는 선출되는 사람이 선출하는 사람보다 사회적으로 더 뛰어나야만 한다는 원리를 암묵적으로 가정한 다. 그리고 이 탁월함의 기준은 재산, 재능, 명성 등이다. 마넹은 미국 헌법에 관련해서 벌어진 연방주의자와 반연방주의자 사이의 논쟁이 유사성과 탁월성의 갈등을 잘 설명하고 있다고 본다. 예를 들어 대표적인 연방주의자인 매디슨이 국민들에 관한 선출된 사람들의 책임성을 강조했다면, 반연방주의자들은 대표와 국민의 유사성과 근접성을 강조했다. 이런 의견 차이가 있었지만 연방주의자와 반연방주의자는 모두 선거가 그것 자체로 귀족적 효과를 가져오리라고 본 점에서 똑같은 생각을 하고 있었다(Manin 2004, 142~166).

이렇게 탁월성을 강조하는 선출 방식이 정치 영역에서 가져오는 효과는 무엇일까? 피지배자의 동의에 따른 결정이라면 권력자는 몇 번이고 자기 임기를 연장할 수 있기 때문에 교체가 어려워진다. 이런 상황은 시민들의 적극적인 관심과 참여를 막는 걸림돌로 작용한다. 그러면서 정치인은 교체되지 않고 고대의 직접민주주의가 그토록 경계하던 전문가주의를 확립시키게 된다. 선출 기준이 탁월성으로 전환되면서 전문가주의는 더욱 강화되고 평범한 시민들은 정치에서 완전히 밀려난다. "추첨에 의한 선발은 민주정의 특성이요, 선거에 의한 선발은 귀족정의 특성"이라는 샤를 몽테스키외Charles Montesquieu의 말처럼,[6] 정치는 전문가들의

---

5 "추첨의 결과는 그 독특한 공평무사성으로 인해 갈등하는 파벌들로 하여금 그 결과를 좀 더 쉽게 수용할 수 있도록 만들었다. 다른 한편, 결정이 인간의 손이 닿지 않은 곳에 있다는 사실은 파당간의 공개적인 경쟁으로 인해 초래되는 분열을 방지했다"(마넹 2004, 77).

6 장 자크 루소(Jean Jacques Rousseau)는 몽테스키외의 이 발언을 인용하면서 "우두머리의 선출이 정부의 기능이지 주권의 기능은 아니라는 데 주의한다면, 왜 추첨을 하는 방법이 민주정의 성질에 보다 적합한지 알게 될 것이다. 왜냐하면 민주정에서는 행정의 단위가 간단할수록 행정은 잘 시행되기 때문이다. …… 귀족정에서는 통치자가 통치자를 뽑고, 정부는 정부 자체에 의해 보존되고 있다. 때문에 귀족정에야말로 투표가 아주 적합하다"라고 주장한다(루소 1988, 121).

전문적인 활동 영역이 돼버렸다.

또한 선거를 통한 동의는 사람들이 선출 방법뿐 아니라 대표자들이 내리는 정치적 결정에도 동의한다는 논리를 내포하는데, 문제는 이런 동의가 대표자들에게 정치적인 책임을 묻기 어렵게 만든다는 점이다. 특히 민주적이라고 여겨지는 비밀투표는 대표자의 책임을 추궁할 수 없게 만든다. 비밀투표를 실시하는 보통선거는 대표자가 누구의 선택을 받았는지, 결국 누구를 대표하는지를 감춰 시민의 감시와 통제를 받지 않게 되기 때문이다(가라타니 고진 2003, 119). 시민은 자신이 그 대표를 뽑은 사실을 증명할 수 없기 때문에 대표를 자신의 '머슴'으로 활용할 수 없고, 정치인은 시민이나 민심을 대변한다고 얘기하지만 사실상 자신의 판단대로 결정을 내릴 수 있다.

그리고 대의민주주의는 이성의 구실만을 강조할 뿐 아니라 선거라는 정치적 경쟁의 장 밖에서 벌어지는 경쟁과 갈등을 부정적인 것으로 보고 제거하려 든다. 대의민주주의의 정치는 시민의 직접적인 정치 개입을 부정하고 시민의 정치 행위를 가로막는다(칼 슈미트의 자유주의 비판은 바로 이 지점을 겨냥한다). 대의민주주의는 중요한 정책 결정에 관련된 정보나 발언의 기회를 제한하고 소극적인 저항을 뺀 적극적인 개입의 기회를 제공하지 않는다는 점에서 한계가 있다.

그리고 대의민주주의는 시민의 삶을 수동적으로 만들 뿐 아니라 정치 민주주의와 경제 민주주의의 연관성을 제거하거나 정치를 경제에 예속시킨다. 그러면서 정치는 점점 더 전문가의 영역으로 여겨진다. 대의민주주의에서 민중의 정치란 실현 불가능한 것이 아니라 그것 자체로 불가능하다. 고대에서 근대로 나아가는 전환은 민주주의를 축소하거나 민주주의의 방향을 전환시켰다. 이런 민주주의의 왜곡에 맞선 저항이 분출한 것이 1968년에 일어난 일련의 사건들이다.

2. 관료주의와 민주주의의 형식화에 맞선 저항

현대사에서 1968년의 의미는 특별하다. 1968년에는 동구와 서구라는 냉전 시대의 구분을 넘어서 전세계적으로 기성 체제에 대항하는 저항의 물결이 넘실거렸기 때문이다. 미국에서는 베트남전 반대 시위와 마틴 루서 킹 목사 암살에 따른 흑인들의 폭동에 이어 히피와 페미니스트들의 저항이 시작되었고, 유럽에서는 학생운동을 중심으로 베트남전에 반대하고 관료화된 정당과 교육 체계에 맞서는 저항이 불타올랐다. 그리고 체코슬로바키아와 유고슬라비아, 폴란드에서도 관료주의에 맞선 저항과 새로운 민주주의를 향한 모색이 시작돼 소련의 레오니트 일리치 브레즈네프는 군대를 동원해야 했다. 또한 멕시코와 브라질에서도 군부 권위주의에 맞서 대규모 반정부 시위가 벌어졌고, 파키스탄과 중국, 일본에서도 권위주의 정권과 전쟁을 반대하는 대규모 시위가 벌어졌다. 이런 저항들은 1968년을 새로운 사회를 열망한 시기로 규정하게 한다.

1968년을 뒤흔든 행위자들과 그 사람들이 주장한 의제는 각기 다르지만 하나의 공통점을 찾을 수 있다. 사건에 참여한 사람들은 "자신들의 유산을 박탈당했다고 느낀 사람들"이었고, 이 사람들이 기성 사회에 던진 물음은 "사람이 '성공'이나 물질적 소유 여부가 아니라 그들이 지니고 있는 소망의 인간적인 측면에 따라 평가되어야 한다"는 믿음이었다. 그래서 "1968년은 정치적·사회적·성적 금기 등 모든 금기가 최초로 도전받고 깨뜨려진 시기였다"(알리·왓킨스 2001, 20~22). 사람들은 처제가 알려주는 방식대로 생각하고 느끼는 것을 거부했다.

금기에 맞선 강렬한 도전이라는 점에서, 또 체제에 포섭된 감성과 이성의 해방을 외쳤다는 점에서, 또한 당면 현실을 뛰어넘어 새로운 현실을 꿈꾸고 국제적인 연대의 손길을 뻗었다는 점에서 조지 카치아피카스

George Katsiaficas는 헤르베르트 마르쿠제Herbert Marcuse의 개념을 차용해 68년의 현상을 '에로스 효과eros effect'로 설명한다. 특정한 세력이 의도하지는 않았지만 그동안 억눌려온 시민의 감성과 이성이 사건을 만들었다는 점에서, 그동안 당연하게 여겨지던 기성 질서에 균열을 만들었다는 점에서 이 사건은 비참한 현실에서 '분출'됐다고 볼 수 있다. 카치아피카스는 1968년의 운동이 가지는 의미를 이렇게 설명한다(카치아피카스 1999, 53).

혁명의 의미는 과거의 혁명들이 획득한 권력의 문제뿐만 아니라, 일상생활에서의 권력 문제를 포함하는 데에까지 확장됐으며, 혁명의 목표는 권력과 자원의 탈집중화와 자주관리self-management가 되었다. ……확장된 사회적 자율성과 확대된 개인의 자유(개인의 억압이 아니라)에 기반한 코뮌주의communalism의 역사적 가능성을 제기함으로써, 정치적·경제적 제도들의 국제적 탈중심화(일국적 집중화가 아니라)에 기반한 새로운 세계 사회를 제기함으로써, 그리고 자연과의 새로운 조화(점증하는 자연의 착취가 아니라)에 기반한 새로운 삶의 방식을 제기함으로써, 신좌파는 혁명적 운동의 열망에 있어서 유일무이한 단계를 규정했던 것이다.

세계 전역에서 새로운 정치를 주장한 사람들은 구체적인 사안에서는 달랐지만 중앙 집중화를 거부하고 자율적인 조직화를 모색한 점은 동일했다. 동서와 남북, 제1세계와 제3세계를 막론하고 직업 정치인과 그 정치인들이 속한 관료화된 정당 체계, 억압적이고 중앙집권적인 국가기구, 인간의 욕구를 고려하지 않는 낭비적인 생산과 생태계 파괴, 상품 광고와 조작으로 얼룩진 대중매체의 영향력이 사회를 위기로 몰고갔다는 사실이 폭로되었고, 시민들은 스스로 해결책을 만들기 시작했다. 소외된 사람들은 기성 체제에게서 삶에 관한 결정권을 되돌려받기를 원했고, 그 결정권을 토대로 삶을 스스로 구성하기를 바랐다. 또한 이런 흐름은 좌파와 우파라는 이념의 스펙트럼으로 설명될 수 없는 독특함을 갖고 있었다.

1968년에는 서구만이 아니라 일본에서도 새로운 흐름이 싹트기 시작했다. 이른바 '55년 체제'로 불리는 자민당 중심의 일당 체제가 중앙 정치에서 확립된 뒤 1960년대 일본에서는 다양한 운동이 전개됐다. 사회당이나 공산당 또는 양당의 공동 추천을 받은 후보가 지방자치단체의 장으로 선출되는 혁신자치체운동과 시민 스스로 문제 해결을 추구하는 시민자치운동, 생활협동조합운동이 비슷한 시기에 시작됐다. 일본에서 소비자 생활협동조합운동인 생활클럽운동은 "처음부터 일본의 시민사회 속에 확고한 정치투쟁 또는 사회운동의 주체를 만들어가기 위한 것을 목적으로 한 운동이었으며 이를 현실 속에서 구체화하기 위해서 생협운동이라는 방식을 선택"했다(이기호 2005, 66). 이런 고민을 통해 일본의 사회운동은 조직보다 개인이 자기 판단에 따라 주체적으로 행동할 것과 운동 사이의 횡적 연대를 강조했다.

한국에서도 원주에서 지학순 주교와 장일순 선생이 협동운동을 펼치기 위해 1966년부터 신용협동조합과 마을 구판장 형태의 소비조합운동을 시작했다. 그리고 1972년에 세워진 원주밝음신용협동조합은 지역을 기반으로 한 새로운 경제운동을 펼치기 시작한다. 원주만이 아니라 1968년에는 연세대학교에 도시 빈민을 대상으로 하는 선교 활동을 지원하고 일꾼을 양성하기 위한 도시문제연구소가 문을 열었다. 그리고 1971년에 파울루 프레이리Paulo Freire의 교육 사상이 한국에 처음 소개되면서 기독교 교육운동 활동가를 중심으로 민중교육 사상이 논의되고 실천되기 시작했다.

이 사람들은 "단지 물질적 필요뿐만 아니라, 인류의 문화적 욕구 또한 주요 관심사가 되며, 해방이 위로부터 결정되는 것이 아니라 능동적인 대중들에 의해 달성"된다고 믿었다(카치아피카스 1999, 240). 홉스가 빼앗으려 한 사건의 정치적 자발성이, 리바이어던에 억눌린 자발성이 살아나고 사람들은 서로 마주보며 자신이 주권자라는 점을 자각하기 시작했다.[7] 그리고 이런 주장은 완전히 새로운 것이 아니라 그동안 좌절되고 중단돼온 해방의 꿈을 표현하는 것이었다. 그래서 사람들은 당시에 만들어진 새로운 민주주의의 장을 잊힌 과거의 이상인 소비에트soviet나 코뮌commune이라고 불렀다.[8] 이 소비에트나 코뮌은 소련식 관료적 사회주의 모델이 아니라 자주관리를 의미했고, 실제로 각 지역에서 구성된 소비에트나 코뮌들은 사회를 재조직했다. 예를 들어 프랑스의 "낭트에서는 민주적으로 선출된 '중앙 파업위원회'가 음식과 가솔린 분배, 교통통제, 그리고 도시생활에서의 다른 활동들을 수행했다. 이 위원회는 독자적 통화를 발행하기까지 했다"(카치아피카스 1999, 246) 그리고 "서독의 경우엔, 1979년에 초의회[반대파]운동이 등장했고, 그 이후로는 녹색당이 자주관리되고 탈집중화된 이론과 실천에 따라 스스로를 통합해 나아갔다"(카치아피카스 1999, 390).

이런 경향은 관료주의가 가져온 효과를 바로잡으려는 시도, 곧 형식

---

7 1968년에 소련이 체코를 침공할 때 붉은 광장에서 동료 시민 몇 명과 함께 시위를 벌이다 체포된 사람의 법정 최후 진술은 그때 사람들이 꿈꾸던 능동성을 감동적으로 표현한다. "내 의식 생활 전체에 걸쳐서 나는 한 사람의 시민, 즉 자신의 마음을 자부심을 갖고 침착하게 이야기하는 한 사람의 인간이고 싶었다. 시위가 진행되는 10분 동안 나는 시민이었다. 내가 알기로 내 목소리는 '당과 정부의 정책에 대한 만장일치된 지원'이란 이름으로 진행되는 보편적인 침묵에 불협화음을 내게 될 것이다. 나와 함께 자신의 항의를 표현하려고 한 다른 사람들이 있다는 것이 증명되어 기쁘다. 그들이 없었더라면 붉은 광장에 혼자 들어갔을 것이다"(버만 1994, 345).
8 러시아어로 평의회를 뜻하는 소비에트는 1905년 러시아 혁명 때 처음 등장했다. 이때 노동자 소비에트나 농민 소비에트, 군대 소비에트를 구성한 사람들은 평의원을 선출해 상향식 결정 권한을 행사했고, 평의원을 소환해 정치적 책임을 물었다. 중세 시대의 자치도시를 뜻하는 코뮌은 자치적으로 행정권과 사법권을 행사하는 시민들의 공동체를 가리켰다. 1871년 프랑스 파리에 세워진 코뮌은 세계 최초의 사회주의 자치 정부라 불렸다. 그 뒤 민중의 자유와 평등, 정의를 실현하려 한 소비에트와 코뮌은 대안적인 사회질서를 대표하는 말이 됐다.

화된 민주주의를 다시 실질화하려는 시도였다. 관료제를 쇠창살iron cage
이라 부른 막스 베버M. Weber는 근대 사회의 도구적 합리성이 다른 가치
나 윤리, 초월성을 압도하면서 기계적인 계산과 영혼 없는 통제와 관
리가 사회 곳곳으로 퍼져나갈 것이라 예상했다. 예를 들어, 중앙집권화
된 거대 국가가 행정 업무를 양적으로 늘리면 대중정당이나 다른 정치
세력도 거기에 발맞춰 관료화되지 않을 수 없었다. 그런 점에서 관료제
는 '수동적 민주주의passive democracy'의 출현, 곧 지배받는 사람들의 평준화
leveling of the governed를 불러왔다. 1968년에 분출된 다양한 시위들은 이런 경
향에 맞선 총체적 저항이었다. 그리고 관료화된 민주주의, 형식화된 민
주주의에 저항한 1968년의 잠재력은 그 뒤 '녹색정치green politics'라는 대안
정치운동으로 발전하게 된다. 물론 1968년의 유산이 녹색정치로만 이어
진 것은 아니다. 미셸 푸코나 질 들뢰즈와 펠릭스 가타리Felix Guattari로 대
표되는 현대 프랑스 철학의 흐름 역시 1968년의 경험에서 영향을 받아
대안 정치를 주장했고,[9] 안토니오 네그리Antonio Negri로 대표되는 아우토노
미아autonomia 운동도 마찬가지다. 일본의 생활클럽운동이나 한국의 신용
협동조합운동, 협동조합운동, 빈민운동도 이런 흐름을 타고 있다.

녹색정치의 출현은 기존의 좌와 우라는 이념 스펙트럼을 뛰어넘는
새로운 이념의 가능성을 열었고, 풀뿌리민주주의를 전면에 부각시켰
다. 예를 들어, 독일 녹색당의 정강 정책을 살펴보면, 장기적 안목에 의
거한 '생태학', '사회적 관심', '풀뿌리민주주의', '비폭력'이라는 네 가지
기본 원칙이 부각된다. 그리고 그중에서 풀뿌리민주주의는 "보다 적극

---

9 푸코 스스로 이렇게 얘기했다. "나의 초기 저작들이 얼마나 소극적이고 분명한 자세를 취하지 못했는가를 보
여주게 된 것은 1968년을 전후해서야 가능해졌습니다. 만일 이 시기에 이루어졌던 정치적 개방이 없었더라면 나
는 이 문제를 다시 거론할 용기도 없었을 것이고, 형벌이론이나 감옥, 또는 훈육의 방향으로 내 연구주제를 잡
지도 못했을 것입니다"(푸코 1993, 144).

적인 권력의 분산과 직접민주주의의 실현"을 의미한다(한살림 1990, 202). 여기서 풀뿌리민주주의는 중앙 권력이 아니라 시민들의 자율적인 참여를 통해 삶에 영향을 미치는 중요한 문제들이 결정돼야 한다고 강조했다. 특히 독일 녹색당의 정책은 행정적인 영역의 변화만이 아니라 여성과 어린이, 청년, 노인, 사회의 주변 집단을 향한 차별의 철폐와 민주주의 원리의 도입, 자기 결정과 자기 관리와 자기실현의 권리를 지지했다.

그리고 독일 녹색당은 독일 사회만이 아니라 녹색당 안에서도 풀뿌리민주주의를 실현하기 위한 여러 장치들을 마련했다. 곧 "권력 집중을 분산시키기 위해 녹색당은 시민운동으로부터 일정한 시기 — 보통 2년간 — 이후에는 실무자들을 순환시키는 관행을 채택했다"(스프레트닉·카프라 1990, 80). 그리고 당직과 공직을 동시에 맡지 못하는 '당직 공직 겸직 금지제도'도 시행되었다(최백순 2013, 47). 이런 제도는 고대의 추첨제와 비슷한 효과를 가지며, 아마추어의 정치와 유사성의 원리를 활성화한다. 또한 정책의 면에서도 녹색당은 생태주의적이고 사회적인 책임을 강조할 뿐 아니라 살림살이 영역에서도 풀뿌리민주주의적인 방식을 지향했다. "그것은 생산에 관련된 것들이 어디에서 어떻게 생산되어야 할 것인가 하는 점뿐 아니라 무엇이 생산되어야 하는가를 스스로 결정지어야 한다는 것을 의미한다. 달리 말해서, 녹색당은 자체적으로 관리되는 협력적 기업들을 옹호하고 있다. …… 그들은 자신들이 제안하고 있는 새로운 경제 질서는 밑으로부터 발전되어야 하며, 자신들은 당면문제들에 대해 어떤 해결책을 제시하고 싶지는 않지만, 단지 민중적인 차원에서 진행 중인 노동을 통해 보다 잘 다듬어지고 개선될 수 있도록 제안을 하고 있을 뿐이라고 강조한다"(스프레트닉·카프라 1990, 163~165). 풀뿌리민주주의는 정치만이 아니라 경제, 사회에 적용되는 포괄적인 이념이었다.

관료제가 공공성을 독점하고 자신의 합리성을 강요하는 상황에서 민주주의는 힘을 잃을 수밖에 없다. 그동안 중앙정부나 지방정부의 문제점을 지적하는 시민단체나 지역 단체의 활동이 힘겹게 이어져왔지만 뚜렷한 성과를 거두지 못한 이유는 관료제의 합리성을 비판하며 쇠창살을 벗어날 수 있는 대안적인 합리성을 체화시키지 못하고 있기 때문이다. 그리고 그동안 국가가 독점해온 공공성의 영역을 해체하거나 대체하려는 시도들도 매우 부족했다. 그런 점에서 국가나 시장에 대항할 수 있는 사회의 밑천을 모으고 강화하는 노력이 절실히 필요하다(하승우 2010). 다만 그런 노력은 관료주의 방식을 통하지 않아야 한다. 그런 점에서 아래에서 시작하는 변화를 요구하는 풀뿌리의 전략이 중요하다.

3. 사회주의와 민주주의의 명목화에 맞선 저항

베버가 산업화와 관료제의 길을 따라 걸을 수밖에 없을 것이라고 예견한 사회주의는 현실 사회주의의 대붕괴 이전까지 자본주의에 대항하는 역사적 대안을 표방했다. 1968년에 칼 마르크스K. Marx, 마오쩌둥毛澤東과 함께 '3M'이라 불리며 새로운 운동에 새로운 이념을 불어넣은 마르쿠제는 사회주의가 자본주의와 질적으로 다른 대안을 자처했지만 실제 모습은 자본주의의 변형된 형태에 지나지 않았다고 비판했다.

사실 이런 비판은 이미 아나키스트들이 했던 비판이다. 사회주의 초기에는 크로폿킨이 원대하고 먼 미래의 쟁점들을 가지고 투쟁하는 와중에도 가장 사심 없이 열정을 불러일으키는 정치운동이 사회주의라고 찬양할 정도로 아나키즘과 사회주의의 거리는 가까웠다. 그러나 사회주의가 역사 유물론을 신봉하고 프롤레타리아 독재, 정부 주도 계획경제를 내세우면서 둘 사이의 거리는 점점 더 멀어졌다. 사회주의는 민주주의를 외쳤지만 대의민주주의의 틀에서 벗어나지 않았다.

물론 자본주의 사회와 사회주의 사회가 동일할 수는 없다. 마르쿠제는 사회주의 국가가 사회의 기본 구조, 곧 하부구조(경제)의 변형 없이 상부구조(정치)만 바꾸면 변화할 수 있다는 차이점을 인정했다. 사회주의 국가에서 일어나는 저항은 경제 체계보다 국가와 당 관료제라는 억압적이고 권위주의적인 정권에 맞선 저항이라고 본 것이다. 그러나 마르쿠제는 이런 상부구조의 변화가 정치혁명으로 제한되지 않는 혁명을 요구한다고 봤다. 사회주의에서도 민주주의는 사회 전반의 권위의 해체와 재구성을 요구한다는 것이다.

그리고 두 사회는 분명 다른 사회인데도 점점 더 강화되는 동일화 경향에 따라 점점 더 비슷해졌다. 두 체제는 중앙 집중화와 통제가 개인적인 계획과 자율성을 대체하며 경쟁이 조직화되고 합리화되는 산업사회의 특징을 공유했다. 그리고 두 체제 모두 해방의 가능성들을 인정하지 않고 왜곡했기 때문에 사회주의는 더는 자본주의의 근본적인 대안을 자처하기 어려웠다. 또한 양 체제 모두 경제 발전과 성장이라는 이데올로기에서 벗어나지 못했다.

마르쿠제가 볼 때 소비에트 사회는 프롤레타리아트와 농민'에 의한' 독재가 아니라 프롤레타리아트와 농민'에 대한' 독재였다. 생산수단의 개인 소유를 폐지하는 국유화는 중앙 집중화되고 위에서 통제되는 방식이므로 그것 자체로 본질적인 차이를 구성하지는 못했다. 생산자들의 상향식 주도와 통제가 없는 곳에서 국유화는 기술적이고 정치적인 장치에 지나지 않았기 때문이다. 설령 국유화가 진행되더라도 노동의 척도가 사회적으로 필요한 노동시간이라면 개인의 노동은 여전히 과학적으로 조직되고 합리화된 노동시간으로 통제되기 때문에 소외를 극복할 수 없었다. 따라서 서구를 따라잡으려는 노력은 개성을 파괴하는 통제 체계를 만들었고, 이 체계는 해방의 도구라기보다는 통제의 도구였다. 소비에트 사회는 이런 비민주성을 은폐하기 위해 사회주의를 실현하기 위한 노동을 강요했고, 개인의 해방은 점점 더 뒤로 미루어졌다. 즉 사회주의에서 노동자는 노동과 자신의 긍정적 동일시를 계속 강요받았다. 박정희 정부가 한편으로는 노동자들을 공돌이와 공순이로 비하하면서도 다른 한편으로는 수출을 많이 한 기업의 노동자들을 산업 역군이라고 불렀듯이, 사회주의도 노동 영웅을 만들고 노동을 찬양했다. 이런 노동은 개인의 자기실현보다 체제에 동일시되는 노동의 합리적인 수행만을 강요당했다. 민주주의는 생산성에 우선순위를 내어줬다.

그리고 국가가 경제를 관리하면서 사회적인 관계들도 국가의 영향을 받았다. 소비에트 국가는 지배를 당하는 계급의 통제를 받지 않는 계급[10]에 의해 지도됐다. 당이 국가에 융합되기 때문에 사회적 통제는 중앙집중화되고 계획적인 정치적 통제의 성격도 지녔다. 따라서 소비에트 사회에서 공산주의는 행정적 수단으로 도입되고, 국가는 매개하는 요소 없이 생산 기구의 직접적인 정치 조직, 국유화된 경제의 일반 관리자, 집단 이해의 구체화가 된다. 곧 행정의 연속성이 필연과 자유 사이의 틈을 연결하게 되며, 사회주의와 공산주의라는 제1국면과 제2국면을 연결하는 존재는 다름 아닌 국가였다.

또한 마르쿠제는 소비에트 윤리학에서도 문제점을 발견한다. 소비에트 사회에서 도덕은 폐지되지 않았고, 여전히 공장과 사무실에서는 개

---

10 "만약 계급이 기본적인 생산수단하고 맺는 관계, 곧 소유권으로 정의된다면 소비에트 관료제는 계급이 아니다. (그러나) 우리는 사회적 특권이 있건 없건 사회적인 노동 분업에서 분리된 기능으로서 (관리를 포함하는) 통치 기능을 실행하는 집단을 계급이라 부르기로 한다. 따라서 만약 관료제가 상향식 참여에 개방적이더라도 관료 제도가 그런 과정을 관리하고 처리하는 사람들에게서 분리돼 있다면 그것은 하나의 계급이다"(Marcuse 1958, 105 각주 13).

인의 행동이 지도되고 생산성의 윤리가 삶을 지배한다. 그러나 서구의 윤리학이 개인의 내면으로 도피했다면, 다르게 소비에트 윤리학은 외면화된다. 왜냐하면 소유가 국유화돼 개인 소유의 영역이 사회화되면서 자유를 실현할 수 있는 물질적 토대가 사적인 개인에서 사회의 일원인 개인으로 전환되기 때문이다. 개인의 자유는 스스로 충족시켜야 하는 것이 아니라 고용이나 사회보험 같은 제도를 통해 실현돼야 한다. 이렇게 해서 소비에트 윤리학은 서구 윤리에서 분리돼 있던 이상과 생활 영역을 통합한다.

그러나 소비에트 윤리학에서도 통합의 실현은 여전히 부자유스럽다. 개인은 계속 생산력 경쟁에 동원되고, 자유와 만족은 현재가 아니라 미래로 연기된다. 또한 가치의 외면화는 서구에서 신성불가침으로 남아 있던 인간의 내면 영역으로 침투하고 이 영역을 황폐화시킨다. 진정한 윤리학은 옳다고 주장되는 가치를 개인에게 주입하는 게 아니라 개인 스스로 자율적으로 가치를 선택하고 행위하게 하는데, 소비에트 사회의 외면화된 윤리학은 내적 영역을 침범하고 서구에서 무의식적으로 행해지던 조정을 잘 훈련된 의식과 선전 프로그램으로 대체해 "개인의 전면적 동원화"를 수행한다(Marcuse 1958, 259).

그렇다면 소비에트 사회의 전환을 위한 계기는 어디에 존재하는가? 마르쿠제는 그 계기를 사회주의 이데올로기 자체에서 찾고 있다. 마르쿠제는 소비에트 국가가 자신이 표방하는 이데올로기 때문에 위기를 겪을 수밖에 없다고 지적했다. 심지어 이데올로기가 지배와 선전의 도구로만 사용될 때도 현실에서 중요한 구실을 한다고 주장하기도 했다(Marcuse 1958, 11). 인간 해방이라는 목표 자체가 표피적으로만 주장되고 현실을 정당화하는 이데올로기로 변질되더라도 그 목표 자체가 억압적인 현실에 적대하게 하고 중요한 정치적 요소가 된다고 마르쿠제는 믿었다. 이런 점에서 마르쿠제는 사회주의를 향한 희망을 완전히 버리지 않았다. 현실 사회주의가 이미 붕괴한 지금 시점에서 보면, 사회주의를 향한 마르쿠제의 희망은 근거가 없다. 그러나 사회주의권의 붕괴라는 현실 앞에서도 사회주의가 불러일으킨 인간 해방의 이상이 완전히 소멸했다고 보기는 어렵다. 현실에서 왜곡된 형태로 나타나기는 했지만 사회주의가 표방한 인간 해방의 이상은 자본주의를 비판할 수 있는 근거로 여전히 유효하기 때문이다.

68혁명 때 체코를 비롯한 다른 동구권에서 중요한 의제로 떠오른 것도 바로 민주주의와 경제 개혁이었다. 시민들은 "다수를 보호하지만 자기 자신의 작은 가게나 레스토랑 혹은 공장을 운영하고 싶어하는 사람들을 배제하지 않는 사회주의, 즉 '인간의 얼굴을 한 사회주의'"를 추구했다(알리·왓킨스 2001, 46). 사회주의권에서 학생과 노동자들의 저항은 소련 군대의 총칼 앞에 강제로 진압됐지만, 그 정신은 쉽게 수그러들지 않았다.

사회주의가 변질한 결과 민주주의를 실현할 가능성도 사라진 것일까? 마르쿠제는 산업화의 필연성을 받아들이지 않으면서 그 가능성을 아직 산업화되지 않은 제3세계에서 찾는다. 여기서 그 가능성의 전제는 자본주의 세계 체제에서 제3세계의 독자적인 노력만으로는 결코 인간 해방이 성공할 수 없으며 제3세계의 해방과 발전을 위한 전제 조건이 선진 자본주의 국가에서도 출현해야 한다는 점이다(Marcuse 1969, 81). 여러 가지로 힘이 미약한 제3세계는 언제든지 자본주의나 사회주의의 각축장으로 바뀔 수 있기 때문에 선진국에서 일어나는 변화가 동반돼야 한다는 것이다.

마르쿠제는 베버나 마르크스하고 다르게 산업화의 필연적 진보성을 인정하지 않는다. 오히려 마르쿠제는 산업화가 진행되지 않은 곳에서 새로운 합리화의 가능성을 발견했고, 제3세계에 낙관적 기대를 걸었다. 마르쿠제에게 역사적 후진성은 진보의 바퀴를 다른 방향으로 돌리는 역사적 기회가 될 수 있기 때문이었다. 기술적 후진성과 후발 주자의 역사적 이점은 풍요로운 사회에 다다르기 전에 과학과 기술의 공격적이고 낭비적인 사용을 막고 인간적 척도를 가진 생산적인 기구를 유지하도록 전환할 수 있기 때문이다.

그런 의미에서 '토착적 진보'라는 또 다른 대안도 있다. 기술이 생활과 노동의 전통적 양식에 하향식으로 부과되는 대신에, 토착적 진보는 기술을 자기 자신의 역사 속에서 발전시키고 인간 존재의 발전을 보장하지 않는 억압적이고 착취적인 힘을 제거하기 위한 계획적인 정책을 요구한다. 그런데 "토착적 진보는 만약 억압적인 침략에서 해방된다면 생존만이 아니라 인간 생활을 위한 충분한 자연 자원이 존재하는 지역에서 가능한 것처럼 보인다"(Marcuse 1964, 47). 따라서 이런 자연 자원이 존재하지 않는 국가에서는 직접적인 생산자 자신이 노동과 여가에서 자기 자신의 발전을 창출할 기회와 속도, 방향을 결정해야 한다. 이 사회에서도 물질적인 만족보다는 자기 삶에 관한 결정권이 강조된다. 자기 결정은 상향식으로 진행될 것이고 필수품을 만드는 작업은 만족을 위한 작업을 위해 때로는 포기될 수 있어야 한다. 이 사회는 필수품이 주는 무조건의 만족이 아니라 더 나은 만족을 위해 때로는 필수품을 향한 욕구를 제어한다.

마르쿠제는 현대 사회에서 일차원적 사회의 암울한 모습을 봤지만, 그런 총체화된 구조에서도 분출되는 폭발적인 힘에 희망을 걸었다. 1960년대 말에 폭발적으로 분출한 청년들의 저항은 마르쿠제의 희망에 현실적인 근거를 제공했다. 이런 저항은 민주주의 담론에 맞선 전면 도전이기도 했다. 사회주의는 자본주의를 넘어서는 민주적인 대안을 자처했지만 중앙집권 국가를 유지했고, 반혁명을 막는다는 명목으로 프롤레타리아 독재를 실시했다. 사회주의는 소비에트나 코뮌에 기반을 둔 민주주의를 주장했지만, 실제로는 중앙집권 정부가 소비에트나 코뮌을 통제하고 관리하는 체제를 만들었다. 풀뿌리민주주의의 관점에서 보면 사회주의가 표방하는 민주주의 역시 극복의 대상이었고, 이런 문제를 인식한 사람들은 풀뿌리민주주의에 희망을 걸기 시작했다.

2장. 풀뿌리민주주의란 무엇인가

1. 풀뿌리의 정의

풀뿌리의 의미는 여러 가지로 해석될 수 있다. 풀뿌리는 "정당의 지역하부기반"(최장집 외 2007, 31)으로 해석되기도 하고 권력을 갖지 못한 일반 대중 또는 "권력을 지닌 자나 전문가들로부터 대변을 받아야 하는 대상이 아니라, 스스로 자기 문제를 해결하고 이끌어 가야 할 주체"로 해석되기도 한다(이호 2002). 그런데 일단 풀뿌리를 정당의 지역 기반으로 해석하는 시각은 앞서 본 대로 풀뿌리민주주의가 대의민주주의를 향한 비판으로 출발했다는 점에서 적절하지 않다. 그리고 '민초民草'라는 표현처럼 풀뿌리가 권력에서 배제된 평범한 사람들이라는 말은 맞지만 스스로 문제를 해결하려 한다는 점에서 부정적이고 소극적인 존재로 해석하는 것은 옳지 않다. 오히려 "함께 나서 함께 자라 함께 썩어 함께 부활하는 풀"이라는 표현(함석헌 1979, 16)처럼 그 속에 부정성만이 아니라 긍정적인 변화의 싹을 품고 있는 존재로 해석하는 것이 올바르다. 그런 점에서 풀뿌리는 소외된 정치 조건을 극복하고 자기 삶을 스스로 변화시키려 꿈틀대는 능동적인 정치 주체라고 정의할 수 있다.

또한 풀뿌리는 작은 공동체나 지역사회라는 공간적인 의미로도 얘기된다(주성수 2005, 9; 최창수 2009, 37). 그러나 풀뿌리의 정치 공간은 단지 작은 지역사회를 뜻하지 않는다. 같은 마을에 살아도 얼굴조차 모르는 경우도 있고 조금 떨어져 살아도 이웃처럼 지내는 사람들이 있을 수 있다. 풀뿌리의 정치 공간은 지역사회로 정의되는 경우가 많지만 그것보다는 '삶의 공간'이나 '생활공간'으로 정의돼야 한다. 특히 통신이나 교통수단과 인터넷이 발달하면서 풀뿌리는 소규모 지역사회를 넘어 확장될 수 있는 가능성을 지니게 됐다. 그리고 세계화라는 상황은 지역사회를 폐쇄된 공동체로 남겨두지 않는다. 기후 변화나 경제 위기에서 드러나듯이, 그리고 '세계적으로 생각하고 지역적으로 행동하라'는 말처럼 우리는 공간에 갇히지 않는 삶을 살고 있다. 지역사회의 일이라고 해도 우리 삶은 외부의 여러 조건에 영향을 받을 수밖에 없다.

공간적 의미에서 벗어나면 풀뿌리운동은 단지 지역운동을 뜻하지 않고 "권력을 갖지 못한 일반 대중이 스스로의 삶의 공간에서 집단적 활동을 통해 자신의 삶과 삶의 공간을 변화시키고, 더 나아가 우리 사회와 세상을 근본적으로 변화시켜 가려는 의식적인 활동"으로 이야기될 수 있다(하승수 2006). 그런 점에서 풀뿌리운동은 "특정한 이슈를 얼마나 효율적으로 해결하느냐를 통해 평가될 수 없"으며, "그 문제를 해결하는 과정에 주민들이 얼마나 주체적으로 참여했는가, 그 과정을 통해 주민들이 어떠한 변화를 겪었는가"라는 과정의 의미가 부각되게 된다(이호 2002, 57).

현재 개인, 주민, 시민, 민중, 대중, 다중, 계급 등 여러 개념들이 정치적 주체를 정의하기 위해 이용되고 있다. 먼저 정철희는 대중을 정치 주체로 받아들이면서 풀뿌리 정치란 "대중의 일상적인 정치적 실천의 장에서 이들의 정치적 능력을 찾아내려는 시도"라고 말한다(정철희 2003, 157). 그리고 일본의 시민운동을 분석하는 연구자들은 조직화된 운동의 대안으로 개인이라는 개념을 강조하면서 시민과 개인을 연결 지으며,[1] 생활협동조합운동에서 사용하는 '생활자'라는 개념을 받아들이고 있다. 또한 민중운동과 시민운동을 모두 비판하는 자율주의 쪽에서는 다중이라

---

1 "엘리트가 아닌 '풀뿌리'를 의미하는 개념으로는 서민, 인민, 민중, 대중 등과 같은 개념도 있으나, '시민'이 이들과 구분되는 것은 '자율적인 개인'이라는 점이다. 즉 '시민'이 행동하는 추동력은 전위집단의 지도나 이데올로기, 조직논리 등이 아니라 개인의 내면에 있는 에토스다"(한영혜 2004, 62).

는 개념을 제안하기도 한다.

이런 정의들을 고려하면서 이 책은 풀뿌리를 생성becoming의 관점에서, 곧 배제된 주체들이 참여하면서 자신감을 회복하고 자기 자신을 능동적인 주체로 변화시켜가는 과정이라는 관점에서 정의하려 한다. 이 관점에서 보면 풀뿌리는 일종의 비어 있는 중심이라 얘기할 수 있다. 클로드 르포르C. Lefort가 민주주의의 전례 없는 혁명적 특징을 "권력의 소재지locus of power를 비어 있는 장소empty place"(Lefort 1988, 17)로 파악했듯이, 그리고 자크 랑시에르J. Ranciere가 '아무나 모두를 위한' 장소를 민주주의라 부르듯이 (랑시에르 2007), 나는 풀뿌리를 그렇게 파악한다. 민주주의는 민중이 권력을 가진다고 말하지만 그 민중에 속하는 사람들을 분명하게 규정하지 않음으로써 자신이 민중이라고 주장하는 사람들은 누구나 그 권력에 접근할 수 있게 한다. 마찬가지로 풀뿌리민주주의도 권력의 중심을 비우고 특정한 사람들을 풀뿌리라 규정하지 않음으로써 그런 규정이 가져올 수 있는 배제exclusion의 문제를 지속적으로 해결하려는 민주주의다.

그런데 무대가 비어 있다고 해서 배제된 사람들이 정치의 무대에 곧바로 등장하기는 어렵다. 오랜 세월 동안 자신의 목소리를 내지 못한 탓에 풀뿌리가 곧바로 능동적인 정치 주체로 등장하기는 쉽지 않기 때문에 주체들에게는 성장하는 과정과 여유가 필요하다. 이런 과정과 여유가 마련될 때 시민은 자신의 '시민됨'을 자각하고 능동적인 정치적 의지를 회복할 수 있다. 그리고 풀뿌리는 시민이 자신의 구체적인 생활 조건에서, 대중의 상식에서 시작해 전체적인 사회구조를 깨닫는 것이다. 삶의 터전을 실제로 변화시키는 존재는 활동가가 아니라 주민이기 때문에 풀뿌리운동은 주민이 세계를 이해하고 변화시킬 수 있도록 지원하는 구실을 맡는다. 이런 과정을 거치며 풀뿌리는 자기 내면에 뿌리내린 본성, 개인으로 고립되고 수동적인 태도를 취하려는 본성을 극복할 수 있다. 풀뿌리 사람들이 자기 자신을 정치의 주체로 여길 때에만 정치는 근본적으로 변화될 수 있다. 따라서 풀뿌리운동은 배제된 사람들을 '위해서_for_'가 아니라 배제된 사람들하고 '함께_with_' 사회를 바꾸려 한다. 따라서 필요한 것은 선전이나 의식화가 아니라 대화다. 인간은 서로 대화를 나누며 세계를 인식하고 변화한다. 현실을 있는 그대로 받아들이거나 다가올 미래를 예정된 법칙으로 받아들이지 않는 인간은 끊임없는 변화의 과정에 놓여 있다.

예를 들어 미국의 빈민운동가 솔 알린스키_Saul D. Alinsky_는 이런 대화를 통한 조직화 단계를 거치면서 시민들이 진정 무엇이 필요한지를 스스로 깨닫게 된다고 믿었다. 알린스키는 여섯 가지 원칙을 강조했다. 첫째, 조직의 구성원이 처음부터 끝까지 전부 참여하게 하여야 한다. 둘째, 누구나 말하게 하고 잘못된 의견이나 반대 의견이라도 묵살하지 말고 공유하며 존중해야 한다. 셋째, 전체의 이익이 되고 개인의 이익이 되는 공동의 선_善_을 발견하게 하고 여기에 모두 동의하게 해야 한다. 넷째, 전체 구성원의 의사가 모아지고 결정되면, 행동 방법에 관해 협의하고 결정해서 모두 그 결정에 따른 행동을 하도록 촉구해야 한다. 다섯째, 조직된 뒤 곧 조직을 가동하고 진행시켜야 한다. 여섯째, 쟁점을 만들어내고 다원화시켜야 한다. 알린스키는 조직은 쟁점에서 나오고 쟁점 또한 조직에서 나온다고 했다. 따라서 쟁점을 만들어내느냐 못 만들어내느냐에 따라서 조직의 생명이 지속될 수 있느냐 없느냐가 결정된다(이경자 2000, 24). 그러려면 지식인이나 전문가의 언어로 치장된 정치와 민주주의의 언어가 시민들의 언어로 번역돼야 한다. 그리고 그런 언어들이 민주주의가 뿌리 내릴 토대를 만들어야 한다.

풀뿌리는 비정치적인 운동이 아니라 매우 정치적인 운동이다. 그리고 풀뿌리를 추구하는 모임들은 권위적이지 않고 수평적으로 의견을 나누고 토론하며 결정하는 정치조직, 민중을 정치의 대상으로 소외시키지 않고 주체로 단련시키는 정치조직, 민중이 정치 주체로 성장하도록 지원하는 정치조직을 뜻한다. 무엇보다도 그런 정치조직은 노자老子의 이런 뜻을 품을 것이다. "민중에게 가서 민중에게 배우라. 민중과 함께 살고, 민중을 사랑하라. 민중이 알고 있는 것에서 출발하고 민중이 가지고 있는 것으로 만들어라. 그러나 최고의 지도자는 모든 일이 끝나고 모든 것이 이루어졌을 때, '우리 힘으로 이 일을 해냈다'고 민중 스스로 말하게 할 수 있는 자일지니."

대화를 나누며 함께 가는 것이고 미리 답을 정할 수 없기 때문에 풀뿌리는 정치의 세계가 진리의 세계나 선악의 세계일 수 없다고 인정한다. 그런 세계이기 때문에 정치에는 갈등과 충돌이 필요하다. 소통을 강조하는 사람들이 많이 드러내는 편견은 갈등을 회피해야 할 것으로 본다는 점이다. 그러나 대중은 훈련과 학습을 통해 무관심과 수동성의 껍질을 깨고 새로운 정치의 주체로 거듭날 수 있다. 그리고 이런 훈련과 학습에는 '반드시' 갈등이 필요하다. 민주주의는 암묵적인 동의나 허구적인 만장일치가 아니라 '적극적인 반대'를 통해서만 빛을 발하기 때문이다. 새로운 목소리만이 선입견과 틀을 깨고 새로운 내용을 채울 수 있기 때문이다. 그런 점에서 풀뿌리 정치는 '합의'나 '순수함'보다 '차이'와 '혼성'을 강조한다.

그래서 민주주의는 대화와 조직화만으로 부족하다. 앞서 말한 배제의 문제를 해결하고 풀뿌리의 관점을 가지려면 끊임없는 자기부정이 필요하다. 장일순은 강조했다. "철저한 자기부정을 통해서 진정한 자기 긍정으로 가는 것 아닌가? 예수가 철저한 자기부정으로 참된 자기를 얻는데, 그 참된 자기라는 게 뭐냐 하면 우주의 본체와 같은 것임을 깨닫는 거라. 그러니까 여기서 '신비로운 수동성'이란, 위대한 자기 긍정에 이르도록 하는 철저한 자기부정을 말한다고 봐야겠지"(장일순·이현주 2003, 108).
나 속의 타자, 우리 속의 타자를 구하는 과정에서 우리는 참된 자기를
만날 수 있기 때문이다. 아니, 타자 속의 나, 그 속의 우리를 보며 참된
자아를 찾을 수 있기 때문이다. 지금의 나만 고집해서는 이런 자기 발견
을 할 수 없다.

장일순 자신도 이런 감동적인 글을 남겼다.

밖에서 사람을 만나 술도 마시고 이야기도 하다가 집으로 돌아올 때는 꼭
강가로 난 방축 길을 걸어서 돌아옵니다. 혼자 걸어오면서 '이 못난 나를
사람들이 많이 사랑해 주시는구나' 하는 생각에 감사하는 마음이 듭니다.
또 '오늘 내가 허튼소리를 많이 했구나. 오만도 아니고 이건 뭐 망언에 지나
지 않는 얘기를 했구나' 하고 반성도 합니다. 문득 발밑의 풀들을 보게 되지
요. 사람들에게 밟혀서 구멍이 나고 흙이 묻어 있건만 그 풀들을 대지에 뿌
리내리고 밤낮으로 의연한 모습으로 해와 달을 맞이한단 말이에요. 그 길
가의 모든 잡초들이 내 스승이요 벗이 되는 순간이죠. 나 자신은 건전하게
대지 위에 뿌리박고 있지 못하면서 그런 얘기들을 했다는 생각에 참으로 부
끄러워집니다.(김익록 2010, 26~27)

단순히 겸손하게 살라는 충고가 아니다. 풀뿌리의 시선으로 보지 않
으면 또 다른 배제가 생길 수밖에 없다는 점을 장일순은 알고 있었다.
낮고 작은 잡초가 대지에 먼저 뿌리박은 스승이라 인식하는 감수성, 풀
뿌리는 그런 감수성을 유지해야 한다.

함석헌 역시 자신을 바꾸고 초월하지 않으면서 혁명을 할 수 없다
고 강조했다. 자기 자신도 변화시키지 못하는 사람이 세상을 변화시킨
다는 것은 불가능하고, "자기부정을 못하고 제가 사람인 줄만 알고, 제

가 심판자·개혁자·지도자인 의식만 가지고 제가 스스로 죄수요 타락자요 어리석은 자임을 의식 못하는 사람은 혁명 못한다. 혁명은 누구를, 어느 일을 바로잡는 것 아니라 명命을 바로잡는 일, 말씀 곧 정신, 역사를 짓는 전체 그것을 바로잡는 일"이라고 강조했다(함석헌 2001, 28).

이렇게 풀뿌리의 관점은 욕구를 실현하기 위해 체계에 요구하는 것이지만, 그 욕구를 실현할 기반을 스스로 만들고 자신이 만든 원칙을 삶으로 실현하며 사는 것이기도 하다. 밖과 소통하지만 내부에 깃든 잠재력을 실현하는 과정이자 각자가 가진 것을 서로 나누며 보살피는 과정이기도 하다. 혼자서는 못할 일을 타자하고 함께하는 과정이다.

그리고 풀뿌리운동은 다양한 주체들이 얽히는 과정이다. 풀뿌리운동은 주거나 교육, 먹거리 같은 생활상의 이슈를 정치적인 의제로 다루는 것만을 가리키지 않는다. 풀뿌리운동은 기성 정치가 끊어놓은 사회적 관계망을 복원하고, 내가 '많은 타자 속의 나', '사회적 관계 속의 개인', '사회적 개인'이라는 점을 자각하는 과정이다. 그런 점에서 풀뿌리운동은 경쟁과 생존 투쟁을 극복하고 공생과 자율의 삶을 실현하기 위한 방법이자, 내 삶의 경험이나 의식과 분리되지 않은 정치 구조를 만드는 행위이며, 삶 자체를 정치적으로 재구성한다는 의미를 담고 있다. 풀뿌리운동은 개인이 사회라는 관계의 그물망 속에서 성장하는 존재이고, 그래서 서로 돕고 보살피는 호혜의 관계가 사회를 발전시키는 힘이라는 점을 강조한다.

2. 민주주의의 재구성

민주주의라는 말이 애초에 민중의 지배를 가리키는데도 풀뿌리라는 수

식어가 붙는 이유는 그 민중에 포함되지 못한 사람들이 존재하기 때문이다. 고대에는 여성과 외국인, 청소년이 정치에서 배제됐다면, 근대에도 여성과 빈민, 이주 노동자, 아이들이 정치에서 배제되고 있다. 따라서 풀뿌리민주주의는 이미 시민으로 살아가는 사람들이 아니라 여전히 시민권을 획득하지 못한 사람들이, 그래서 공적인 장에서 자신의 목소리를 내지 못하고 결정권을 행사하지 못한 사람들이 시민권을 가지고 제 목소리를 내며 결정을 내릴 수 있는 조건을 마련한다.

그리고 민주주의는 보편타당한 것이 아니다. 우리는 민주주의를 어떤 완성된 과정이나 단계로 생각한다. 그래서 민주주의를 도입하면 곧바로 뭔가가 달라질 것이라고 기대한다. 그러나 정답이 없다는 사실이야말로 민주주의의 가장 기본적인 전제 아닌가. 정답이 없기 때문에 둥글게 모여 앉아 지혜를 모아보자는 것이 민주주의 아닌가. 물론 어떤 과정이나 단계가 그렇게 지혜를 모으는 데 좋은 조건을 마련할 수는 있겠지만, 그것 자체가 민주주의일 수는 없다. 그렇기 때문에 민주주의의 관점으로 본다면 '모범 사례'나 '모델'은 불가능하다. 어느 한 곳의 성공이, 어떤 다양한 경험과 문화, 생각들이 하나의 모델로 정리돼 다른 곳에 이식되는 일은 불가능하다.

그동안 대의민주주의에 문제를 제기하는 많은 논의들이 있었다. 참여민주주의, 토의민주주의, 결사체민주주의, 전자민주주의 등 여러 접두어를 단 민주주의가 등장한 것은 '대표의 실패'와 '공공성의 붕괴' 때문이었다. 즉 선거로 선출된 대표가 권력을 남용하고 자신이 옳다고 믿는 방향으로 정책을 밀어붙일 때, 소수 기득권층을 위해 공공성을 파괴할 때 대의민주주의는 그런 시도를 통제할 방안을 제시하지 못한다.

사실 대의민주주의는 지금처럼 특정한 계급과 인맥이 권력을 사유화할 수 있는 가능성을 열어놓았다. 애초에 대의민주주의를 구상한 사람들은 권력이 독점되는 현상을 두려워해서 견제와 균형의 원리를 구상했지만, 그 원리는 제대로 작동하지 못한다. 사회 세력의 힘이 적절히 조화하면 그런 원리가 작동한다지만, 실제 현실에서는 권력이 독점돼왔다. 정치, 경제, 언론, 문화 등 사회 곳곳을 장악한 기득권층이 '자신들만의 국가'를 만들어왔다. 그리고 지방정부나 지방의회의 온갖 비리 사건에서 증명되듯이 중앙정부만이 아니라 지방과 지역사회에서도 독점된 권력 구조가 존재한다. 이런 기득권층의 권력 독점 구조를 깨지 않는 이상 견제와 균형은 불가능하고, 공공성은 권력을 쥔 자의 이해관계에 좌우될 수밖에 없다.

이런 민주주의의 실패는 정치에서만 냉소를 불러일으키지 않는다. 앞서 홉스와 로크의 이론에서 드러났듯이 근대 정치는 소유권을 지키고 확대하려는 전략이기도 했다. 마찬가지로 현대의 대의민주주의는 다중을 제국의 내부로 포섭하려는 신자유주의를 지지한다. 네그리와 하트는 신자유주의를 "자본의 전지구적 운동과 이윤을 가장 잘 도와주는 국가 규제 형태"라고 정의하면서 근대 국가의 대의민주주의가 그런 구실을 맡는 국가 규제 형태라고 주장한다(실제로 국가가 앞장서서 민영화를 주도하고 있다는 점은 그 사실을 증명한다)(네그리·하트 2008, 335).

물론 근대의 정치과정이 오로지 잘못된 방향으로만 나아갔다고 평가하는 것은 지나치다. 과거에 견줘 정책을 결정하는 과정이 개방되고 합리적이고 효율적이라는 점은 부정될 수 없다. 그러나 개방되고 합리적이고 효율적인 과정이 민주주의의 실현으로 자동으로 이어지지는 않는다. 오히려 합리적인 절차가 비민주적인 정책 결정을 정당화하는 도구로 사용되는 '민주주의의 역설'이 나타나기도 한다(하승우 2006). 존 해스캘J. Haskell이 비판하듯이, 개인의 직접적인 투표만을 강조할 경우 직접민주주의에 따른 투표는 잘못된 정보나 다수파의 이해관계에 따라 개인이 자신에게 해로운 선택을 내릴 수도 있고 정책 결정 과정 자체가 조작될 수도 있다(Haskell 2001). 따라서 단지 정책을 실시하고 제도를 도입하는 것만으로 민주주의를 실현하기는 쉽지 않다.

그래서 그냥 참여를 주장하는 것만으로는 부족하고, 어떤 참여인지를 물어야 한다. 풀뿌리민주주의에서 참여는 의제에 관한 찬반보다 개인의 성장을 통한 자치_{自治}에 가깝다. 풀뿌리민주주의가 주장하는 참여는 단지 선거를 통한 정치 참여만이 아니라 시민들이 자신들의 삶에 영향을 미치는 결정들에 관해 직접 자기 목소리를 내고 결정해야 한다는 점을 강조한다. 그런데 내 삶에 영향을 미치는 문제들을 스스로 결정하는 변화는 지금 내 마음가짐만 가지고는 어렵다. 자본주의 논리에 길들어 있었기 때문에 더 넓게 보고 더 많이 고민하며 다른 사람들이랑 소통하고 공감하며 연대해야 한다. 서로 느끼고 부딪치고 겪으며 상대방을 이해해야 내 안의 사회성을 자극하고 실현할 수 있다. 그런 과정에서 참여는 부싯돌처럼 부딪치며 빛을 낼 것이다.

직접행동 또는 직접민주주의가 강조하는 참여도 그런 것이다. 직접행동은 과거 아나키스트들이 추구한 덕목으로, 자신의 삶을 억누르는 외부의 권위에 직접 맞서서 삶을 스스로 결정하고 다스리고 서로 보살피는 태도를 가리킨다. 직접행동은 대중 스스로 자신의 욕구에 바탕을 두고 삶을 결정하고 실천할 수 있게 한다.[2] 다스리는 자와 다스림을 받는 사람이 다르지 않고, 내가 공적으로 중요한 결정을 내리는 과정에 참여하며, 각자의 자유를 위해 서로 연대해야만 민주주의가 생명력을 가질 수 있다고 보는 점에서 직접행동의 참여도 풀뿌리민주주의에 맞닿

---

2 "풀뿌리들의 적극적인 지역 정치참여는 기존의 대의민주주의, 자유민주주의와 같은 형식적 민주주의 형태에서 이루어졌던 권력, 명예 및 부를 추구하는 정치가 아니다. 그것은 지역 풀뿌리들의 일상생활과 삶의 현장에서 출발하는 생활인의 정치이다"(이재성 2006, 419).

아 있다.

이렇게 보면 풀뿌리민주주의가 주장하는 참여는 우리가 이미 알고 있는 참여 방식 또는 참여민주주의participatory democracy[3]하고 몇 가지 점에서 다르다.

첫째 차이는 대의민주주의를 대하는 관점이다. 참여민주주의는 자유민주주의의 가장 발달된 형태로서 대의민주주의를 완전히 거부하지 않는다. 그리고 참여민주주의는 경쟁적인 정당 제도가 민주적 책임성을 확보해줄 수 있다고 보며, 선거 중심의 민주주의를 부정하지 않는다. 또한 참여민주주의는 제도화를 통해 참여가 활성화된다는 점을 강조한다. 그런 의미에서 참여민주주의는 대의민주주의를 완전히 극복하는 수준이 아니라 참여 경로를 확대하고 제도화하는 것을 목표로 삼는다.

반면 풀뿌리민주주의는 대의민주주의를 보완하는 것으로 참여의 의미를 제한하지 않는다. 오히려 풀뿌리민주주의는 대의민주주의를 대체할 능동적인 대안을 만드는 문제를 중요하게 여긴다. 단순히 대의민주주의를 보완하기 위해 정치적인 것이나 공론장을 활성화하는 방식을 의미하지 않는다는 말이다. 풀뿌리민주주의는 제도화된 정치와 정치적인 것의 정치 사이의 양자택일이 아니라 제도화된 정치와 시민의 힘을 강화하려는 정치, 생활정치의 공존을 추구하며, 그런 공존 과정을 통해 조금씩 시민의 주권을 되찾고 역량을 키우며, 장기적으로는 선거로 제한된 정치를 지양하려 한다. 풀뿌리민주주의의 참여는 지금 당장 대의민주주의적인 정치 틀을 바꾸지는 못하지만 시민들의 역량이 강화된다

---

3 참여민주주의는 시민들에게 더 많은 권리를 제공하고 참여를 유도함으로써 민주주의가 활성화될 수 있다고 보는 이론이다. 민주주의가 완성되려면 국가만이 아니라 가정과 공장 같은 일상 공간에서도 민주적인 절차가 마련되고 참여가 보장돼야 한다고 본다. 참여를 통해 시민은 참여하는 법을 배우고 정치적인 감각을 익히고 발전시킬 수 있다(서규환 2007).

면 그 틀을 자연스럽게 대체하거나 다른 형태로 변화시킬 수 있으리라고 본다. 예를 들어 독일 녹색당은 대의민주주의의 관행을 거부하는 운동 정치와 운동당Bewegungspartei의 성격을 띠었다. 여기서 운동 정치는 과거에 정당이 독점하던 정치적 의사 전달의 기능을 정당과 이익단체, 행정, 사회운동이 새롭게 공유하고 나눠 갖는 것을 의미하고, 운동당은 운동 정치가 제도권으로 흡수되면서 정치권 안에 독자성을 가진 운동 영역이 형성되는 것을 가리킨다(조현옥 2002, 122). 풀뿌리민주주의는 대의민주주의 안에서 활동하더라도 궁극적으로 대의민주주의를 지양하려 한다는 점에서 참여민주주의하고 다르다.

참여민주주의와 풀뿌리민주주의의 둘째 차이는 참여민주주의가 이미 시민인 사람의 참여를 유도한다는 점이다. 참여민주주의에 참여할 수 있는 사람은 정치적으로 새로운 주체를 의미하는 게 아니라, 정치적으로 무관심해진 이미 존재하는 시민 또는 중산층이다. 따라서 그동안 정치과정에서 배제되거나 시민으로 인정받지 못하던 사람들은 참여민주주의를 적극 활용할 수 없다. 예를 들어 이주 노동자나 빈민, 교육받지 못한 사람은 참여민주주의가 열어놓은 제도를 활용할 수 없다. 민중을 지배하는 힘은 언어나 교양 같은 문화적이고 사회적인 맥락에서도 작동하는데, 참여민주주의는 이런 부분을 무시하고 일정한 교육 수준과 교양을 갖춘 사람들에게 호소한다.

그래서 이란의 마지드 라흐네마M. Rahnema는 참여를 "교묘한 통제의 방법"이라 부른다. 원래 참여는 "다르게 살고 다르게 어울린다"는 윤리적인 말이었다. 그런데 실제 정부의 전략은 상향식 참여를 강조하며 시민의 힘을 동원하려 했고 참여를 대규모 공사나 정부를 지지하는 대중 집회로 만들었다(라흐네마 2010, 277). 그러면서 참여는 자신의 차이와 삶을 드러내며 타자하고 어울리는 방식이 아니라 정부가 정해준 방식대로 생각하고 움직이는 것을 뜻하게 됐다. 그러면서 조작된 참여와 자발적인 참여를 구분하기가 점점 더 어려워졌다. 풀뿌리민주주의는 '아직' 시민이 아니지만 '시민이 되려고 하는' 사람들을 주체로 간주한다.

셋째 차이점은 풀뿌리민주주의가 다루는 의제다. 참여민주주의가 특정한 가치 영역을 갖지 않고 제도화된 틀 안으로 참여의 폭을 넓히는 데 집중한다면, 풀뿌리민주주의는 좌와 우라는 이념 스펙트럼을 탈피할 뿐 아니라 전통적으로 다루지 않던 주제 영역들, 곧 여성, 평화, 생태 같은 영역들을 주요 의제로 삼는다. 풀뿌리민주주의의 이런 관심 영역은 로널드 잉글하트Ronald Inglehart가 주장하는 탈물질주의postmaterialism나 신사회운동new social movement하고 비슷한 점이 있다.

그런데 풀뿌리민주주의는 새로운 이슈 영역의 등장만이 아니라 전통적인 이슈 영역, 곧 정치와 노동, 생산의 영역에도 관심을 가지고 변화시키려 한다는 점에서 그런 영역을 '벗어나려는post' 탈물질주의나 신사회운동하고도 다르다. 풀뿌리민주주의는 구사회운동과 신사회운동이라는 구분을 넘어서서 작동한다. 풀뿌리민주주의는 참여민주주의보다 더 근본적인 민주주의를 지향한다.

물론 참여민주주의를 정의하는 방식에 따라 참여민주주의와 풀뿌리민주주의의 차이는 더 벌어질 수도 있고 더 좁혀질 수도 있다. 특히 참여민주주의는 시민의 자발적 참여를 강조한다는 점에서 풀뿌리민주주의하고 공통점이 있다(주성수 2004, 20). 게다가 일반적으로 이론가들이 풀뿌리민주주의와 참여민주주의를 함께 사용하기 때문에, 분명한 구분은 더욱 어렵다. 예를 들어 풀뿌리 차원에서 참여민주주의를 거론하는 이론가들, 특히 벤자민 바버B. Barber나 레오나르도 애브리처L. Avritzer, 마이클 카우프만M. Kaufman은 둘을 같은 의미를 사용한다.

그러나 참여민주주의의 참여가 대의민주주의의 극복보다 대의민주주의의 심화와 보완을 추구한다면,[4] 풀뿌리민주주의의 직접행동은 궁극적으로 대의민주주의의 극복을 과제로 삼는다는 점에서 차이가 있다. 제도화된 틀뿐 아니라 그 틀로 제한되지 않는 운동의 정치를 강조하고 정치 행위자 역시 이미 시민권을 가진 사람들이 아니라 정치과정에서 배제된 사람들을 기반으로 삼는다는 점에서, 풀뿌리민주주의의 참여는 대의민주주의나 참여민주주의하고 다르다. 그리고 다루는 주제에서도 풀뿌리민주주의는 새로운 주제 영역만이 아니라 전통적인 영역을 발굴하고 그 과정을 통해 삶을 총체적이고 근본적으로 변화시키려 한다는 점에서 차이가 있다.

3. 생활정치와 제도 정치의 연계

풀뿌리민주주의가 민주주의를 실현하는 정치의 장은 청와대나 국회, 행정부 같은 제도 정치의 공간보다 일상생활의 공간이다. 생활정치란 단순히 교육이나 보건, 주거 같은 생활의 문제들을 정치적인 의제로 만드는 것을 뜻하지 않는다. 생활정치는 내 삶의 경험이나 의식하고 분리되지 않은 정치 구조를 만드는 것이고, 삶 자체를 정치적으로 재구성한다

---

4 정수복은 "시민사회론은 자유민주주의의 폐기가 아니라 그것의 심화 확대를 지향한다. 그것은 대의민주주의와 참여민주주의의 적절한 결합을 추구한다. …… 시민사회는 참여민주주의를 통하여 국가와 시장을 감시하고 비판, 견제함으로써 새로운 삼권 분립을 추구한다"고 주장한다(정수복 2002, 39). 박형준도 "일부에서는 참여민주주의를 대중들의 직접행동과 동일시하는 경향이 있지만 참여민주주의는 직접민주주의를 의미하는 것이 아니다. 참여민주주의는 사실상 의회민주주의의 한 속성 또는 측면을 지칭한다고 보는 것이 정확할 것이다. 시민들에게 보다 많은 정치적 권리의 목록을 공평하게 제공하고, 이를 통해 다수의 의지로 필요한 자리에 사람들을 선출하고 권력을 위임 또는 수탁하는 의회민주주의의 과정을 '참여'라고 보는 것이다. 여기에서 한 걸음 더 나아간다면 개인들의 자유로운 결사를 보장하여 이 결사체가 자신의 견해와 이익을 표출할 수 있는 정치적 기회를 활발하게 제공하는 것을 '참여'로 간주할 수 있다. 이렇게 본다면 참여민주주의는 의회민주주의를 활성화하는 과정으로 이해할 수 있다"고 보면서 참여민주주의와 직접민주주의를 구분한다(박형준 2003, 49~50).

는 의미를 담고 있다. 생활정치는 공동체의 중요한 결정에서 공정함과 정의로움을 요구한다. 힘을 가진 자가 마음대로 권력을 행사하지 못하게 그 힘을 감시하고 제한할 뿐 아니라 작게 쪼개서 그 권력을 나와 우리가 함께 누릴 수 있게 만든다. 생활정치는 주체 측면에서 내 경험과 의식이 정치의 주체로 '성장'하는 것을 뜻한다.

그동안 생활정치라는 개념이 한국 사회에서 조금씩 통용돼왔지만, 풀뿌리민주주의와 비슷하게 그 개념의 의미와 실제 형태에 관한 분석은 그리 활발히 진행되지 않았다. 생활정치에 관한 논의는 네 가지 관점으로 구분될 수 있다.

첫째 관점은 위르겐 하버마스J. Habermas나 안토니 기든스A. Giddens, 울리히 벡U. Beck 등 서구 학자들의 견해를 수용해 시민사회와 공론장의 중요성을 강조한다. 둘째 관점은 일본의 소비자생활협동조합운동이나 생활자 정치에서 시사점을 얻어 정치의 개념을 '정치적인 것the political'으로 재구성하고 아래에서 새로운 정치 주체가 등장해야 한다고 강조한다. 셋째 관점은 미국산 쇠고기 수입을 반대한 2008년 촛불 집회를 생활정치의 관점에서 해석하며 건강과 생명, 먹거리 등을 주요 의제로 다룬다. 넷째 관점은 2007년 한국의 민주당이 생활정치를 기치로 내세운 뒤 정당정치와 생활정치의 접점을 찾으려 한다.

첫째 관점은 이론적인 측면에서 중요성을 가지는데, 생활세계와 공론장, 공공성의 중요성을 부각시켰다. 그동안 한국의 정치가 선거와 정당 같은 제도 정치를 중심으로 논의돼왔다는 점에서, 이 관점은 생활정치가 등장할 수 있는 이론적인 기반을 마련했다. 그렇지만 이런 논의가 한국 사회에 그대로 적용되는 데는 무리가 따른다. 이를테면 한국 사회에서 체제와 생활세계의 관계나 위상은 서구 사회의 경우하고 다를 수밖에 없으며, 식민지와 군사독재, 개발독재를 거친 한국 사회에서 서구하고 동일한 차원에서 성찰적 근대성이나 시민적 공공성, 공론장을 논의하기는 어렵기 때문이다.

둘째 관점은 아래에서 형성되는 새로운 정치 주체와 일상생활의 의제를 공적인 의제로 전환시키는 과정을 강조하고, 특히 지방자치 제도와 생활정치의 연관성에 주목한다. 이 관점은 여성의 정치 세력화나 소비자생활협동조합의 정치운동, 시민정치 교육이나 시민정치 참여 방안, 풀뿌리민주주의나 지방자치를 주장하는 주민운동에서 생활정치의 가능성을 본다. 이런 운동들 각각이 자신의 운동을 설명하는 데 생활정치라는 개념을 활용하고 있기 때문에 공통점이 분명하게 부각되지는 않지만, 새로운 정치 주체가 등장하고 성장하는 과정, 그리고 이런 과정에 필요한 권력 구조의 변화를 주요 과제로 삼는다는 점에서 비슷하다. 둘째 관점은 첫째 관점을 우리 식으로 재해석하고 적용하는 과정으로 여겨질 수 있다.

셋째 관점은 2008년 촛불 집회 뒤 벌어진 생활정치의 본격화에 주목한다. 자기 생명과 안전을 지키려는 시민들이 직접 나서고 공권력을 상대로 한 충돌까지 감수한 점에서 촛불 집회는 생활정치를 이론의 장에서 현실의 장으로 불러들였다. 논의 맥락이 조금씩 다르기는 하지만 이 관점은 생활의 불안정성이나 위험성을 극복하기 위해 서로 공감하고 연대하는 시민들의 정치 활동이 강화돼야 한다고 본다. 생활정치의 발전 방향에 관한 의견은 다르지만 여기서도 참여민주주의와 사회의 민주적 재구성은 중요한 공통 목표다. 다만 셋째 관점은 둘째 관점하고 다르게 지방자치나 지역 정치보다 국가 차원의 정치나 세계화의 차원에서 생활정치에 접근한다.

넷째 관점은 앞의 세 가지 관점하고는 다른 결을 가지는데, 그동안 생활정치의 주체로 여겨지지 않던 정당이 생활정치를 전면에 내세웠기 때문이다. '탈이념 생활정치'나 '생활 밀착 정당', 서민과 중산층을 생각하는 생활정치라는 말에서 느껴지듯, 이 관점은 생활정치를 목표가 아닌 수단으로 본다. 일본의 생활자운동과 지역 정당운동이 혁신 자치체 운동이나 마을 만들기 등을 통해 접점을 형성한 것은 사실이지만 그동안 한국에서는 이런 경험이 전무했다. 따라서 이 관점은 정치권과 시민사회, 학계의 수평적이고 유기적인 협력 체계와 상징적인 정책의 개발, 생활정치와 정당정치의 관계 설정을 비롯해 다양한 실험을 제안하는 수준에 머무르고 있다.

이런 다양한 흐름들은 생활정치라는 프레임으로 기성 정치를 재해석하고 재구성해야 한다는 요구를 반영한다. 정상호는 2008년 미국산 쇠고기 수입 반대 촛불 집회의 의의와 한계를 서구의 68혁명에 비교하고 분석하면서 풀뿌리 생활정치의 원리 세 가지를 제안하는데, 직접민주주의의 확장과 진전, 지역 권력/지방의회/지방 정치의 쇄신을 위한 프로그램과 연대 기구의 건설, 재외 국민의 참정권 보장 등이 그것이다(정상호 2008). 앞의 넷째 관점과 다른 세 가지 관점 사이의 매개 고리를 찾는다는 점에서 정상호의 제안은 매력적이다. 그러나 여기서 제시된 세 가지 내용을 과연 '원리'로 볼 수 있을지는 의문이다. 원리라면 일종의 공리公理를 담아야 하는데, 이 개념은 그야말로 제안을 포함하고 있기 때문이다. 그리고 풀뿌리는 단순히 직접민주주의와 지역 권력이라는 틀만으로 해석되기 어렵다. 아래에서 형성되는 생활정치의 동력을 정당 체계에 연결시키려는 시도는 매력적이지만, 여전히 조심스럽고 어려운 과제다. 더구나 정당들이 활용하는 생활정치 개념은 정치 주체의 형성보다 정치 의제의 개발에 초점을 맞추고 있고, 의제를 구성하는 과정에 시민의 참여를 유도하지 않는다는 점에서 한계가 있다.

각 관점들이 저마다 의미를 지니고 있지만 한국의 상황을 고려하면 풀뿌리민주주의는 자치와 자급의 삶을 가능하게 할 전략으로 생활정치를 중요하게 여긴다. 그래서 풀뿌리민주주의는 생활에 관련된 다양한 권한들을 권력의 주인이 활용할 수 있도록 지역사회로 내려 보낼 것을 요구한다. 그런데 현재의 정책 결정 구조는 중앙정부에 대부분의 권한을 맡기고 있다. 이런 현실은 지방자치 제도가 실시되고 난 뒤에도 변함이 없다. 중앙정부의 권한이 지방정부로 많이 이양됐다고 하지만 정책을 실현하는 에너지인 예산과 재정은 여전히 중앙정부에 집중돼 있다. 중앙 집중화는 정치 분야에 한정된 문제가 아니다. 경제와 문화, 교육 등 모든 것이 중앙정부와 수도권에 집중돼 있고, 그렇다 보니 시민사회 단체의 활동도 중앙 집중화돼 있다. 지역의 시민사회 단체들은 지역사회 고유의 욕구나 문제의식을 활성화시키지 못하고 중앙의 문제의식이나 의제를 받아 단순 집행하는 식으로 활동하고 있다. 그렇다 보니 지역사회 고유의 욕구와 의제에 기반을 두고 지역 주민의 정치 역량을 강화하며 아래에서 시작해 변화의 밑바탕을 만드는 작업의 중요성이 당위적으로는 논의되기는 하지만, 여기에 필요한 구체적인 실천 과제들은 뒤로 미뤄지고 있는 상황이다. 풀뿌리민주주의는 이런 상황을 바꾸려는 논리이고, 풀뿌리민주주의가 강조하는 분권은 그런 점에서 생활정치의 활성화에 맞물려 있다.

그런데 일반적으로 대의민주주의 아래에서는 마을 단위나 읍 단위가 실질적인 정책 결정 권한을 갖지 못한다. 풀뿌리민주주의가 가능하려면 정치 행위자들이 다양한 주제에 관심을 두고 능동적으로 움직여야 하는데, 그런 능동성의 조건은 주민이 실질적인 권한을 가지는 것이다. 아무리 참여하고 싶어하는 사람이 많아도 실질적인 권한이 없다면 참여는 무의미해지기 때문이다. 그런 점에서 삶에 관한 자기 결정권의 회복을 의미하는 분권decentralization은 풀뿌리민주주의의 중요한 속성이다.

그런데 분권은 단순히 중앙의 권력을 지방으로 이양devolution하는 행위하고는 다르다. 왜냐하면 풀뿌리민주주의가 주장하는 분권은 권한을 나눠주는 행위가 아니라 국가로 집중된 주권을 애초에 그 권리의 주인인 주민이 되찾는 변화를 의미하기 때문이다. 그리고 이런 논의는 과거의 국가 중심적 변화 논의, 곧 혁명 전략하고 근본적으로 다르다. 과거좌파의 전략은 국가권력을 장악해서 사회를 변화시키는 혁명 방식이었다. 물론 이론적 관점에서는 국가를 철폐하고 소비에트 체제로 이행하는 방식을 고려했지만, 실제 현실에서는 강력한 당 기구와 국가 중심 체제가 지배했다. 더구나 좌파의 전략은 전위라는 이름의 또 다른 형태의 엘리트주의를, 엘리트와 대중의 이분법(더 확장하면 계몽된 서구와 야만적인 제3세계 또는 동양이라는 이분법)을 받아들였다는 점에서 한계가 있었다.

이런 점에서 분권은 국가 중심 체제의 관료주의와 위계질서에 관한 거부를 의미할 뿐 아니라 참여의 핵심 전제이기도 하다. 분권은 삶의 자율성을 확보할 때에만 의미를 찾을 수 있는데, 중앙권력이 소외시킨 수동적인 시민을 스스로 판단하고 결정하며 책임지는 시민으로 변화시키는 과정을 뜻한다. 그런 의미에서 분권은 단체자치와 주민자치 두 가지로 구분된다. 단체자치가 지방정부의 자율성에 중점을 둔다면, 주민자치는 지방정부의 정책 결정 과정에 주민이 적극 참여하는 것을 뜻한다. 그리고 풀뿌리민주주의가 주장하는 분권은 단체자치만이 아니라 주민자치를 지향한다. 분권은 지방자치단체의 자율성만이 아니라 시민의 자율성과 능동적인 참여를 통해서만 그 의미를 확보할 수 있다.

프란시스 무어 라페F. M. Laffe는 민주주의 모델이 아니라 살아 있는 민주주의를 주장하면서 공정함, 포용, 상호 책임성 같은 민주적 가치들이 우리 공적 삶의 모든 지평에 스며들게 하는 삶의 방식이 바로 민주주의라고 주장한다. 라페는 전세계의 다양한 민주주의 사례를 수집해서 살아 있는 민주주의의 특징을 아홉 가지로 정리한다(라페 2008, 73~100).

1. 시민들은 집중된 부의 손아귀에서 정치권력을 되찾아오고 있다.
2. 시민들은 정부를 시민을 위한 도구로 만들려고 한다.
3. 투자자, 저축가, 소비자는 자신들의 일상적인 경제적 선택에 민주주의적 가치를 불어넣고 있다.
4. 시민들이 자치 테두리를 정하면, 기업은 그 테두리 안에서 자기 기능을 수행한다.
5. 이제는 일부 거대 기업들조차 기업 이익과 지구의 이익을 일치시킨다는 기업 이념을 새로 세우고 있다.
6. '지역의 살아 있는 경제'는 지역 산업이 경제 권력을 분산시키고, 에너지 폐기물을 줄이며, 공동체 결속을 진작시키고, 지역 시민들이 지역 산업을 지지하는 덕분에 생겨나고 있다.
7. 외부 자본 통제 없이도 시장이 훌륭하게 작동할 수 있다는 사실을 증명하면서 소유주와 노동자 간 격차를 줄인 기업이 빠르게 증가하고 있다.
8. 수많은 학교와 대학에서 학생들은 민주주의를 실천함으로써 민주주의를 배우고 있다.
9. 공동체에 기반한 정책을 만들고 '회복'을 추구하는 정의를 실현하는 법률을 시행할 때, 범죄율은 낮아지고 공동체는 치료된다.

풀뿌리민주주의는 이렇게 다양한 경계를 넘나들며 민주주의에 생명력을 불어넣으려는 시도다.

아울러 분권은 결과와 효율성만을 강조하는 목적 합리성에 경도된 근대 문명을 향한 도전을 의미한다. 이 도전은 발전이라는 이름으로 수

많은 생명을 짓밟고 공동체를 해체시켜온 문명에 맞선 행위다. 그리고 중앙화된 거대 권력에서는 실현되지 못한, 그리고 실현될 수 없는 열린 장을 생성하는 것이다(이 열린 공간은 인간에게만 적용되지 않고 그 속의 모든 생명체에게 확장될 수 있다). 결국 풀뿌리민주주의가 의미하는 분권은 인간과 자연, 인간과 인간 사이의 관계를 재정립하는 문명 전환 운동으로 볼 수 있다.

이런 분권을 실행하기 위해 풀뿌리민주주의는 생활정치를 기반으로 삼지만 제도 정치를 완전히 포기하지 않는다. 풀뿌리운동을 강조한다고 해서 제도 정치를 포기하거나 방치하자고 이야기하는 것은 아니다. 선거를 통해 지방자치단체장이나 지방의원을 뽑는 과정 역시 주민이 자신의 정치적 의견을 표현하는 중요한 장이다. 그러나 이런 제도 정치는 주민의 능동적인 참여를 이끌어내지 못한다. 낮은 투표율은 기성 정치 세력들이 제도 정치를 독차지하는 원인이라는 점에서 심각한 문제라고 할 수 있지만, 제대로 된 후보가 없는 상황에서 무조건 투표만 하라고 말할 수도 없는 노릇이다. 정치의 세계가 제도와 생활에 모두 펼쳐져 있기 때문에 그 둘을 기계적으로 구분할 수는 없다. 그런 의미에서 풀뿌리민주주의는 제도 정치와 생활정치의 연계를 추구하고 정치 세계가 지나치게 권력 중심으로 작동하지 못하게 가로막는다.

이런 연계를 위해서는 제도 정치의 주요 행위자인 정당의 성격이 바뀌어야 한다. 독일 녹색당은 처음 만들어질 때 여러 가지 새로운 강령과 내부 구조를 마련했는데, 그것은 정치의 성격을 바꾸는 게 목적이었다. 사실 그동안 한국에서 정치적 대표 체계를 내세우던 정당들은 시민의 징검다리가 아니었다. 정치 세계를 보존하고 활성화시킬 새로운 정당은 '탈'정당정치보다는 '비非'정당정치를 추구해야 한다. 모든 정치과정을 제도 정치 속으로 제한하는 게 아니라 정치의 과정 자체를 넓혀 제도와 일상 속에 정치를 실현하려 한다는 것이다.

4. 민주주의는 살림살이다

"사람이 살아가면서 느끼게 되는 정신적·물질적 욕구를 충족하기 위한 유형·무형의 수단을 조달하는 행위"를 뜻하는 살림살이는 민주주의하고 무관하지 않다(홍기빈 2012, 25). 얼마나 먹는가가 아니라 누구와 어떻게 먹는가가 중요하다면, 이것은 민주적인 결정의 문제다. 배부른 돼지보다 배고픈 소크라테스가 되겠다는 말이 있듯이, 독재자가 신민의 복지를 보장할 수는 있지만 시민의 삶의 질과 자유를 보장할 수는 없다. 시민이 진정 자신의 자유를 실현하려면 자유의 물질적인 토대를 마련해야 한다.

그리고 삶터에서 제아무리 민주주의를 학습하더라도 일터에서 노예처럼 산다면 최소한 자기모순에 빠지거나 자기 자신을 부정할 수밖에 없다. 그런 점에서 일터의 민주주의, 경제민주주의는 정치의 민주화, 사회의 민주화하고 무관할 수 없다. 이 문제에 관련해 김상봉은 "국가를 기업으로 만들 것이 아니라 기업을 국가로 만들"어야 하고, "기업을 노동자가 주권자인 민주공화국으로 만들자"고 주장한다. 그렇게 되면 "기업에 의한 노동자의 노예적 예속은 더 이상 걱정할 필요가 없게 될 것"이라는 말이다(김상봉 2012, 58).

그런 점에서 최근에는 노동운동이나 농민운동 같은 전통적인 사회운동이 지역사회와 결합을 모색하기도 하고, 풀뿌리운동도 시민사회운동을 상대로 연대를 조금씩 고민하고 있다. 기득권 세력에 포획돼 있어 지역사회가 자율성을 가지지 못하기 때문에 지역사회 발전도 다양한 형태로 시도되지 못했다. 그러나 생활협동조합운동이나 빈민운동이 풀뿌리 민주주의를 실현하는 디딤돌을 만들어왔으며, 최근에는 자활 공동체나 사회적 기업 같은 단체들도 등장하기 시작하고 주민 단체가 비슷한 기구로 전환되기도 한다. 이런 흐름들은 '일상의 연대'를 가능하게 한다.

그렇지만 지역사회의 대안적인 발전이 가능하려면 대안적인 경제의 망이 구성돼야 한다. 대안적인 경제망의 구성 단계는 사회적 경제social economy라는 개념으로도 정리될 수 있으며, 사회적 경제의 성공은 자본주의 시장경제와 다른 자신만의 '사회적 시장'과 '윤리적 시장'을 만들 수 있느냐에, 과거의 전통을 얼마나 복원할 수 있느냐에 달려 있다. 그런 점에서 협동조합운동이 중요하다. 협동조합운동은 사회적 일자리 사업이나 레츠LETS,[5] 마을 만들기 운동 등을 통해, 그리고 친환경 급식이나 로컬푸드뿐 아니라 주거, 보험, 문화 등 다양한 영역에서 사회적 관계망을 회복할 수 있다. 그리고 이런 관계망을 구성하는 과정에는 협동조합뿐 아니라 협동조합운동의 가치에 동의하는 다양한 지역 단체들도 참여할 수 있다. 그리고 그 관계의 망은 국경선을 넘어 확대될 수도 있다.[6] 그런 관계망의 확대가 공동 소유의 영역을 확대하면 새로운 노동과 '거래trade'의 원칙을 확립할 수도 있을 것이다.

---

5 "만족할 만한 수준은 아니지만 한밭레츠가 지역통화 운동의 목적을 달성하는 데 어느 정도는 기여한 것으로 평가될 수도 있다. 즉, 품앗이만찬 등의 공동체 행사를 통해 타지에서 이주해온 신규 회원의 정착을 돕고, 건강한 이웃관계를 형성했으며, 노인, 주부 등 유휴노동력을 적극 활용하여 새로운 기술과 재능을 학습하는 등 자기개발 기회도 마련해주었다. 또한 재활용품 사용을 생활화하고, 자원낭비를 막고 나눔과 공유의 정신을 실천에 옮겼으며, 한밭레츠를 폐쇄적인 모임이 아니라 지역사회와 함께 더불어 사는 공동체로 만들기 위한 다양한 사업을 개발해 추진하고, 공동체와 생태계 원리를 따르는 지속가능한 삶의 양식을 창출하는 데도 적지 않게 이바지한 것으로 보인다"(박용남 2008, 23).

6 "농장의 고된 노동으로 살아갈 수밖에 없는 남반구의 민중들이 바로 이 공정무역의 과정에서, 합의에 기초한 '조합' 공동체를 스스로 만들어 나가고, 자신들이 처한 조건과 문제점들을 드러내는 주체로 되어가는 것이다. 그리고 자본가들 앞에서 감히 열 수 없었던 입을 열어, 자신들이 처한 처지에 대해 말하기 시작하는 것이다. 공정무역운동을 통해 대화와 소통이 가능한 '만남'이 시작된 것이다"(차미경 2007, 244).

이렇게 관계망을 회복한 지역사회는 지속가능한 미래를 보장하는 중요한 기반이다. 에너지 자립도 3퍼센트, 식량 자급률 24퍼센트라는 한국의 상황은 미래를 대비할 수 없게 한다. 햇빛이나 바람 등 대안 에너지를 활성화하고 로컬푸드나 지역 먹거리 체계를 갖춰서 미래의 위기에 대응하려면 지역사회가 단단한 버팀목이 돼야 한다.

그러나 풀뿌리민주주의가 지역사회나 공동체 '속의' 운동으로 제한되는 것은 아니다. 보통 풀뿌리운동의 의미를 지역 공동체운동 정도로 제한하려 하지만, 그런 전망 역시 닫힌 프레임이다. 풀뿌리운동은 기득권층의 분할 통치 전략에 맞서 협동의 전략으로, 곧 "나도 그 사람들이다" 또는 "우리도 그 사람들이다"라는 자각을 일깨워왔다. 자기들끼리 잘 사는 공동체가 아니라 더불어 사는 마을을 만드는 게 풀뿌리 정치의 목표였고, 더불어 사는 관계망의 범위를 확장해야 한다. 예를 들어, 2008년 미국산 쇠고기 수입을 반대하는 촛불 집회에서 청소년과 여성들이 운동의 새로운 주체로 등장했다고 하지만, 사실 청소년과 여성들은 그 이전부터 정치의 주체가 되려고 노력해왔다. 그렇지만 성인 남성 중심의 정치 제도가 이 집단들을 정치 주체로 인정하지 않았고, 그래서 이들은 여전히 독자적인 물적 기반을 가지지 못한 존재들이다. 풀뿌리민주주의는 이들에게 공적인 장을 제공해야 한다.

풀뿌리정치가 지향하는 관계망의 확장은 사건을 통해 가능하다. 그렇지만 모든 사건이 특정한 방향의 지향을 가지는 것은 아니며, 사건이 특정한 성공을 보장하지도 않는다. 사건은 사건이기 때문에 터져 나오고 예측할 수 없다. 68혁명의 주역인 다니엘 벤사이드Daniel Bensaïd는 이렇게 말했다. "사건은 늘 너무 조숙하게, 때맞지 않게 시간을 거슬러서 출현한다. 사건의 힘은 바로 여기서 비롯된다. 사건은 '자신의 미래에서,' 자신이 창시하는 새로운 가능성에서 의미 있게 된다. 사건은 '자신에 대한 이해의 조건'을 자신 안으로 운반해온다. 사건의 후예만이 이런 새로 움의 정도를 가늠할 수 있다. 왜냐하면 사건은 가능한 것들의 뿌리에서 올라오기 때문이다. 사건은 가능한 것들이 놓인 지평을 바꾸고 '시간의 혁명'을 선언한다"(벤사이드 2003, 220). 지금 우리가 지켜보며 준비하는 풀뿌리 민주주의도 하나의 사건이다.

그런데 우리에게는 이제 더는 '정치를 위한 정치'가 필요하지 않다. 더는 정치만을 위한 공간이 남아 있지도 않다. 그렇다면 풀뿌리운동은 주민자치만이 아니라 자급의 경제를 마련하는 일에도 관심을 기울여야 한다. 그리고 왜 풀뿌리운동이나 협동조합운동이 반자본주의 시위를 조 직하지 않는지 고민해야 한다. 왜 풀뿌리운동에서도 정치와 경제는 구 분되고 분리될까?

그런 의미에서 삶터와 일터의 분리를 극복하는 문제가 중요하다. 삶 터와 일터의 분리를 극복한다는 것은 공장이나 사무실로 출근하지 말 고 집에서 일하자는 게 아니다. 지역 살림살이의 자족성을 갖출 여러 가 지 방안이 이야기되고 있지만, 시간이 많이 필요한 일들이다. 그런 기반 이 마련될 때까지 손 놓고 기다리지 말고 일단 삶터와 일터의 삶이 서 로 소통하게 해야 한다. 공장과 사무실에서 벌어지고 있는 일들이 삶터 에서 이야기되고, 반대로 삶터의 일들이 공장과 사무실에서 이야기돼야 한다.

이런 과정에서 환경미화원, 식당 종업원, 배달원 등 다양한 직종의 비 정규직 노동자나 일용직 노동자들이 겪고 있는 고통이, 그런 노동자가 생산한 제품과 서비스를 이용하는 소비자들 사이에서 이야기돼야 한다. 또한 재벌들이 주도하는 노동시장의 나쁜 조건에 소비자들이 관심을 가져야 한다. 예를 들어 재벌이 만든 제품을 쓰고 보험을 들고 주식 투 자를 하는 게 우리 삶에 어떤 영향을 미치는지를 소비자들이 고민하고,

대안을 구체적으로 보여줘야 한다. 그리고 노동자들이 일하는 공장에서 어떤 화학물질을 다루고 노동자들이 어떤 환경에서 일하는지에 관해서도 많은 이야기들이 나와야 한다. 방사능, 전기파, 화학물질, 발암물질 등 우리의 안전을 위협하는 많은 물질이 우리가 모르는 상태에서 유통되고 있다.

반대로 생활정치의 영역에서 벌어지고 있는 다양한 문제들에 그 지역에 위치한 공장과 사무실 노동자들의 관심을 유도해야 한다. 지역의 사회적 관계망 속에서 공장과 사무실, 공공 기관, 자영업 등이 어떤 구실을 하는지 깨달아가는 과정이 필요하다. 다양한 사람들이 한 공간 안에서 함께 살아가고 있다는 점을 깨닫고 바라봐야 한다. 영화 〈아바타〉에 나오듯 서로 바라보는 과정이 필요하다. 그러면 우리는 더욱 단단하게 손을 맞잡을 수 있고, 예상하지 못하던 힘을 구할 수도 있지 않을까?

생각하면 아주 어려운 일은 아니다. 우리는 생산자이자 소비자인 삶을 살아가고 있으니까. 다만 삶터와 일터의 거리가 너무 멀어 동시에 삶을 산다는 점을 망각하고 분리해서 생각할 뿐이다. 이렇게 분리된 우리 사회의 살림살이 구조, 정치와 경제 구조를 바꾸고 합치는 일에 우리는 더 많은 관심을 기울여야 한다. 더글러스 러미스D. Lummis는 "지역적으로 생각하고, 지구적으로 행동하라"고 주장한다. 토착 공동체를 지키는 힘이, 결국에는 우리가 뿌리는 내리고 사는 세계를 지키는 힘이 국경을 가로지르는 운동 속에서도 만들어질 수 있다는 것이다.

우리의 삶과 운동이 칡덩굴처럼 얽히고설켜 쉽게 뿌리 뽑히지 않게 될 때 풀뿌리민주주의는 힘을 가질 수 있다. 그래서 그런지 함석헌은 꿈틀거림을 강조했다. 함석헌은 겨우내 움츠려 있으면서 꿈을 길러 봄이 오면 꿈을 트는 것이 꿈틀거림이라 했다. 그리고 그 '꿈틀'이야말로 정말 "무서운 꿈틀"인데, "사나운 겨울바다, 같은 권세 밑에 갇히는 민중의 꿈"이고, "그 꿈이 터지고야 마는 봄이 온다. 삶은 절대이기 때문에 터지고야 만다. 말도 못하고 죽는 민중의 꿈틀거림은 생生의 항의抗議다. 삶의 외침이다. 삶의 음성이기 때문에 하나님의 명령이다. 말씀이다. 역사의 길이다. 내가 이름 없는 민중이라도 민중이기 때문에 내 안에 하나님의 말씀이 있다"(함석헌 1979, 20). 풀뿌리민주주의가 지향하는 삶도 그런 삶이다. 내 속에 있는 힘을 길러 자치와 자급의 공동체를 실현하는 삶.

2부

한국 풀뿌리
민주주의의
역사와
아나키즘

1부는 풀뿌리민주주의의 등장 배경과 문제의식을 살펴봤다. 풀뿌리민주주의는 철학자들의 사유 속에서 나온 개념이 아니다. 풀뿌리민주주의는 기성 권력을 향한 문제 제기이자 배제된 사람들의 현실적인 필요였다. 더는 고개 숙이지 않고 자존감을 되찾아 함께 삶을 도모하겠다는 의지가 풀뿌리민주주의를 부활시켰다.

우리 역사도 마찬가지다. 보통은 일제 강점기를 정치적인 공백 상태로 여기지만 실제 역사는 달랐다. 한국 사회를 지배하는 대부분의 권력이 일제 총독부의 손에 있었지만 민중의 정치력은 사라지지 않고 계속 이어졌으며, 이런 생명력은 3·1운동이라는 거대한 사건으로 드러났다. 3·1운동이 강제로 진압된 뒤에는 사회주의나 아나키즘 등의 이념을 표방한 조직 운동이 이어졌다.

2부는 한국 역사에서 풀뿌리민주주의와 아나키즘의 연관성을 살펴본다. 일제 강점기와 미군정, 군사독재를 거치면서 풀뿌리민주주의와 아나키즘이 모두 쇠락의 길을 걸었지만, 그 기원을 분명히 밝히는 작업은 풀뿌리운동에 도움이 될 것이라 기대한다.

1장. 일제 강점기 — 풀뿌리운동과 아나키즘의 접속

1. 계와 두레 — 자치와 자급의 공간

한국 사회에서 풀뿌리민주주의는 낯선 이상이 아니다. 조선 왕조의 기운이 쇠퇴하고 민중의 생산력이 증가하던 19세기 이후 한국의 농민들은 민란民亂을 일으키고, 면과 동리 단위로 모정茅亭, 농정農亭, 농청農廳 같은 공간에서 촌회村會나 향회鄕會를 열며, 계와 두레 등으로 살림을 살면서 자치와 자급의 질서를 만들어가고 있었다. 풀뿌리민주주의의 기반은 외부지원이나 소수의 이끎 없이도 자생적으로 조직되고 있었다.

그런 자치와 자급의 힘에 기반을 둔 동학혁명이나 일제 강점기의 각종 의병운동을 겪으면서 일제는 한국 사회 고유의 정치 역량, 특히 농촌 사회의 자치와 자급의 역량을 파괴하는 게 매우 중요하다고 여겼다. 일제는 1906년 행정구역을 정비한다는 명목으로 마을의 경계선을 바꾸기 시작했고, 1910년부터는 본격적으로 행정구역을 통폐합했다. "1910년부터 1910년대 후반에 이르는 기간 동안, 자치적인 지역 단위로서 존재해왔던 洞·里를 대폭 폐합함으로써 1910년도에 68,819개였던 동리를 1916년도에는 29,383개, 1918년도에 28,277개 동리로 줄임으로써 58.9%의 동리가 폐합되어 전통적인 지방사회의 기저를 흔들어놓게 되었다"(이정은 2009, 70). 그리고 1917년 6월에는 면제 시행을 공포하고 자치적인 동과 리를 행정 단위인 면에 통합해 중앙정부가 직접 지역사회를 관리하는 통제 체제를 수립했다.

그러나 사람들의 일상생활에서 분리되지 않은 촌락 공동체의 정치질서는 쉽게 붕괴되지 않았다. 주강현은 한국 농민 공동체의 핵심을 조선 후기에 발전한 '두레'에서 찾는다. 보통 30~50호 정도의 가구가 모인 두레는 단순히 서로 일을 도와주는 모임이 아니라 "사유적 요소를 극복하고 공유적 계기와 밀접하게 결합"된 정치적인 성격을 띠고 있었다(주강현 2006, 71). 왜냐하면 두레는 단순히 서로 일을 돕는 데 그치지 않았고 마을의 공유 재산을 확대했기 때문이다. 두레의 구성원들은 함께 일하며 생긴 수익금을 모아 자산을 늘리고 일정한 액수를 적립해서 마을에 필요한 일에 분담했다. 그리고 18, 19세기에 지배층이 동계를 하나의 납세 단위로 묶어 공동납共同納을 강화하자 세금 부담이 늘어났지만, 오히려 주민들이 단합하는 계기가 됐고 동중답洞中畓 같은 마을의 공동 재산을 확대시키기도 했다. 공동 노동 조직인 두레하고 연관성이 많은 이런 공유 재산은 농민들의 자급과 공생을 위한 토대를 만들었다.

이명원은 이것을 '두레민주주의'라고 부른다. 동학으로 대표되는 두레민주주의는 "'위로부터의' 중세적인 제왕적 권력의 견제와 압박으로부터 자유로울 수 없었"지만, "동학의 출현은 이러한 농민공동체의 한계를 뛰어넘어 농민민주주의의 명료한 이념적 토대를 제공해준 역사적 사건이면서, 위로부터의 전제적인 지배에 대항하여 봉기한 풀뿌리 민중의 직접행동 민주주의를 가능케 한, 종교적 넘어선 정치적 사건"이었다(이명원 2008, 112). 두레와 동학은 작은 마을 조직과 큰 이념을 연계시켰고, 농민들을 정치의 주체로 등장시켰다.

두레는 촌회하고도 연관됐다. 두레는 "마을의 정신적 상징인 마을굿을 모시며, 두레를 조직·운영하고, 동산洞山 등 공유재산을 거느리고 있으며, 촌회村會를 열어 공동의 일을 토의 결정"했다(주강현 2006, 84). 두레는 마을굿과 공동 노동의 조직과 운영, 공유 재산의 관리를 위해 촌회라는 정치 기구를 뒀고, 그 안에서 농민들은 자연스럽게 정치를 경험할 수 있었다(호남 지방의 경우 두레는 모정이라는 공간을 만들기도 했다). 때때로 이 두레는 양반층의 향촌 지배를 거부하는 움직임을 보이기도 했다.

두레만이 아니다. 다양한 사람들이 모여 지금보다 나은 삶을 함께 꿈꾸자는 '약속'인 계도 조선 시대부터 발달했다. 계는 친족과 이웃 사이에서 활발하게 만들어졌는데, 웬만한 마을마다 여러 개의 계회가 있어 혼인이나 초상처럼 혼자서 감당하기 어려운 일을 함께 치르는 전통을 만들었다. 계는 소유를 부정하지 않으면서도 각자의 삶을 엮어 공유하는 생활의 전통을 만들었다. 자발적인 모임이고 의사소통도 수평적이었기 때문에 계는 주민들의 민주적인 의사소통과 상호부조의 삶을 조직하는 계기를 마련했다. "주민들은 생활상의 필요에서 3, 4개 이상의 다양한 계에 참여하여 활동하였고, 이러한 활동은 마을을 호혜적으로 상부상조하는 협동공동체로 만드는 사회적, 정신적, 물질적 기반이 되었다"(이윤갑 2005, 241).

이런 자치와 자급의 힘을 바탕으로 19세기 초부터 한국 사회에는 농민 반란의 바람이 본격적으로 불기 시작했다. 억압적인 신분 질서가 무너지면서 민중의 목소리가 터져 나오기 시작했다. 홍경래의 난과 진주의 농민 반란 등 거의 모든 지방에서 농민 반란이 시작된다. 군현 단위에서 많은 반란이 일어났고, 그 다양한 기운들이 1894년 갑오농민전쟁 또는 동학운동으로 모였다. 자잘한 저항이 아니라 전쟁이라 불릴 정도로 기세가 강력했다.

한국의 농민 공동체를 양반들이 지배한 봉건적인 공동체로 보는 시각은 내부의 정치적인 움직임을 파악하지 못하는 편향된 견해다.[1] 양반

---

1 그런 점에서 김용덕은 마을을 지배하던 동계와 촌계를 구분해야 한다고 주장한다. "동계와 촌계는 크게 다르다. 동계는 18세기에도 있었지만 17세기를 전성기로 하는 것이고 양반에 의해 주도되고 운용되었다. 다시 말하면 향권 유지·체제 유지 등을 기본 취지로 하는 것이었다. 한편 촌계는 고대로부터의 유구한 전통을 갖는 자생적인 것이며 주민의 생활과 상호이익을 위하여 협동하는 자율적 조직이었다"(김용덕 1992, 144).

들이 마을을 지배했다고 해도 그런 지배가 두레와 계, 촌회 등을 통해 다져지던 농민 공동체 자체를 대체하지는 못했다. 송찬섭은 동계에서 "동리의 공론이 모아졌"고, 이것이 이회里會, 의송議送, 민회民會로 발전했다고 보기도 한다(송찬섭 2004, 57~61).

양반이 주도한 향회도 단순히 농민을 지배하는 조직은 아니었다. 때때로 향회는 "대소민을 막론하고 빈부 모두 곤궁해지는 위기적 상황에서, 끝없는 관의 가렴에 대항하는 데 있어서 생존을 위하여 상하가 연대"하는 계기를 마련하기도 했기 때문이다. "이를테면 철종 때 괴산에서는 수령의 자의적 결가책정에 대하여 반대하는 향회가 29차례나 열렸으며 각처에서 관의 부조리한 조처에 굴종하지 않고 통문을 돌려 향회를 소집, 단합된 여론을 배경으로 수령에게 시정을 요구하는 '읍소泣訴'를 감행하고 여의치 않으면 다시 감영에 진정하는 '의송議送'에 나서는 등 향회는 점차 반관적 저항을 위한 모임의 장소가 되었고 드디어 민란의 온상 구실을 하게 되었다"(김용덕 1992, 40). 이렇게 마을 안에서는 봉건적인 지배 원리에 더해 농민의 자치와 자급의 생활 원리가 때로는 협력하고 때로는 충돌하며 작동하고 있었다.

농민 공동체는 자기 나름의 공동체적 정치 질서를 유지했으며, 그런 질서는 인위적인 것이 아니라 생활의 자연스런 조건으로 만들어졌다. 농민의 삶은 자치와 자급, 공유지를 통한 공생에 바탕을 둔 정치가 자율적인 삶을 가능하게 하는 조건이었다. 국가가 없는 곳에서 농민들은 공동체를 꾸리고 자급하며 평화로운 삶을 누리고 있었고, 삶과 일치하는 정치와 살림살이의 원리를 실현했다. 농민의 삶으로 다져진 거인의 정치는 그렇게 오랜 세월을 지탱해왔다.

그래서 한국의 농민들은 일제 강점기 이전부터 일제의 지배를 순순히 받아들이지 않았다. 아니, 받아들일 수 없었고, 그래서 일제 초기부터

의병義兵의 전통을 따르는 반란이 전국 곳곳에서 나타났다. 일본 쪽 통계를 따르더라도, 1907년부터 1911년까지 2852회의 전투가 벌어져 14만 1185명이 전투에 참여했으며, 사망자 1만 7697명, 부상자 3706명, 체포자 1만 1994명을 기록했다. 주로 해산된 군대나 지방 유림의 지도를 받기는 했지만, 많은 농민들이 이 반란에 참여했다(조재희 1989, 88). 이런 대대적인 반란을 소수의 양반이 주도한 활동이라 얘기할 수 있을까?

해방 이전 한반도 인구의 83퍼센트를 차지하던 농민은 다양한 관계망과 모임을 통해 생활 속에서 연대했다. 농민들의 혁명 역량은 의식적인 사상 학습만이 아니라 농촌 사회의 전통적인 노동 관행과 공동체를 디딤돌 삼아 성장했다. 일본인 대지주에게 저항하고, 소작 쟁의를 일으키며, 각종 행사를 개최하는 일은 개인이 아니라 마을의 집단적 노력으로 가능했다. 지배 질서에서 배제돼온 농민이 스스로 지역사회의 주체로 서고, 일상적인 의사결정을 공유하며, 서로 소통하고 살림살이를 단단히 챙겨가면서 때로는 농민 반란을 일으킬 정도로 강력한 힘을 모은 점을 볼 때, 한국에서도 풀뿌리민주주의의 강력한 전통을 찾을 수 있다. 그리고 이 힘은 자치와 자급을 가로막는 일제 식민 권력에 직접 충돌하는 사건을 일으킬 수밖에 없었다.

2. 3·1운동과 식민 권력의 충돌

일제 식민 권력은 자치 질서를 파괴하고 단결을 막기 위해 지방과 지역별로 시민을 가르고 이해관계를 충돌시키는 분할 통치 전략divide and rule을 실시했다. 그리고 면과 리 단위의 말단 행정구역까지 지주회나 진흥회, 모범 부락 등을 만들어 농민을 직접 관리했다. 도시에서도 정동회町洞會라는 조직을 만들어 주민자치라는 명목 아래 주민을 직접 관리하려 들었다. 단체와 조직은 있었지만, 상향식 민주주의가 아니라 하향식 통제를 목적으로 만들어졌다. 도평의회나 부회 등을 통해 조선인도 목소리를 낼 수 있었다고 하지만, 선택받은 엘리트들의 대의정치일 뿐 민주주의라 말하기 어렵다.

통제는 기본적으로 폭력에 바탕을 뒀다. 일제는 행정부와 사법부의 주요 관리들을 일본인으로 교체할 뿐 아니라 헌병과 경찰의 수를 크게 늘려 많은 권한을 부여했다. 헌병과 경찰은 단순히 범죄를 단속하고 첩보를 수집하는 구실만 맡지는 않았다. 일본 정부가 심으라는 모종을 심지 않거나 토지 측량을 거부하거나 위생 검열에 응하지 않으면 헌병과 경찰이 들이닥쳤다. 1910년에 제정된 '범죄즉결령'은 경찰서장이나 헌병 분대장이 구류나 태형 등에 해당하는 범죄나 3개월 이하의 징역 또는 100원 이하의 벌금에 해당하는 범죄를 재판 없이 즉결 처분할 수 있게 허가했다. 그리고 1912년에 제정된 '조선태형령'은 조선인의 경우 징역이나 벌금 대신 매질을 하게 했다. 따라서 경찰서장이나 헌병대장은 자기 마음에 들지 않는 사람들을 아무나 끌어와 매질을 할 수 있었다.

경제적인 측면에서도 농촌 공동체의 자급 역량은 심각할 정도로 파괴됐다. 일제 식민 권력은 한국 사회에 배타적 소유권을 확립했고 공유지를 박탈했다. 1919넌대에 시행된 토지조사사업은 배타적인 토지 소유권을 확립했고, 많은 농민들이 소유권을 잃었다. 동양척식주식회사는 소유가 분명하지 않은 땅을 강제로 빼앗아 이주하는 일본인들에게 팔아넘겼고, 일본인 지주들은 농민들에게 비싼 소작료를 걸었다. 소작농으로 전락한 농민들은 비싼 소작료를 낼 뿐 아니라 일본 모종을 쓰고 일본식 농법으로 농사를 지어야 했다. 종자를 골라 모를 심고 수확하고 건조하고 탈곡하는 과정에 모두 식민 권력이 간섭하며 일일이 명령을 내렸고, 말을 듣지 않으면 모종을 밟아 뭉개고 벌금을 매겼다. 또한 가난한 농민들에게 도살세, 연초세, 주세, 학교조합비 등 각종 세금을 거뒀다.

일본 제국주의의 목적은 단순히 조선이라는 영토를 지배하는 것에만 있지 않았다. 일제는 조선인의 삶에서 자발성과 자율성을 완전히 제거하고 수동적인 인간을 만들려 했다. 일제는 동학농민전쟁을 경험했고 을사늑약 이후에도 많은 의병과 독립군의 저항을 강제로 억누르며 식민지를 유지해야 했기 때문에 그런 인간형이 꼭 필요했다. 일제는 민중의 삶 자체를 뿌리째 뽑아 그 삶이 외부의 권력과 자본에 기생하게 만들려 했다.

이런 폭압에 맞선, 세계에서 유례를 찾아보기 어려운 엄청난 사건이 우리가 유관순 누나와 태극기, 민족 대표 33인과 만세 삼창으로만 기억하는 3·1운동이다. 3·1운동은 조선 말기에 일어난 많은 민란의 뒤를 이었고, 가깝게는 1894년 동학혁명의 기운을 이어받았다. 이 땅의 민중들은 산꼭대기에 횃불이나 봉화를 피우고 만세를 외치며 자기가 바라는 바를 주장했다. 시골 장터가 열리는 곳마다 만세 시위가 벌어졌고, 사람들은 인근 지역을 돌아다니며 릴레이 시위를 벌이기도 했다. 경찰이 쏜 총에 맞아 목숨을 잃은 사람의 시신을 떠메고 상여 시위를 벌이기도 했고, 상인은 가게 문을, 학생은 학교 문을, 노동자는 공장 문을 닫았다. 농민들은 일제 품종이나 묘목을 심지 않고, 세금 납부를 거부하고, 일제 상품을 사지 않으면서 일상 속의 싸움을 하기도 했다. 그동안 거리에서 자기 목소리를 내지 못하던 어린이, 거지, 기생들도 만세를 외치며 시위의 주체로 등장했다. 심지어 삼베 주머니로 도시락을 만들어 망태에 넣고 돌아다니는 전문 시위꾼인 '만세꾼'이 등장하기도 했다.

전국적으로 벌어진 만세 시위에 참여한 사람은 모두 200만 명을 넘었다. 그리고 3월 1일만이 아니라 3월부터 4월 말까지 꾸준히 이어졌다. 서울의 만세시위는 일제의 탄압을 받아 점점 수그러들었지만, 오히려 그 기운을 이어받아 전국 각지에서 만세 운동을 이어갔다. 3월 말과 4월 초에 시위는 정점을 치달았고, 많은 사람들이 말 그대로 '목숨 걸고' 거리에서 일제에 맞섰다. 때로는 태극기를 손에 들고, 때로는 돌멩이를 던지며, 때로는 낫과 몽둥이와 호미를 들고 경찰과 헌병에 맞섰다.

3·1운동은 이렇게 국가와 자본에 내몰리고 뿌리 뽑히는 사람들과 공동체들이 벌인 극렬한 저항이었다. 일제는 사람들이 쉽게 저항하지 못할 것이라고 예상했지만, 자신들의 뿌리가 송두리째 뽑혀지고 있다는 사실을 눈치 챈 사람들은 온 힘을 다해 싸웠다. 시위 때 등장한 구호도 다양했다. 길거리 곳곳에서 사람들은 "지금 우리는 나라를 위하여 활동하고 있는 것이다. 따라서 면장이든 면서기이든 나오지 않으면 안 된다. 국가를 위하여 이렇게 우리들은 진력하고 있는 것이다. 이러한 때에 조금이라도 국가를 위하여 진력하지 않는 자세를 취하는 놈은 때려 죽여라", "지금부터는 모자리 일을 할 것도 없다. 송충이를 잡을 필요도 없다", "바닷가의 간척공사도 안 해도 좋다. 아무 것도 하지 말라", "조선이 독립하면 부역, 세금이 필요 없게 될 것이며", "이제부터는 묘포苗圃일도 할 것 없고"라고 외쳤다.

이렇게 민중들은 자신이 이 땅의 주인이라고 선언했다. 그리고 권력이나 자본의 간섭 없이도 자신들이 잘 살 수 있다는 사실을, 그리고 외부의 간섭을 받지 않고 스스로 다스리고 스스로 마련하는 삶이야말로 올바른 대안이라는 점을 깨달았다. 자치 공동체가 하던 일을 대신하던 면사무소가 공격을 받았을 뿐 아니라 심지어 전남 순천, 평안도 의주, 평안도 신미도 등지의 주민들이 면사무소를 접수하고 자치 업무를 본 사실에서 이런 점이 잘 드러난다. 다시는 헐벗은 삶으로 내몰리지 않겠다는 강한 의지가 국가의 폭력에 맞서 새로운 정치의 장을 열었다.

목숨을 건 자발적인 정치의 운동이었기 때문에 일제는 정상적인 방법으로 이런 흐름을 막을 수 없었다. 서울에서 시위를 막아도 지방으로 들꽃처럼 번져가는 불길을 잡기가 어려웠다. 언제, 어디서 만세 시위가 벌어질지 몰라 일상적인 정치로 이런 흐름을 가로막기 어려웠다.

민중의 강력한 의지를 목격한 일제는 여기에 맞서 '전쟁'을 일으켜야 했다. 민중이 '치안'을 무너뜨리고 '정치'를 지향하자, 일제는 경찰과 헌병뿐 아니라 일본인 자위대와 소방대까지 동원해 민중을 탄압했다. 그런 상태에서 폭력이냐 비폭력이냐 하는 문제는 중요하지 않았다. 대부분의 시위들은 민족 대표들이 주장한 평화 시위를 따랐지만 일제의 폭력을 순순히 받아들이지도 않았다. 헌병이나 경찰이 총을 쏘고 주동자를 연행하며 강제로 해산을 시도하면, 평화적으로 진행되던 시위도 돌멩이, 죽창, 삽, 도끼 등을 든 시위로 변했다. 3월 말이 되면서 충돌은 더욱 격렬해졌다. 경기도 수원 화수리에서는 계획적으로 헌병 주재소를 습격해 일본 경찰을 때려죽이기도 했고, 평안도 안주에서는 체포된 사람들을 구출하려고 주재소에 불을 질러 주재소장과 헌병 3명을 붙잡아 살해하기도 했다.

이런 직접행동에 일제는 마을 전체를 파괴하는 조치로 맞섰다. 화수리의 경우 일제는 가옥 30채를 불사르고 주민을 끌고가 갖은 고문을 한 뒤 주모자에게 징역 15년형을 선고했다. 안성 지역에서는 일제 경찰과 함께 보병 부대가 주민 검거에 나서 1명이 사망하고 20명이 부상했으며, 가옥 9채를 불태웠다. 심지어 부대가 학교에 야영을 하며 한 달 동안 지나가는 사람을 붙잡아 무조건 몽둥이로 때리기도 했다.

이렇듯 무장하지 않은 민중이 무장한 권력에 맞선 전쟁의 결과는 비참했다. 역사가 박은식은 "창으로 찌르고 칼로 쳐서 마치 풀을 베듯 하였으며, 촌락과 교회당을 불태우고 부수었다. 잿더미 위에 해골만이 남아 쌓이고, 즐비했던 집들도 모두 재가 되었다. 전후 사상자가 수만 명이었고, 옥에 갇혀 형벌을 받은 사람이 6만여 명이나 되었다. 하늘의 해도 어두워져 참담하였으며, 초목도 슬피 울었다"고 적었다(박은식 2008, 35). 일제는 마을을 송두리째 파괴하는 전쟁을 저지른 뒤에야, 무차별 공포를 퍼뜨린 뒤에야 상황을 수습할 수 있었다.

이런 피의 전쟁을 감추기 위해, 그리고 민중의 정치를 다시 치안의 틀에 가두기 위해 일제는 '문화정치'를 펼쳤다. 그렇지만 이 문화정치는 일제의 양보나 지배 구조의 변화를 의미하지 않았다. 오히려 문화정치는 민중의 분열을 목표로 삼았다. 함석헌의 말처럼, "일본 군인의 총칼도 감옥의 생죽음도 무서워 않던 민중이 풀이 죽기 시작한 것은, 되는 줄 알았던 독립이 아니 돼서가 아니라, 그보다 훨씬 뒤 소위 일본 사람의 문화정치 밑에서 사회의 넉넉한 층, 지도층이 민중을 팔아넘기고 일본의 자본가와 타협하여 손잡고 돈을 벌고 출세하기를 도모하게 됨에 따라 민중의 분열이 생기면서부터였다."(노명식 2002, 121) 실제로 작가 이광수를 비롯한 거짓된 자치주의자들이 민중의 자치 의지를 대신하려 들었고, 한국인 지주와 자본가들은 민중의 피를 팔아 자신들의 이득을 꾀했다.

그러니 스스로 다스리며 살겠다는 민중의 의지에 공포를 느낀 것은 일제만이 아닌 셈이다. 자신들의 기득권이 억압적인 지배 질서에 떼려야 뗄 수 없는 관계였기 때문에 기득권층은 민중을 다시 통제하고 규율하는 데 찬성하고 협조했다. 그래서 해방이 되자 기득권층은 역사를 왜곡해서 3·1운동의 다양한 목소리를 '독립'이라는 국가주의의 목표로 축소하고 왜곡하려 들었고, 민중들의 다양한 정치 활동을 '비폭력'이라는 틀에 가두려 했다.

3. 대안 이념 — 아나키즘의 수용 과정과 특징

3·1운동이 실패한 뒤 한국의 민중은 의식과 조직을 단련시킬 수 있는 이념을 받아들이기 시작했다. 그러면서 아나키즘도 한국에 알려지기 시작했다. 일제 강점지 시기의 아나키즘은 사회주의, 민족주의, 자유주의와 함께 주요한 사상이었고, 국내외에서 활발하게 정치 운동을 조직하기도 했다. 그러나 하나의 이념으로서 아나키즘은 아직까지 한국 사회에서 제대로 조명되지 못하고 있다. 아나키즘은 '무정부주의'로 번역돼 현실에서 실현 가능하지 않은 공상으로 간주되면서 진지한 관심을 받지 못했다.

그동안 진행된 연구들이 아나키즘의 비판적 측면들, 곧 공산주의나 사회주의 비판, 국가주의 비판, 민족주의 비판 등을 많이 조명하기는 했지만, 아나키즘의 구성적 측면에 주목하거나 아나키즘을 하나의 정치 이념으로 다루려는 노력은 부족했다. 무정부주의라고 비판을 받으며 한국 역사에 기록되지 못한 데에는 아나키즘이 새로운 정치 공동체의 원리를 제시하지 못한다는 오해도 한몫했다. 그런 점에서 아나키즘의 여러 정치 원리 중에서 자율적인 권력 구성과 공동체를 강조하는 아나코-코뮌주의anarcho-communism는 아나키즘을 향한 오해를 벗기는 데 좋은 계기가 될 것이다.

사실상 한국에서 환영을 받은 것도 아나코-코뮌주의였다. 아나코-코뮌주의는 식민지 시대에 도입된 다양한 사상 조류 중에서 유독 돋보였는데, 왜냐하면 농민의 상호부조를 강조하는 동양의 정치 문화가 아나코-코뮌주의하고 잘 어울렸기 때문이다. 특히 좌파와 우파, 자유주의와 민족주의에 모두 많은 영향을 끼친 사회진화론의 논리를 극복할 수

일제 강점기 시기 주요 아나키스트 모임					
단체명	시기 (연·월)	활동 지역	회원 수	주요 활동	
흑로회	1921	서울	박열이 일시 귀국해 구성		곧 해체
흑색청년 동맹	1921		신채호 등이 결성	대구노동친복회 지도 친일요인 테러계획	1924년 해체
흑기연맹	1925.3	서울, 충주	서상경, 홍진유 등 10명	취지서, 강령, 창립대회 계획	1925.5 검거
진우연맹	1925.9	대구	서동성, 방한상 등 15명	대구노동친복회 지도 친일요인 테러계획	1926.5 검거
함흥 정진청년회	1927.7	함흥	김신원, 곤수욱 등 80명	함흥자연과학연구회 조직 자유노조, 소년회 조직	
본능아연맹	1927.7	원산	이향, 한하연, 조시원 등	청년노동단체 지도 공산계와 대립	
관서흑우회	1927. 12.22	관서 지방	이홍근, 최갑룡 등 20명	농촌운동사, 노동조합 조직 조선공산무정부주의자연맹(1929. 11) 결성	
자유회	1927. 8.8	강원 이천	김영 등	청년단체 지도	
창원 흑우연맹	1928.5	창원	조병기, 손조 등	독서구락부 조직	1928.8 검거
단천 흑우회	1929.4	단천	김용삼, 조중복 등	청년노동단체 조직	
충주 문예운동사	1929. 2.18	충주	서상경, 권오순 등 5명	출판사 설치	1929.3 검거
안주흑우회	1929.4	안주	김일대, 안봉연 등	사회사상연구그룹 조직	
우리계	1929. 5.5	제주	고병화, 조대수 등 10명	독서토론회 개최 운동자금 공동출자	

있는 크로폿킨의 상호부조론은 한국의 전통 사상에 잘 어울렸다.[2] 상호부조론은 대종교 계통의 민족주의자들이 주장하던 대동사상[3]이나 계나두레처럼 전통적인 공동체 윤리에도 잘 맞물렸고, 공자나 맹자의 원시유교나 노자의 무치주의無治主義에도 잘 어울렸다. 실제로 아나키스트 유자명의 회고록[4]이나 정화암의 자서전[5]에서도 크로폿킨 사상의 중요성이 강조되고 있다.

그랬기 때문에 일제 강점기에 사회주의와 아나키즘은 민족주의가 쇠퇴하면서 주요 이념으로 성장할 수 있었다. 심지어 아나키즘이 1910년대 사회주의계의 주류라는 주장(이호룡 2001, 91)도 있지만, 러시아 혁명의 영향으로 마르크스-레닌주의를 따르는 사회주의 세력의 영향력도 만만치 않았을 것으로 보인다(반병률 2002; 전명혁 2006, 102). 세력과 영향력에 관한 평가

---

2 이호룡은 한국인들이 큰 무리 없이 아나키즘을 수용한 이유를 다섯 가지로 정리하는데, 이 논의를 통해서도 크로폿킨의 사상이 1920년대 초 식민지 지식인들과 청년들에게 영향을 끼친 배경을 알 수 있다. 첫째, 아나키즘은 사회진화론을 극복하는 데 적합했다. 둘째, 유교 같은 전통 사상의 '내가 하고 싶지 않은 바를 남에게 베풀지 말아야 한다(己所不欲勿施於人)'는 말에는 아나키즘하고 유사한 내용이 담겨 있었다. 셋째, 계나 품앗이 같은 공동체 의식과 관습이 강하게 남아 있었다. 넷째, 사회적 조건과 경제적 조건이 악화돼 민중이 사회변혁의 주체로 출현하고 있었다. 다섯째, 봉건적인 질곡과 일제의 식민 지배에서 해방되고 싶어하는 자유를 향한 열망이 존재했다(이호룡 2001, 160~165).

3 "사실 아나키즘은 대체로 반전통주의를 지지하지만 《상호부조론》이 동아시아 지식계에 널리 받아들여진 또 다른 이유 가운데 하나는 전통 유가의 性善說이나 묵가의 兼愛論과 연결되어 이해되었기 때문이다. 그래서 일부 아나키스트들은(예를 들어 유사배, 경매구, 신채호, 이회영 등)은 크로포트킨의 무정부 공산주의를 전통적 '大同思想'을 결합해 이해하였다"(조세현 2005, 254).

4 자서전에 따르면 유자명은 크로폿킨의 책을 접한 뒤에 아나키즘에 관심을 가졌다고 한다. 유자명은 크로폿킨의 유작인 《윤리학(Ethics)》을 비롯해 《상호부조론》, 《전원 공장, 작업장》 등의 책을 읽은 것 같다. 특히 유자명은 사회진화론에 맞설 수 있는 사상으로 크로폿킨의 사상에 주목했고 "구주 각국의 제국주의자들은 따아윈의 '생본경쟁'의 학설을 그들의 식민지 침략전쟁을 변호하는데 리용했던 것"에 맞서 "크로폿긴의 '互相부조론'은 전쟁을 반대하는 근거로도 된다고 볼 수 잇섯든 것"이라 봤다(유자명 1999).

5 "우리는 크로포트킨의 다음 말을 깊이 음미할 필요가 있을 것이다. '아무리 좋은 제도라고 해도 시간이 지나면 화석화한다. 가령 그것이 평등 평화, 그리고 상호부조를 유지하기 위해 만들어진 훌륭한 제도라고 해도 시간이 지나면 당초의 목적을 상실하게 되어 쓸모없는 것이 된다. 이 쓸모없는 제도가 야심가들에 의해 지배됨으로써 앞으로의 사회발전을 방해하는 장애물이 된다고 했다. 혁명으로 일거에 이상사회가 출현하리라고 믿는 아나키스트는 아무도 없다. 인류 최후의 혁명이란 있을 수 없다. 인간의 자유를 파괴하는 것, 그것을 파괴하려는 끝없는 싸움뿐이다"(정화암 1992, 353).

는 보는 사람에 따라 다를 수 있지만 아나키즘이 그때 주요한 사회운동으로 자리 잡았다는 점은 분명하다. 특히 1920년대 중반을 넘어서면 아나키즘이 이념뿐 아니라 현실의 정치 세력으로 자리를 잡기 시작했다(조세현 2003, 338).

1920년대 중반 이후에는 마르크스주의 저작들이 본격적으로 수용되기 시작했고, 일본을 거쳐 레닌, 스탈린, 부하린 등이 쓴 원전이 흘러들어왔다. 그리고 1928~1929년경에는 사회주의 서적 수용이 절정에 이른다. 심지어 1928년《동아일보》광고에는 '개조사改造社', '평범사平凡社', '암송당巖松堂' 등 도쿄에 있는 일본 출판사가 펴낸 다양한 사회주의 관련 서적이 소개됐다. 마르크스와 엥겔스의 저작 전집만이 아니라《크로포토킨 전집》도 적지 않게 읽혔다. 1931년에《동아일보》가 조사한 경성 지역 여자 고보생 독서 경향을 보면 여학생들이 크로폿킨의《청년에게 고함》이라는 팸플릿을 즐겨 읽은 사실이 드러나기도 했다(천정환 2003). 당시의 지식인 사회에서 아나키즘은 영향력 있는 사상이었고, 아나키스트 모임이 활발하게 구성됐다.

그리고 1920~1930년대의 농민운동을 개량과 적색(사회주의)으로 구분하는 이분법에서 벗어나면, 농민 공동체에서 다양한 사상들이 새로이 싹트고 있었다는 사실을 알 수 있으며 아나키즘의 맹아도 찾을 수 있나. 예를 늘어 톨스토이가 스스로 아나키스트라고 주장하지는 않았지만 아나키즘하고 생각이 같다고 인정한 뒤 자급하는 농촌 공동체를 이상으로 삼은 점을 생각하면(톨스토이 2008), 손정도孫貞道 목사나 이용도李龍道 목사의 기독교 사회주의 운동이 지향한 사회주의는 소련식 사회주의보다 아나코-코뮌주의에 맞닿아 있다는 것을 알 수 있다. 그리고 이 시기에는 사상에 맞춰서 현실의 농민 공동체가 만들어지는 것이 아니라 현실의 농민 공동체를 기반으로 다양한 사상이 재구성되고 있었다. 단순히 외국의 이론을 좇아 만들어지는 현실이 아니라 우리의 현실 속에서 재구성되는 사상을, 그리고 농민 공동체 속에서 싹트는 자치와 자급의 이념을 볼 수 있다.

예를 들어 천도교계의 김일대金一大는 종교가 민중의 아편이지만 동학당東學黨을 이어받은 천도교는 "인내천주의人乃天主義로서 광제창생廣濟蒼生을 하겠다는" 새로운 정치 사상을 가진 교정합일체敎政合一體라고 주장한다. 천도교의를 따라 1925년에 조직된 '조선농민사'는 사회 전체의 행복을 얻고, 농민 대중의 교양을 향상시키고, 농민 대중의 경제 생활을 안정시킨다는 목적을 세우고 소비조합운동, 생산조합운동, 기술향상운동, 경제균형운동經濟均衡運動을 펼쳤다. 김일대에 따르면, 1930년 조선농민사가 천도교청년당과 통합하면서 겨우 10개월 만에 새로 들어온 사원이 3만 명, 새로 만들어진 군 단위 농민사가 50개소, 리 단위 농민사가 1000개소에 이르는 등 획기적으로 발전했다고 한다. 김일대는 조선농민사가 조선 전체의 경제력을 발전시키고 조선인의 힘을 기르는 데 도움일 될 것이라고 기대했다(김일대 1931).

조선농민사는 계와 두레 같은 전통적인 공동 노동 조직을 공동 경작계로 꾸리고 군 단위마다 공생조합共生組合을 만들어 농민들이 자급할 수 있는 기반을 만들려 했다. 그리고 《조선농민》과 《농민》 등 잡지를 발행하고, 강연회를 열며, 계몽운동과 농민야학에도 힘썼다. 《조선농민》은 야학 교재로 사용될 '농민독본', '농민과학 강좌', '위생 강좌', '상식 문답' 등을 연재하고 농민야학과 귀농운동에도 힘을 썼다.

그런데 흥미롭게도 조선농민사가 발간한 《조선농민》과 《농민》이 아나키즘 경향을 띠고 있었다. 역사학에서는 연구가 거의 없지만 국문학에서 이런 논의가 조금씩 활발해지고 있는데, 예를 들어 조선농민사의 중농주의를 민족주의적 개량주의보다 아나키즘에 기반을 둔 자생적인 이념의 하나로 평가하기도 한다(홍성식 2009). 특히 이 잡지에 글을 실은 작가와 비평가들은 본격적인 농민문학의 장을 열었을 뿐 아니라 공동 경작제를 통한 이상촌 건설을 추구하기도 했는데, 허문일許文日의 〈自主村〉이 그런 이상을 표현한 대표적인 작품으로 얘기된다. 김택호는 허문일의 작품을 분석하면서 민중이 함께 만들어가는 세계를 강조한 인내천주의가 제국주의의 사회진화론을 거부하고 이상촌을 지향한다는 점에서 아나키즘하고 소통할 가능성이 있다고 주장한다(김택호 2009, 142~160).

꼼꼼히 따지면 사상적인 면에서 동학과 아나키즘은 실제로 여러 가지 유사성이 있다. 수운 최제우가 강조한 바르게 이해하고 익히고 실천한다는 신경성信敬誠의 수행 체계, 한울님이 네 몸 가까운 곳, 천지 생명체에 모셔져 있으니 먼데서 구하지 말라는 인내천의 사상, 사물이 자기 속의 씨앗을 스스로 틔우며 조직해간다는 기화氣化의 사상은 아나키즘의 근본적인 논리에 맞닿아 있다(표영삼 2004). 몸소 겪고 부딪치며 현실 속의 잠재력을 드러내고 서로 공명하며 연대한다는 직접행동, 먼 미래의 공산주의가 아니라 지금 당장 이 세계에서 공생의 관계를 실현해야 한다는 주장(Landauer 1978), 자기 밖의 본질에 갇혀버린 고대와 근대의 정신을 비판하며 참된 자아를 찾아야 한다는 주장(Stirner 1995, 62~89), 정신과 육체, 사물과 본질을 구분하지 않고 통합된 시각에서 인간과 세상을 바라보는 관점이 동학하고 유사하다. 이런 유사성은 아나키즘이 외부의 이념이 아니라 우리 경험에 기반을 둔 사상으로 재구성될 수 있는 가능성을 보여준다.

동학의 사상만이 아니라 현실의 노동 조직에서도 그런 가능성을 찾을 수 있다. 각 군의 농민사들은 공동 경작에 관한 규약을 만들고 협동조합을 설립하는 것을 중요한 과제로 삼았다. 공동 경작계는 협동 노동을 공동체의 규약으로 발전시키며 서로 돕고 보살피는 자급과 공생의 체계를 마련했다. 조선농민사만이 아니었다. 1926년 6월 전진한錢鎭漢이 일본 도쿄에서 조직한 '협동조합운동사協同組合運動社'는 "① 우리는 협동·자립 정신으로써 민중적 산업의 관리와 민중적 교양을 한다. ② 우리는 이상의 목적을 관철하기 위하여 조합정신의 고취와 실지 경제를 기한다"는 목적을 내세웠다. 협동조합운동사는 방학 동안 경상북도 일원을 순회하며 강연회를 열고 협동조합을 조직했다. 그래서 1928년 11월에는 협동조합 수 22개, 조합원 5000여 명이 됐고, 자본금도 4만 5000여 원에 이르렀다(조동걸 1983, 184~185).

자치와 자급에 관한 이런 고민을 아주 특별한 사람이나 경험이 풍부한 사람들만 하지는 않았다. 예를 들어 충청남도 예산에서 활동한 윤봉길 선생은 정기적으로 돈과 곡식을 모아 상을 당하거나 경사가 났을 때 서로 도우며 친목을 도모하는 위친계爲親契, 달마다 자신이 직접 번 돈 10전을 모아 돼지와 닭을 기르고 유실수를 재배하는 월진회月進會, 건강한 신체에 건강한 정신이 깃든다며 만든 수암체육회를 운영했다. 협동조합은 조합원 출자금으로 농산품을 매매해 얻은 이윤을 부원에게 배당했고, 농민공생조합은 공동 구입 배급과 판매를 담당하는 소비부, 창고와 공장 경영, 위탁판매를 담당하는 생산부, 농자금을 융통하고 예금 활동을 하는 신용부, 주요 농기구들을 관리하는 이용부, 병원과 이발소, 목욕탕을 운영하는 위생부로 나뉘어 운영됐다. 또한 윤봉길 선생은 "뭉쳐야 한다. 그리고 혁신해야 한다. 살 길은 단결과 혁신뿐이다"라며 마을 회관인 부흥원復興院을 세워 여기에 야학당과 구매조합, 여러 회의 공간을 만들었다. "첫째. 증산운동增産運動을 펴야 한다. 둘째. 마을 공동의 구매조합을 만든다. 셋째. 일본 물건을 배척하고 우리 손으로 만든 토산품土産品을 애용한다. 넷째. 부업副業을 장려해야 한다. 다섯째. 생활 개선이다"라는 실천 목표를 제시한 부흥원은 두레와 품앗이를 권장할 뿐 아니라 민중의 자각을 일깨우는 야학과 독서회 모임을 열었다. 윤봉길의 짧은 삶에서도 우리는 협동조합의 상을 발견할 수 있다.

협동조합이야말로 많은 아나키스트들이 기대를 건 삶의 양식이었다. 독일의 사상가 구스타프 란다우어G. Landauer가 말했듯이 협동조합의 정신인 '서로 돌봄mutuality'은 '빈곤-노예-노동-생산'으로 이어지는 과정을 바꾸고 자연의 질서를 회복하는 구실을 맡는다. 서로 돌봄은 돈의 지배를 없애고, 일을 하려고 하는 사람들은 모두 일할 수 있으며, 사람들의 필요를 충족시킬 수 있는 가장 기본적인 정신이다(Landauer 1978, 106). 협동조합 운동에 많은 관심을 쏟은 한국의 아나키스트들도 계와 두레 같은 전통적인 노동 조직에서 상호부조의 가능성을 찾았다.

한국의 전통 사상이나 노동 공동체와 아나키즘의 친화성은 사회주의 운동에도 영향을 미칠 정도였다. 김명식金明植과 김사국金思國 등이 활동한 서울청년회는 사회주의를 실현하는 방법으로 계급투쟁뿐 아니라 상호부조의 중요성을 강조하기도 했는데, 서울청년회와 교류한 전라도 지역의 사회주의 운동들은 농민 공동체를 디딤돌로 삼았다. 예를 들어 전라남도 완도 근처의 작은 섬인 소안도所安島에서는 사회주의 계열의 소안노동대성회所安勞動大成會가 조선농민사의 공동 경작계를 받아들여 함께 밭을 일구고 물고기를 잡았다. 그리고 완도 주변에서 조직된 필연단과 살자회도 "우리는 역사적 필연성인 진화법칙에 의하여 합리적 신사회의 건설을 기하자. 우리는 상호부조와 일치단결로써 민중운동의 충실한 역군이 되자", "우리는 상호부조와 정의에 희생할 정신함양을 도모함. 우리는 신사회건설의 속성을 도모"하자는 강령을 결의하기도 했다. 아나키즘의 주요 노선인 상호부조가 사회주의 청년 단체의 주요한 강령이 된 것은 농민 공동체 속에서 다양한 사상들이 재해석되고 재구성된 사실을 보여준다.

지금까지 살펴봤듯이 일제 강점기에 전개된 농민운동은 풀뿌리민주주의라는 말을 사용하지는 않았지만 자치와 자급의 공동체를 형성하려 노력했다. 일제 시기에도 농민들의 "이회·면회·도회 등과 같은 민란의 발발 방식은 1920년대의 농민운동에서도 면민대회라는 형태로 계승되었으며, 민중의 자율성이 무시되었던 것은 아니었다"(조경달 2009, 256). 농민이 주체가 되는 세상을 만들려는 열망은 일제의 탄압을 받으며 수그러들었지만 이념을 만나면서 다시 꽃피기 시작했다. 다양한 이념 중 아나키즘은 자치와 자급의 공동체를 만들려던 농민들의 이상에 가장 잘 부합했고, 농민운동과 아나키즘의 접점이 만들어지기 시작했다. 민중이 권력의 주체로서 권한을 행사하고, 삶의 다양한 요구들을 주요한 정치 의제로 다루며, 살림살이의 영역까지 포괄하는 전망으로서 민주주의는 아나키즘하고 잘 어울렸다.

　다만 풀뿌리민주주의와 아나키즘의 이런 만남이 어떤 실천으로 이어졌는지를 알기는 쉽지 않다. 관련 기록이 많지 않은데다 국내의 아나키스트 모임이 일제의 탄압에 시달리거나 사회주의와 민족주의를 상대로 하는 경쟁 속에서 조금씩 수그러들었기 때문이다. 좀더 구체적인 상을 알 수 있는 국내가 아닌 해외 사례를 중심으로 풀뿌리민주주의와 아나키즘의 연관성을 살펴보자.

2장. 아나키즘 — 근대/비국가 민주주의

일제 강점기에 아나키스트들은 어떤 사회를 꿈꿨을까? 여기서는 아나코-코뮌주의에 따라 사회를 구성하려 한 만주의 아나키스트들이 결성한 한족총연합회와 남화한인청년연맹을 통해 아나코-코뮌주의의 구체적인 상을 살펴본다. 베이징도 아나키스트들의 주요 근거지였는데, 이회영, 신채호, 정화암, 이을규, 이정규 등이 1924년 재중국조선무정부주의자연맹을 결성했다. 이 단체는 《정의공보》와 《탈환》이라는 소식지를 내며 활발히 활동했지만 구체적인 근거지는 없었다(김명섭 2013). 더불어 해방 이후 정국에서 정당을 조직해 제도 정치에 진입하려 시도한 아나키스트들의 고민도 살핀다. 이런 대비를 통해 한국 아나키즘의 특성이 부각될 수 있을 것이다.

예를 들어 이 시기의 아나키스트들은 아이러니하게도 민족주의에서 완전히 자유롭지 않았다. 김갑수의 주장처럼, "이 시기의 거의 모든 아나키스트들은 민족주의자였고, 외견상 민족주의와 아나키즘이 양립될 수 없는 것처럼 보이기 때문에 가끔 아나키즘의 본령에서 벗어났다는 비판을 받기도 한다"(김갑수 2007, 77). 특히 아나키스트들은 식민지에서 해방된 민족국가 건설이라는 목표에서 사유롭지 않았다. 이런 애매함은 아나키스트들이 민족주의자와 공산주의자의 연합체인 신간회를 맹렬히 비난하면서도 김구의 한인애국단이나 대종교 계열의 김좌진 같은 민족주의자들과 연합한 점에서도 드러난다(이호룡 2001, 213~214). 그리고 해방 뒤 유림柳林을 비롯한 유명 아나키스트들이 독립노농당을 결성하고 국가 수립에 동조하는 모습으로 나타나기도 했다. 그런데도 이런 시도들을 민족주의와 동일했다고 평가하기는 어려운데, 그런 현실적인 딜레마도 함께 살펴보자.

1. 한족총연합회와 자치 공동체

한족총연합회는 무장투쟁을 주도하던 북로군정서의 김좌진이 재만조선무정부주의자연맹을 결성하고 활동하던 유자명, 정화암, 김종진, 이을규 등 아나키스트들의 도움을 받아 결성한 단체다. 북만주의 신민부가 무장투쟁 노선을 주도하는 군정파와 일상적인 정착을 시도한 민정파로 갈라졌는데, 군정파를 주도하던 김좌진이 1929년에 농촌 자치 조직을 만들기 위해 한족총연합회를 결성했다.

흥미롭게도 대종교를 따르던 김좌진이 아나코-코뮌주의의 원리를 받아들였고, 이런 원리가 한족총연합회 강령에 반영됐다. 한족총연합회는 "국가의 완전한 독립과 민족의 철저한 해방을 도모한다"는 어느 정도 민족주의적인 강령을 내세웠지만, 사업 정강에 토지 공동 조득租得 장려, 공농제共農制의 적극적 실시, 지방자치제 확립, 각 지방자치체와 상호 연락, 공동 판매, 공동 소비조합 설치의 적극 장려 등 아나코-코뮌주의적 원리를 담았다. 구체적인 내용을 살펴보자(박환 2003, 158~159).

○ 강령
- 본회는 국가의 완전한 독립과 민족의 철저한 해방을 도모한다.
- 본회는 민족의 생활 안정을 도모하고 동시에 혁명적 훈련의 철저를 기한다.
- 본회는 혁명 민중 조직 완성의 실현을 기한다.
○ 사업 정강
- 혁명
　·파괴, 암살, 폭동 등 일체 폭력 운동을 적극적으로 진행한다.
　·일반 민중을 혁명화하고, 혁명은 군사화할 것.
　·내외를 불문하고 합법 운동과 기회주의자를 박멸할 것.

· 반민중적 정치 운동 이론을 철저히 배척할 것.

· 파벌을 청산하고 운동선을 완전히 통일할 것.

· 운동산 전 국면에 우의 단체와의 친선을 도모할 것.

· 세계 사조와 보조를 동일히 할 것.

· 세계 혁명자와 친선적 연락을 계획하고 상호 운동의 정세를 선전할 것.

- 산업

　· 주민의 유랑 생활 방지.

　· 토지 공동 조득 장려.

　· 공농제의 적극적 실시.

　· 산업에 대한 기능 보급.

　· 부업 적극 장려.

- 행정

　· 지방자치체 확립.

　· 각 지방자치체와 상호 연락.

　· 민중의 피치적 노예적 습성 개선.

　· 지도 계급 전제指導階級專制 행동 방지.

- 교육

　· 실생활에 적합한 교육정책 실시.

　· 교육 자격 선택.

　· 교과서와 학제 통일.

　· 중등 교육기관 적극 설치.

　· 여성과 청년운동의 지도 장려.

　· 비현대적 인습 타파.

- 경제

　· 공동 판매, 공동 소비조합 설치의 적극 장려.

　· 농촌식산금융조합 설립.

　· 농민창고 설립

사업 정강에서 주목할 만한 점은 산업과 경제가 함께 소유하고 함께 일하는 공유제와 협동조합의 원리를 따랐다는 점이다. 그리고 정치 측면에서도 각 공동체의 자치권을 존중하는 행정 체계를 갖추려 했다. 하기락은 이 점을 조금 더 상세히 설명한다. "각 부락자치반은 반민총회를 결의기관으로 하여 사업계획, 예산결산의 심의, 집행부서와 반班 대표자의 선거를 행하고 지구분회에는 각반대표자회의, 지역연합회에는 지구분회대표자회의, 총연합회에는 지역대표자 및 지구분회대표자 총회를 결의기관으로 하여 사업계획, 예산결산심의, 각 조직간의 연합사항의 심의 및 각 부서 책임자의 선거를 행하는" 이 시스템을 하기락은 "무정부의 정부"라 불렀다(하기락 1985, 111~112). 지배와 착취는 사라지고 인민들이 생활에 필요한 관리를 자주적으로 하는 만큼 '무정부의 정부'라는 것이다. 하기락은 또한 "무정부와 정부란 양 개념 간에 하등의 모순이 없는 것"이라고 말한다(하기락 1985, 113). 이런 논리는 아나키즘의 원리를 체계에 반영한 것이라고 할 수 있다.

왜 이런 단체가 만들어졌을까? 독립운동에 왜 소비조합이나 금융조합, 농민창고가 필요했을까? 한족총연합회는 무장투쟁과 정착을 접목하려던 신민부의 고민과 만주에 아나키즘 사회를 건설하려는 재만조선무정부주의자연맹의 고민이 합쳐지면서 탄생할 수 있었다. 1917년 러시아혁명 이후 만주 지역에서 지속적으로 세력을 확장하던 공산주의를 향한 반감도 두 세력의 연합에 힘을 실었다. 또한 만주 사회가 직면한 현실적인 문제도 있었다. 이 시기 만주에서는 한인들 사이의 갈등이 치열했는데, 이념 갈등만이 아니라 세대 갈등, 독립운동노선에 관련된 갈등 등 다양한 양상을 띠고 있었다. 1920년대부터 만주 지역에는 이주민 2세대들이 자기 목소리를 내기 시작했고, "3·1운동 이후 상해 임시정부를 중심으로 전개된 외교 노선의 실패, 뒤이어 만주지역의 무장 세력들

을 중심으로 전개된 무장투쟁 노선이 불러온 참극은 1920년대의 민족
운동 진영에 새로운 운동 노선에 대한 고민을 주문하였고, 만주의 한인
사회는 이러한 고민을 검증하는 실험의 중심지 역할을 하였다"(장우순 2006,
140). 특히 이주 한인 2세대에게 조선의 독립은 직접적인 이해관계가 없었
고, 오히려 한인 사회의 안정과 경제 발전, 중국 당국을 상대로 한 관계
설정이 중요한 문제였다. 따라서 무리한 독립운동 의무금 분담과 군사
활동은 부담이 됐고, 신민부는 실제로 이런 2세대들하고 갈등을 빚었고
이들을 폭력적으로 대하기도 했다. 지금도 그렇지만 그때도 군정과 내
부에는 권력을 남용하거나 독립운동이라는 명분을 내세워 교민 위에 군
림하려는 자들이 나타났다. 또한 자금과 사람이 부족해 파벌 사이의 갈
등이 심각했다. 운동가가 매우 부족한 탓에 같은 이념을 가진 사람들끼
리도 자기 파벌로 청년들을 데려가려 지나친 경쟁을 벌이고 있었다.[1]

그래서 한족총연합회로 전환하는 과정도 순조롭지만은 않았다. 한
족총연합회의 자치적인 구조는 "총회에서 가결되었으나 한족총련 중앙
부서의 간부로 있던 일부 민족주의자들이 거세게 반발했"다고 한다(이덕
일 2001, 226~227). 사실 일본 군대에 맞서 싸우던 군정이나 교민 단체들이 대
부분 중앙집권 체제를 갖추고 있었기 때문에, 자치 구조는 혁명적인 전
환에 가까웠다. 그래서 아나키스트들은 자치를 더욱더 강하게 밀어붙이
려 했다. 정화암은 "이런 모순을 없애기 위해 자유연합에 의한 지방자치
제로 전환할 것을 총회에 제시하였"고, "그동안 낡은 체제 속에서 권리
를 남용하던 관리자들은 차츰 교민들의 자치 세력에 밀려났고 새로운

---

1 "이들은 군웅할거식으로 각기 자신의 군대를 가지고 지도 이론도 없이 운동을 지휘하니, 따라다니는 우리 청
년들도 어리석지만 지도자이신 선생님들도 하나도 믿을 수 없는 것이 우리 독립군의 현실이라는 지적도 들었다.
그리고 지도자들은 청년 한사람만 보아도 모두 자기네 파로 끌어가려고 한다는 독립군의 실상에 대하여 접하였
다"(박환 2003, 89).

만주운동은 들불처럼 번져갔다"고 말한다(정화암 1992, 118). 한족총연합회가 만들어지면서 자연스럽게 자치 체제가 만들어진 게 아니라 내부 반발을 억누르며 자치 체제가 확산됐다고 이해해야 한다는 것이다. 그리고 그런 확산 과정에서 아나키스트들이 많은 역할을 맡았다.

한족총연합회는 독립운동에서 분리된 정착촌을 추구하지도 않았다. 자치 체제는 혁명 조직이었고, 코뮌으로 불려도 무방할 만큼 혁명만이 아니라 산업, 행정, 교육, 경제를 아울렀다. 토지를 공동으로 관리한 점뿐 아니라 공동 생산, 공동 판매, 공동 소비를 위한 조합을 설립하려 한 점이 눈에 띄는데, 특히 1929년 10월에 만든 정미소는 중국인 지주들에게 피해를 입지 않으려고 마련한 주요 시설이었다. 아나키스트 김종진이 야심차게 추진한 이 정미소는 "교포들의 개척 농지에서는 매년 수만 석의 미곡이 생산되는데 정미 공장과 위탁판매로써 중국 상인들에게 이익을 빼앗기지 않도록 동포들을 보호하고자 한 것이었다"(하기락 1985, 118). 정미소는 자급의 상징이자 공동체의 실질적인 기반이었다.

이런 토대 덕분에 김좌진이 암살된 뒤에 한족총연합회가 바로 무너지지 않을 수 있었다. 오히려 "아나키스트들은 농민들 위에 있지 않고 농민들 속으로 들어가 그들과 괴로움을 나누며 함께 사업을 전개하는 방식을 취했으므로 금방 농민들의 지지를 받았다"(김명섭 2008, 221). 그래서 다시 또 아나키스트들이 암살됐으며, 주요 지도자들이 사라지고 한족총연합회 내부의 갈등이 깊어지면서 운동은 서서히 막을 내렸다.

김좌진이나 김종진, 이준근, 김야운 등의 암살과 납치 배후에 관해서는 학계의 의견이 완전히 일치하지는 않지만, 하기락과 정화암, 박환, 김명섭 등 아나키즘에 호의적인 학자들은 만주에서 주도권을 다투던 화요회파의 소행으로 추정한다. 어쨌거나 각 세력을 대표하던 김좌진과 김종진의 암살은 민족주의자들과 아나키스트들의 대립을 불러왔다. 결국 1931년 여름 한족총연합회는 해체된다.

한족총연합회의 건설과 활동 과정에서 우리는 풀뿌리민주주의와 아나키즘의 연관성을 발견하게 된다. 국가의 완전한 독립이라는 강령 아래 국가를 인정하기는 했지만 중앙집권화된 권력 구조를 거부하고 지방자치체를 비롯한 자치적인 정치 질서를 만들려 한 점, 토지뿐 아니라 공장과 소비, 금융에서도 협동조합 활동을 촉진하고 공유를 확대하려 한 점, 지도 계급의 횡포를 방지하고 교육을 적극 장려한 점 등은 풀뿌리민주주의와 아나키즘의 접점을 잘 보여준다. 민주주의가 실현되기 위한 기본적인 구조를 갖춰야 민주주의도 지속될 수 있다는 점을 한족총연합회는 알고 있었고, 그런 사회 구조를 만들려 했다.

억압을 당하는 현실에서 자율적인 사회가 자연 발생적으로 만들어질 수는 없다. 중앙집권적 관행에 익숙한 사람들하고 갈등을 빚을 수밖에 없던 한족총연합회의 자치 공동체 구상은 다른 혁명운동의 폭력적인 견제를 받았다. 한족총연합회의 등장과 몰락 과정을 보면 아나키즘을 이상적 낭만주의로 평가할 이유가 사라진다. 아나키즘은 매우 현실적인 사상이자 민중에게 강력히 호소하는 사상이었고, 그렇기 때문에 위협적인 사상이었다. 이런 공동체를 만들려는 시도는 내용의 부족함보다 현실의 반대에 부딪쳐 어려움을 겪었다. 그런데도 아나키즘 운동사에는 끊임없이 이런 일을 시도한 사람들의 이름이 새겨져 있다.

2. 남화한인청년연맹과 아나코-코뮌주의

1930년 4월 20일, 중국 아나키스트들이 연락처로 활용하던 화광의원華光醫院에서 유자명은 "등몽선, 파금, 모일파, 로검파 등"의 중국 아나키스트와 일본 아나키스트 전화민, 조선 아나키스트 "리회관, 리우관, 정화암, 백구파, 주렬, 리하유, 리달, 박기성, 라월한" 등하고 함께 무정부주의 연맹을 조직하고 《남화통신》이라는 잡지를 발행했다(유자명 1999, 209). 이것이 바로 남화한인청년연맹南華韓人靑年聯盟의 시초였다. 한국 최초라 부르기는 어렵지만 한국의 독립을 전면에 내세우지 않은 혁명 조직이, 그것도 국경을 초월한 아나키스트들의 연대로 만들어졌다. 하기락은 "유자명이 주관한 입달학원立達學院은 남화한인청년연맹 활동의 근거지 역할을 하고 있었다"고 평가한다(하기락 1985, 185). 이 단체는 크로폿킨의 아나코-코뮌주의를 적극 수용했다.

남화한인청년연맹은 다음 강령과 규약을 내세웠다(구승회 외 2004, 224~225).

○ 강령
- 우리의 일체 조직은 자유연합의 원칙에 기초한다.
- 일체의 정치적 운동과 노동조합 지상주의 운동을 부인한다.
- 사유재산 제도를 부인한다.
- 위僞도덕적 종교와 가족 제도를 부인한다.
- 우리는 절대적으로 자유 평등한 이상적 신사회를 건설한다.
○ 규약
- 본 연맹은 강령에 따라 사회혁명을 수행하는 것을 목적으로 한다.
- 본 연맹의 강령에 따른 목적의 수행을 위해서는 맹원 전체의 승인을 얻어서 그 방법을 채용하며, 단 강령에 저촉되는 것은 본 연맹원 각 개인의 자유 발의와 자유 합의에 의한 것으로서 본 연맹에서는 직접 간여할 수 없다.
- 단원은 본 연맹의 자유의지에 대한 강령에 찬동하는 자로서 전 맹원의 승인을 얻어야 한다.
- 본 연맹의 일체의 비용은 맹원이 분담한다.

- 본 연맹의 집회는 연회, 월회, 임시회가 있으며 그 소집은 서기회가 담당한다.
- 본 연맹의 사무 처리를 위하여 서기부를 설치한다. 단 맹원 전체의 호선에 의해 선거로서 서기 약간 인을 두고 그 임기는 각 일 년으로 한다.
- 강령에 배치되거나 규약을 파괴하는 행동을 한 연맹원은 전 맹원의 결의를 거쳐 제명한다.
- 연맹원은 자유로이 탈퇴할 수 있다.
- 출석자 전체의 승인이 있을 경우 회합에 결석할 수 있다.
- 본 규약은 매년 정기회의에서 만장일치로 수정안을 만들 수 있다.

이 강령과 규약에서 남화한인청년연맹은 '자유연합'의 원리에 기초한다는 점을 분명하게 밝혔고 권력 획득을 위한 정치운동과 사유재산 제도, 위선적인 종교와 가족 제도를 부인하는 '사회혁명'을 추구한다는 점을 분명하게 드러냈다. 그리고 목적을 달성하는 방식을 선택할 경우 맹원 전체의 승인을 얻어야 하고, 맹원의 자유 발의와 자유 합의에 연맹이 직접 간여할 수 없다는 데에서도 아나키즘의 원리가 드러난다. 서로 배척한다고 여겨지던 자유와 연합이라는 두 원리를 조화시키려는 노력이 강령과 규약에서 잘 드러난다.

이 강령과 규약에서도 아나키즘의 풍취를 느낄 수 있지만, 가장 백미는 남화한인청년연맹의 선언문이다. 이 선언문은 세상 만물 어느 것도 나만의 것이라 주장할 권리가 없다며 사유재산 제도를 부정한 크로폿킨의 아나코-코뮌주의를 거의 대부분 받아들이고 있다. 민족 대신 민중이라는 표현을 사용하기 시작했고, 사유재산만이 아니라 법률과 감옥, 군대를 갖춘 정부의 국가를 부정했다. 그리고 자유롭게 일하고 마음껏 개성을 발전시키는 농촌 형태를 갖춘 도시, 편리한 농촌을 이상 사회로 제시한다. 이런 기획은 크로폿킨 사상의 핵심이라 할 만한 것들이다. 그러니 조금 길지만 선언문의 일부를 읽어보자.

조선민중이 이 땅에 건설하고자 하는 사회는 현사회의 병적 근원이 되고 있는 사유재산제도와 국가조직 그리고 거짓된 종교와 도덕율을 말끔히 쓸어낸 다음에야 비로소 이룩될 수 있다. 세상만물은 그 누구의 것도 아니다. 나의 것이라고 주장할 수 있는 권리는 아무에게도 없다. 새 사회는 '각인은 필요에 따라 취하고, 능력에 따라 일하는' 자유공산사회이어야 한다. 그 사회에서는 이미 금전이 필요없게 되어 소멸될 것이며, 농업과 공업이 과학적으로 종합되어 인간에게 이롭고 유용한 것만을 생산하게 될 것이며, 농촌의 형태를 갖춘 도시, 도시다운 편리함을 지닌 농촌으로 변할 것이며, 이들이 자유로이 서로 연합하여 이루어지는 지구상의 예술사회가 될 것이다. 각인의 자유로운 의사표시과정을 거쳐 합의에 따라 선택되는 사회, 그리고 자유롭게 일할 수 있는 사회이다. 정신노동과 육체노동 사이의 차별과 갈등이 사라지고, 각자가 마음껏 스스로의 개성을 발전시켜 나갈 수 있게 되며, 그 누구도 마음껏 스스로의 개성을 발전시켜 나갈 수 있게 되며, 그 누구도 노동을 기피하려 하지 않는다. …… 우리가 건설할 새 사회는 마치 화가가 그림을 그리고, 조각가가 침식을 잊은 채 작업에 몰두하고 있을 때와 같이 노동이 예술이요, 예술이 곧 노동이다. 이에 이르러 비로소 노동은 환희로 변하고 예술은 삶의 활기를 띠게 된다.(정화암 1992, 346~347)

이 선언문은 크로폿킨이 주장한 '자유 공산사회'의 원리, 농업과 공업을 결합하고 농촌과 도시를 결합한 전원도시 구상, 정신노동과 육체노동을 통합하고 노동을 예술로 바꾼다는 아나키즘의 사회상을 강력하게 주장한다.

그리고 선언문은 공동체가 자치를 넘어 자위自衛의 구실까지 맡아야 하고 이런 구실 역시 연합의 원리에 따라 공동의 목적을 확장시킬 수 있다고 주장한다. "우리 마을공동체가 갖추어야 할 무장은 결코 지금 우리는 박해하고 학살을 자행하며 소수의 이익만을 수호하는 기존의 상비군, 즉 소수 우두머리에 예속된 노예군대가 아니다. 마을공동체가 갖추고자 하는 무장은 남녀노소 전민으로 이루어지는 군대임을 뜻한다. 장년은 전선을, 노년은 후방을 그리고 부녀자는 간호와 양육을 담당함으로써 공동체를 침략으로부터 방어하게 되는 것이다. 이 같은 단위 공동체의 방위군은 다른 공동체의 방위군과 연합하여 공동의 목적을 달성해 나가게 될 것이다. 1917년 러시아의 우크라이나 지방 농민은 이 같은 방위군을 조직하여 공산적위군 및 독일·오지리 연합군과 맞서 싸워 침략군을 격퇴하고 농민 노동자의 마을공동체 '코뮌'을 오래도록 지켜왔다"(정화암 1992, 348). 우크라이나의 아나키스트 마흐노를 떠올리게 하는 이 부분은 코뮌이 생산의 공동체이자 자유의 공동체임을 분명히 밝혔다.

　결론 부분에서 이 선언문은 "정치적 자치만을 목표로 한다면 우리의 자유는 어느 세월에 되찾을 수 있으리. 자유란 주어지는 것이 아니라 스스로 쟁취하는 것이다. 빵을 만드는 자만이 빵을 먹을 수 있다. 용맹스러운 우리의 젊은 남녀 여러분. 우리 아나루코·코뮌주의자들은 새사회를 건설하기 위해 온갖 노력을 기울일 것이며, 우리 대열에 동참하여 줄 것을 전 조선 민중에게 호소하는 바이다"(정화암 1992, 348~349)라며 자신들의 노선이 아나코-코뮌주의임을 분명하게 밝혔다. 그러나 이 선언문은 해방 이후 정국에서 자신의 이상을 실현할 기회를 얻지 못했다.

　남화한인청년연맹의 중요 맹원이던 정화암은 해방 뒤에 민주사회주의에 관심을 가진다. "내가 홍콩에 있을 때 정주丁鼄란 사람이 민주사회주의에 관하여 깊은 연구를 한 일이 있었고, 이것이 나의 무정부주의와 너무나 상통한 것이라고 느꼈기 때문에 정주의 연구에 나는 깊은 관심을 가지고, 신문과 잡지 등에 게재되는 정주의 논문 등을 모아 정리하면서 귀국 후에 내가 정치활동을 할 경우 민주사회주의에 근거를 둘 결심을 하여 왔다. 국내에서는 이홍근, 이정규, 최해청 등이 민주사회주의에 관한 연구를 하였고, 외국의 예를 정리하고 체계화하는 데 노력하였다"(정화암 1992, 304~305). 실제로 정화암은 조봉암과 정당 창당을 논의하다 민주사회당을 별도로 발기하지만 뜻을 펼치지 못했다.

남화한인연맹은 이 시기 한국 아나코-코뮌주의의 사상의 수준을 잘 보여준다. 필요에 따라 취하고 능력에 따라 일한다는 코뮌주의의 원리가 선포되고, 농업과 공업, 정신노동과 육체노동, 농촌과 도시, 노동과 예술을 통합하려는 크로폿킨의 사상을 잘 이어받았다. 그리고 사유재산 제도와 국가 조직을 없애고 마을 공동체 중심의 사회를 사유한 점에서 남화한인연맹은 일제 강점기라는 특수성 때문에 '독립'이라는 목표에서 자유롭지 못하던 한국의 아나키즘이 한 단계 나아갈 수 있는 발판을 마련했다.

이런 국제적인 연대의 시도는 한국 아나키즘 운동사에서 자주 등장했다. 1907년 만들어진 아주화친회는 일본, 중국, 한국 유학생을 아우르며 동남아시아의 혁명을 도모했고, 1927년 봄에 만들어진 상해노동대학은 노동운동에 방향을 제시하고 노동자를 자치적인 인간으로 성장시키려 했다. 이런 다양한 국제 연대는 상호부조의 원리가 작은 공동체의 경계를 뛰어넘어 국경을 넘나들며 실현될 수 있다는 것을 증명했다(한상도 2013). 또한 아나키스트들이 국제어인 에스페란토를 쓰며 교류한 점도 인상적이다(안종수 2006). 아나키즘은 근대 국가의 경계에 갇히지 않는 정치적 상상력을 지닌 사상이었다.

3. 아나키즘 — 근대 사상이자 국가사상

그런데 한국의 모든 아나키스트들이 아나코-코뮌주의를 지향한 것은 아니었다. 정치나 혁명에 관한 생각도 다양했다. 해방 이후 한국으로 돌아온 아나키스트 중 일부는 정당 창당에 나섰다. 유림이 대표적인 인물이다. 유림은 귀국 인터뷰에서 정당이 늘어나는 현상을 긍정하면서 "그만한 정치적 의욕도 없다면 장차 어찌 민주주의를 수립할 수 있겠는가"라고 되물었다. 선거를 통한 정치 개입을 옹호한 것이다. 이런 견해를 두고 아나키스트들 사이에서 논쟁이 붙었고, 1946년 2월 21일과 22일에 열린 경남북아나키스트대회에서도 이 문제가 화두가 됐다. 정당 건설을 반대하는 아나키스트들에게 유림은 이렇게 말했다. "자유롭고 자주적인 내 나라 내 정부를 갖지 못한 상태에서, 자칫 외국의 신탁통치하에 놓여질 우려마저 없지 않은 현실을 감안할 때, 사회혁명에 앞서 진정한 민족의 해방이 보다 시급한 과제이며, 새로히 건설되어야 할 이 나라의 정치 사회구조는 자유 평등한 독립국에 걸맞는 기본틀을 갖추어야 하며, 또한 진정한 우리들의 나라를 창설하고 우리의 손으로 정부를 수립하는 것이 전체인민의 절실한 요망이다. 이 새나라의 기본이 될 틀을 처음부터 만들어 나가는 일, 그 일이 비록 정치적 개입이라고 하더라도, 아나키스트라고 해서 수수방관할 수는 없다. 좌와 우가 평행선을 달리고, 이 나라 이 민족을 둘로 갈라놓고 있다. 이 문제를 극복하는 일이야 말로 아나키스트가 해야 할 과업임을 확인한다. 이제 아나키스트가 해야 할 일이 분명해진 것이다. 미·소 양대세력을 배제하는 일이요, 자주, 민주, 통일, 조국건설에 역행하는 모든 세력을 물리치고, 새나라 건설을 위한 기초 작업에 적극 참여하는 일이다. 지금의 주변상황을 고려할 때 위의 목적을 달성하기 위한 효과적인 수단은 정당을 조직하고 운영하는 일이 될 것이다. 그 정당은 사회의 근골이 되는 노동자 농민을 주축으로 하는 것이어야 한다"(단주유림선생기념사업회 1991, 87). 결국 정당 건설이 결의돼 1946년 7월 7일 결당선언문을 발표하고 독립노농당이 창당했으며, 유림은 중앙집행위원장을 맡았다.

이 사실 때문에 존 크럼John Crump은 한국의 아나키스트들이 아나키즘의 본령에서 이탈했다고 주장하고, 이호룡은 한국 아나키즘 운동의 몰락이 가시화됐다고 분석한다. 그렇지만 김성국은 7가지 근거를 들며 이런 주장을 반박한다(김성국 2005, 17~25). 정리하면 독립노농당이 민족주의 진영이나 우익에 편입되지 않았고, 공산주의 반대는 해방 뒤가 아니라 1920년대부터 나온 주장이며, 아나키즘 운동은 민중과 함께 지속됐다는 것이다. 그래서 1961년 5월 독립노농당이 군사정부의 손에 해산되지만 1971년 정화암과 하기락 등이 통일민주당을 결성해 의회에 진출했고, 한국자주인연맹과 국민문화연구소 등 단체를 만들어 1988년에는 서울에서 아나키스트세계대회까지 개최할 수 있었다고 말한다. 김성국은 유림의 아나키스트 정치를 '반정치의 정치politics of anti-politics'라고 부르며 아나키즘의 정치화에 찬성한다(김성국 2005, 41). 나아가 유림의 입을 빌려 이런 운동이 한국 아나키즘을 발전시켰다고 주장한다.

첫째, 유림의 임정참여는 아나키스트정치의 시발점으로서 신채호가 추구하였던 민족주의와 아나키즘을 아름답게 결합시킨 이념적 성숙의 산물이다. 둘째, 유림은 신채호의 전통을 계승하면서도 민족주의에 대한 비판적 자세를 견지함으로써 우익 민족주의진영에 편입되거나 자본주의적 질서에 현혹되는 우를 범하지 않았다. 셋째, 유림의 독립노농당 결성과 정당 활동은 아나키스트 정치의 새로운 지평을 개척함으로써 세계 아나키스트운동사에 획기적 전환점을 마련한 것이고, 한국 아나키즘의 고유성을 확립하였다. 넷째, 유림도 아나키즘의 반공산주의적 노선을 따라서 시종일관 대립적 자세를 유지함으로써 아나키즘의 사상적 독자성을 유지하였다. 다섯째, 유림의 비타협적 원칙주의 노선은 현실적으로는 고난과 좌절로 이어졌지만 21세기 한국아나키즘의 부활과 발전에 엄청난 도움을 주었다.(김성국 2005, 36~37)

민족주의 사상에 관한 견해가 다양하고 서구 제국의 민족주의와 식민지 해방의 민족주의가 같은 수준에서 논의될 수 없기 때문에, 민족주의와 아나키즘이 결합될 수 있다는 김성국의 주장이 무조건 잘못됐다고 볼 수는 없다. 아나키즘은 원전이 없이 다양한 변종을 만드는 사상이다. 다만 어떤 근원적 주체를 부정하는 아나키즘이 민족을 전제하고 민족주의와 결합할 수 있는지는 고민해봐야 하는 문제다. 아나키즘이 꼭 반공주의여야 하는가. 왜 공산주의하고는 접점이 만들어질 수 없으며 긍정적으로 평가될 수 없는지에 관한 고민도 필요하다. 정당 활동이나 정치 활동에서도 마찬가지다. 아나키스트들의 정당 활동은 한국에서만 나타나는 독특한 현상이 아니고 현실에 개입하기 위한 정치 전략일 수도 있다. 다만 경제적인 조직화와 분리된 정치적인 조직화가 아나키즘의 원리에 맞는 것인지, 왜 제도 정치만을 정치 활동으로 해석했는지에 관한 설명이 필요하다.

어찌됐든 아나키스트들은 해방 정국에서 일종의 딜레마에 빠졌다. 공산주의 계열하고 빚은 갈등 탓에 강한 반공산주의 성향을 드러낸 여러 아나키스트들은 만주에서 임시정부와 교류하며 함께 활동한 경험 덕분에 우파에 가까워졌다. 해방 뒤에도 유림은 조선무정부주의자총연맹의 대표 자격으로 신탁통치를 반대하는 비상정치회의주비회에 참여했고, 이승만의 독립촉성중앙협의회가 주비회를 주도해 많은 사람들이 탈퇴할 때도 "출석을 중지한 것이며 비상정치회의에서 탈퇴한 것은 아니다"라고 발표했다. 그리고 독립노농당을 창당해 선거에 참여하기도 했다. 1952년 유림은 한국민주주의자총연맹을 조직하고 "봉건적 전제정치가 자본가계급의 전제정치로 대체되는 한편 프롤레타리아독재라는 색다른 독재정치가 횡행하고, 이 양자가 다같이 전체주의적 권력구조를 가지고 국민대중을 조종하고 있다. 이들의 전제권력정치가 제 아무리 교묘하게 위장된 뷰러크라시를 구사하여 인민을 조종한다고 하더라도, 인민의 자각은 마침내 그 허울을 벗기고 인민자신의 자유를 되찾고야 말 것이다"라며 공산주의를 비판하는 성명서를 발표했다(단주유림선생기념사업회 1991, 120~121). 또한 1960년에 한국독립당, 독립노농당, 한국사회당, 혁신동지총연맹, 사회대중당을 통합하기 위해 유림이 제안한 내용에서도 반공산주의가 강하게 드러난다. 유림은 "국가의 독립과 국민의 자유 평등을 기조로 된 대한민국 건국정신을 제도로써 실천하는 통일국가가 되어야 한다"며 이 목표를 달성하기 위한 준비 단계를 이렇게 제안한다. "1. 경제정책 등 각 부문에 응급조치로써 국민생활을 보장하고 不平을 해소하여야 한다. 2. 反막스주의인 모든 종류의 자유사회주의 이론을 적극 선전하여 지식층으로 하여금 사설에 유혹되지 않게 하고, 3. 자유사회주의 정책을 가능한 한도까지 실시하여야 하고, 피압박 대중으로 하여금 대한민국을 수호케 하여야 한다. 4. 혁명이론에서 공산주의를 제압할 수 있는 공인된 애국자들의 민중의 참다운 지지로 국회를 주도할 수 있도록 조직해야 한다." 그리고 실천 방안으로 "필승에 준비가 완료된 위에 민주대한의 자주계획과 'UN'의 우호적 협조로써 인구비례로 진정한 자유 총선거를 실시한다. 파쇼와 나치를 제외하고 진보된 민족주의자와 각종 종교사회주의를 포함한 모든 非막스 사회주의자들을 총집결한 자유사회주의 집단이다"(단주유림선생기념사업회 1991, 140~141). 이런 정치적 관계와 반공주의는 80년대 이후 한국 아나키즘 세력을 우파로 오해하게 만들었다. 그러나 한국 아나키즘의 성격을 단순히 우파로 몰아붙이는 태도는 위험하다. 공산주의를 비판했지만 아나키스트들은 우파의 특징인 배타적 민족주의나 사회진화론, 사유재산 옹호 등에 공감하지는 않았기 때문이다.

그리고 공산주의와 반공주의 사이의 다양한 결을 파악해야 한다. 예를 들어 독립노농당이 당의 강령과 전략으로 제시한 내용을 살펴보자(단주유림선생기념사업회 1991, 89~98).

○ 당강

본당은 국가의 완전한 자주독립을 위하야 투쟁한다. 본당은 농민 노동자 일반 노동대중의 최대복리를 위하여 투쟁한다. 본당은 일체독재를 배격하고 진정한 민주주의의 국내외 세력과 평등호조의 원칙에 의하여 합작한다.

○ 당략黨略

1. 국민의 평등과 자유와 행복을 보장하는 민주입헌정치를 실시한다.

2. 정치, 경제, 문화, 군사, 외교의 완전한 자주권을 확립한다.

3. 지방자치제와 직업자치제를 시행한다.

4. 중소 자산층을 주체로 한 富民主義 계획경제 체제를 시행한다.

5. 국내자본의 과도집중과 외래 자본의 침략적 점탈을 방지한다.

6. 산업을 조직화하야 산업의 급속한 발전과 국민생활의 평등한 향상을 圖한다.

7. 농공을 並進하고 상호조화를 기한다.

8. 독점성 사업과 대규모 기업은 국영 혹은 공영으로 하고, 중소산업의 자유발전을 장려한다.

9. 토지는 경작자만이 소유권을 향유한다.

10. 신화폐제를 실시한다.

11. 국민의 皆食, 皆學, 皆勞, 皆兵制를 실시한다.

12. 국가는 모든 시책에서 농민, 노동자, 일반근로대중의 자유행복 발전을 옹호조장한다.

13. 봉건유풍과 권력주의 餘習을 청소하고 과학적 평민 문화를 건설한다.

14. 평등호혜의 외교를 전개하야 세계평화에 致力한다.

15. 지하자원을 적극 개발한다.

16. 국토미화책을 적극 시행한다.

당의 정책에서 독립노농당은 생산, 분배, 소비의 국가 계획을 실시하고 생필품 분배를 국가가 통제한다고 밝혔다. 도시로 지나치게 집중되는 폐해를 바로잡고 전원도시를 건설하며 농민의 자치권을 보장하기로 했으며, 경제 정책에서 국가의 구실이 크게 자리를 잡았다. 근대 국가의 구실을 긍정적으로 보고 있다는 점에서 이런 당략은 아나키즘의 원리에 충돌한다. 유림이 정화암처럼 유럽의 사회민주주의를 수용하면서 견해를 바꾼 것으로 해석될 수도 있고, 복지를 전제로 국가 체제를 승인하며 아나키즘에서 이탈한 것으로 해석될 수도 있는 지점이다.

해방 이후 한국 아나키즘 운동에 비판적인 견해를 가진 이호룡은 민족국가를 건설하는 과정에서 한국인 아나키스트들이 민족주의자들과 공동 전선을 형성한 반면 노동자들의 공장관리운동에 주목하지 않았다고 비판한다. 자유사회건설자연맹이나 조선농촌자치연맹 등의 생활혁신운동도 사회 구조의 개혁을 고려하지 않아서 민중에게 외면당했다는 지적도 한다. 해방 이후 서서히 본령에서 이탈하기 시작한 아나키스트들이 1950년대부터는 "아나키즘을 포기하고 민주사회주의를 표방했다"고 지적한다. 이호룡은 유림이 1950년 5·30선거에 참여한다는 성명서를 발표한 행동에 관해 "유림이 말하는 민주주의란 부르주아 민주주의에 불과하며 아나키스트 사회로 나아가기 위한 민주사회와는 거리가 멀다"고 평가한다(이호룡 2008, 148~171).

반면 김성국은 이런 행동을 "한국 아나키즘의 독특하고도 참신한 그래서 선구자적인 실험 과정"이라 평가한다. "해방 후 한국의 아나키스트들은 단순한 정치 참여가 아니라, 독립노농당이라는 자신의 독자적 정당을 만들고 선거에 참여하는, 그야말로 파격적인 직접행동을 감행한 것"이고 "서구 아나키스트들이 파괴에 치중하여 건설에 소홀하였다면(보다 정확히 말해 건설할 기회를 별로 갖지 못하였다면), 한국의 아나키스트들은 일제하에서는 파괴(테러리즘)와 건설(농촌공동체 실험)을 동시에 추구하다가, 해방 후에는 건설(정치 참여와 농촌운동)에 치중하였던 것"이라 평가한다(김성국 2007, 155). 정당 건설을 파괴와 창조라는 아나키즘의 원리로 해석한 셈이다.

그러나 아나키즘 운동에 실제로 참여한 이문창의 평가는 좀 다르다. 이문창은 경남북아나키스트대회가 "아나키스트 진영을 자유사회건설자연맹과 독립노농당 두 집단으로 양분"시켰으며 "기실 독노당은 대중조직이나 자금이 튼튼한 본격적인 정당이라기보다는 '아나키즘을 중심으로 한 소수의 혁명적 이념집단이란 인상이 짙었다'는 게 일반적인 평가"라고 주장한다(이문창 2008, 134). 이런 설명에는 1946년의 경남북아나키스트대회가 한국 아나키즘의 정통성을 자처하기는 어렵다는 해석이 이면에 깔려 있다.

그렇지만 한국자유인연맹은 홈페이지에서 이문창의 주장을 반박하면서 독립노농당 결성은 합의에 따른 것이고 이문창의 정리도 이정규와 이을규의 인식을 무비판적으로 수용한 결과라고 주장한다. 실제 상황이 어땠는지 지금 판단하기는 어렵지만, 아나키스트들이 정당 활동에 단순히 참여한 게 아니라 정당을 창당한 사실은 선구적인 실험으로 평가받기 어렵다. 정당을 창당하는 행위는 제도 정치와 권력 중심의 정치 노선을 수용한 결과이고, 설령 이런 판단이 정세 판단에 따른 것이라 해도 이 판단이 정당화되려면 폭넓은 사회운동과 결합해야 했기 때문이다.

그런 점에서 전국에서 만들어지고 있던 인민위원회 운동에 주목해야 한다. 그러나 인민위원회 운동을 부정적으로 평가한 아나키스트 이정규는 이렇게 주장한다. "각지방에서 소위 인민위원회니 농민조합이니 하여 가지고 그자들의 날뛰는 것을 우리가 보지 않았습니까. 그런 자들을 믿고 우리가 잘 되기를 바랄 수 있습니까. 그들을 우리가 옳다고 찬성하고 따라간다면 우리는 고삐에 매인 소나 말과 같이 감옥에 붙잡혀 매인 죄인과 같이 끌리어 다니게 되어 손가락 하나 꼼짝 못하게 될 것입니다. 지금 러시아에서 그러한 꼬락서니를 우리가 보지 않았습니까. 개 돼지처럼 저희 마음대로 채찍질하여 끌고다니면서도 굶어 죽지않게 먹이고 얼어 죽지 않게 겨우 입힌다고 그것을 소위 러시아에서 공산이라고 하는 것입니다. 그러니까 이런 러시아에서 하는 꼴을 보고 조선 각 지방에서 그중에도 지금 북조선에서 조선공산당들이 러시아놈들의 앞잡이가 되어서 하는 것을 보며 그 이외에도 남조선 각 지방에서 인민위원회이니 농민조합이니 하는 자들의 가진 거짓말과 고약한 행동들을 우리가 잘 생각하고 살피어 본다면 그런 자들을 우리가 어찌하여야 하겠다는 것을 잘 알 것입니다"(이정규 1974, 188~189). 러시아에 관한 부정적인 판단이 한국의 인민위원회에도 그대로 반영돼 부정적인 평가를 내린고 있는 것이다.

인민위원회에 관한 부정적인 평가는 이문창의 말에서 좀더 구체적으로 드러난다. "자유사회건설자연맹은 '자유·평등·상호부조의 신사회 건설'을 위해서는 경제자립과 사회안정의 기반이 되는 농촌 농민을 깨우쳐 스스로의 자치 능력을 기르는 일이 급선무라고 보았다. 해방 정국의 기선을 잡은 좌파 세력은 그 여세를 몰아 일사불란하게 전국 각 지방에 인민위원회를 조직하고, 그 산하에 각 농촌 단위의 농민조합을 조직하여 세를 불려나갔다. 그들의 일차적 목적은 진정으로 농민 대중을 위한다기보다 인구의 절대다수를 차지하는 빈농층을 자파 쪽으로 끌어들여 부동의 지지기반을 확보하려는데 있었다. 처음에 그들이 소작료를 3·7제로 인하해야 한다는 주장을 내세워 갓 들어선 미군정에 선수를 친 것까지야 박수를 쳐주어도 나무랄 일이 아니었다. 문제는 그 다음부터였다. 내친 김에 그들이 '농지의 무상몰수 무상분배'라는 사탕발림 간판을 내밀어 농민을 선동하고 나섰으니 말이다. 그 당시 좌우를 막론하고 어느 누구도 '경자 유전'의 원칙을 반대하는 사람은 없었다. …… 그런데도 공산당이 구태여 무상몰수 무상분배 운운하고 나선 것은 저개발국을 적색화시키는데 있어 공산당이 사용해온 천편일률적인 수법이 아니던가"(이문창 2008, 115~116). 이문창은 공산주의 계열이 정국 주도권을 잡으려고 중앙집권적 조직을 만들고 무상분배를 선전하며 세력을 키운다고 염려했다.

그러나 해방 뒤 인민위원회의 활동을 좌-우 대립 구도로 해석할 때 부딪치는 한계를 살필 필요도 있다. 이정규나 이문창은 소련 공산주의를 향한 부정적인 견해를 남한의 자생적인 인민위원회에도 그대로 대입하고 있다. 인민위원회의 구성을 보면 이런 일방적인 판단은 잘못된 견해라는 것을 알 수 있다. 해방 직후 좌와 우는 분명히 존재하는 대립 구도였지만 풀뿌리 민중의 삶에서도 이 둘이 사상적으로 대립한 것은 아니었다. 예를 들어 제주도의 민청 모임에 참여한 사람의 증언을 보면 자신이 좌익이라 생각했다기보다는 그때 분위기가 그 모임에 자연스럽게 참여하게 했다는 점을 알 수 있다.[2] 좌익 모임에 더 많은 사람들이 참여한 이유는 좌익이 독립운동의 정신을 이어받았다고 믿었기때문이다.

더구나 당시의 정치 상황은 남한과 미국뿐 아니라 북한과 소련이라는 전체적인 관계 속에서 해석돼야 한다. 따라서 미국 제국주의 반대를 소련식 공산주의를 지지하거나 소련을 따르는 북한을 지지하는 것으로 해석하기도 어렵다. 인민위원회를 부정적으로 평가하는 태도와 독립노 농당 창당이라는 정치적 선택을 고려하면, 해방 뒤 한국의 아나키즘은 대중운동에 거리를 두고 정치 운동으로 전환하려는 움직임을 보였다고 할 수 있다. 그러나 그 뒤 제도 정치가 군사독재에 장악됨으로써 아나키 즘 운동은 제도 정치와 생활정치에서 모두 실패를 경험해야 했고, 이런 실패는 결국 식민지 시대에 폭넓게 만들어진 아나키즘의 지지 기반을 무너뜨리는 결과로 이어졌다.[3]

결국 1961년 5·16쿠데타가 일어난 뒤 독립노농당은 곧 강제 해산됐 다. 아나키즘 연구자들도 "유림에 의해 명맥을 유지했던 한국 최초의 아 나키즘적 정당인 독립노농당은 1961년 5·16쿠데타로 해산되어 표면적 인 한국 아나키즘운동은 사실상 종결되었다"고 평가한다(구승회 외 2004, 278). 근대적인 대의민주주의와 국가주의를 어느 정도 수용하며 해방 이후 한 국 사회의 재편에 개입하려 한 아나키즘 운동은 군사독재 정부가 수립 되면서 종말을 고했다. 운동 주체의 실패보다는 사회 환경의 변화라는

---

2 구좌읍 종달리의 어느 할아버지는 그때 분위기를 이렇게 전한다. "지금에 와서는 좌익, 우익하는데, 그때의 분위기는 그런 사상적인 대립이 있었던 것은 아닙니다. 나도 민청 모임에 참석하기도 했었는데, 그게 좌익 단체 라고 생각하면서 간 것은 아닙니다. 모임에서는 이승만 노선에 대한 비판은 있었던 것으로 기억되지만 특별한 사상 강습은 없었습니다. 젊은 사람이 민청, 나중에는 민애청이 됐지만, 거기에 참석하지 않으면 동네에서 사람 취급을 받지 못하던 분위기였습니다"(제민일보 4·3 취재반 1994, 146). 양달후 씨도 이렇게 증언한다. "농촌에 사는 우리 같은 놈덜은 그땐 스뭇 좌익이 뭔지 우익이 뭔지 어떻게 하는지 몰랐단 말이우다. 해변가에서는 날마 다 사람이 죽엄다 뭐해도 우린 날마다 일 나가서 어둑으면 집이 들어오고. 이렇게 허다가 이제 경찰, 군인들이 산촌에까지 모여들어서 산촌 사람들까지 죽이기 시작했단 말입니다"(제주4·3연구소 홈페이지 자료실).
3 "3·1만세 사건 이후로부터 좌우의 색깔이 어느 정도 선명해졌거든. 그런데 우리 조선 사람들이 식민지에서 끝까지 싸웠다고 생각한 사람들은 대부분 좌익이었지. …… 우익한 사람들은 주로 타협하고, 또 어떤 사람들은 민족자치를 외치고, 개량주의적인 그런 것을 해가지고 일제에 덧붙어서 잘살고 그랬거든. …… 8·15가 딱 되자 감옥 갔다 고생하고 나온 사람도 대부분 좌익이고, …… 여하튼 우리 동포들이 민족을 위해 끝까지 싸운 사람 들은 좌익이다 이렇게 생각했지. 그게 바로 좌익으로 하여금 큰 힘을 갖게 했지. 어디 가서 얘기해도 원인은 거 기 있지"(신종대 1992, 69).

요인의 영향이 더 컸기 때문에 이 운동의 성패를 따지기는 어렵다. 그러나 자신의 이념을 실현할 구체적인 수단과 삶을 조직하지 못하는 운동은 실패할 수밖에 없다는 아나키즘 이념의 주장을 스스로 증명한 셈이기도 했다. 또한 제도 정치에 개입하느냐 마느냐 하는 문제보다도 개입의 목적과 방식이 분명하지 않으면 큰 성과를 거둘 수 없다는 사실을 증명했다. 아나키즘의 본류를 이탈했다는 비판이 조금은 가혹할 수 있지만, 자신만의 새로운 윤리나 운동 방향을 만들지 못한 점은 여전히 아나키즘 운동의 약점으로 남아 있다.

3장. 해방 이후 ─ 풀뿌리운동과 아나키즘의 쇠락

해방 뒤 미군정과 군사독재를 거치면서 풀뿌리운동이나 아나키즘의 씨
앗은 대부분 짓밟힌다. 민중이 자발적으로 결성한 인민위원회와 각종 협
동조합은 탄압을 받아 사라지거나 정부 통제를 받는 관변 단체로 전락
했고, 다양한 이념과 실천들은 반공주의와 냉전 논리에 밀려 사라졌다.

이 장은 해방 이후 한국 사회에서 풀뿌리운동과 아나키즘이 사라진
과정을 살핀다. 아울러 풀뿌리운동의 씨앗이 완전히 사라지지 않고 명
맥을 이어온 상황에서 아나키즘이 운동의 활성화에 다시 어떤 도움을
줄 수 있을지 알아보겠다. 치열하고 뜨겁던 3·1운동의 흐름이 중단되
고 난 뒤 민중이 스스로 자신의 이념을 세우고 조직할 필요성을 느꼈듯
이, 지금의 풀뿌리운동도 자신의 이념을 세울 것을 요구받고 있다. 풀뿌
리운동이 지금 어떻게 싸울 것인가를 넘어 어떤 방향으로 나아갈지를
고민하는 과정에 과거처럼 아나키즘이 기여할 바가 있을 것이다.

1. 자치와 자급 기반의 파괴

식민지에서 해방된 뒤에도 풀뿌리운동의 정치 역량은 계속 봉쇄됐다. 해
방 직후 전국적으로 만들어진 인민위원회는 '사회주의'와 '좌익'으로 몰
려 강제로 해체됐다. 미군정과 이승만 독재 정부는 민중을 분열시켜 지
배하려는 일제의 지배 전략을 그대로 받아들여 인민위원회를 빨갱이로
몰았다. 빨갱이로 지목되는 순간 그 사람에게는 말도 행위도 허락되지
않았다.

인민위원회의 '인민'이라는 용어가 지금 우리에게는 부담을 주지만 그때는 일반적으로 쓰이던 말이었다. 인민은 '국민'이나 '백성' 등하고 함께 사용되던 용어였고, 해방 뒤에 나온 교과서들도 '인민주권'이나 '인민정치'라는 표현을 썼다. 심지어 한국전쟁이 끝난 뒤에도 중학교 교과서가 링컨의 연설을 '인민의, 인민에 의한, 인민을 위한 정부'로 번역할 정도였다.[1] 인민위원회는 이 땅에 사는 풀뿌리 민중들을 포괄하는 기구라는 의미를 담고 있었다.

브루스 커밍스B. Cummings가 지적하듯이 한반도의 인민위원회는 자연발생적이었으며 각 지방의 상황에 따라 구성됐다(커밍스 1986, 346~351). 학생과 지식인들이 주요 직책을 맡기는 했지만 인민위원회의 기반은 농민이었다.[2] 누군가의 선동에 따라 이끌리는 대리 기구가 아니라 스스로 자신과 공동체의 삶을 다스리려는 자치 기구였다. 서중석은 "초기 인민위원회는 상당 부분 각급 지방의 지도적 역량이 반향되어 있었으며, 자주적·자발적인 지방인민정권의 면모를 지니고 있었다. 인민들은 이들 인민위원회의 조직과정과 그것의 운영에서 해방과 독립의 맛을 보고 있었다"고 지적한다(서중석 1999, 103). 해방 직후 잠깐 동안 존재하던 인민위원회는 풀뿌리 민중이 자기 조직화를 시도한 사례였다.

특히 다른 지방하고 다르게 제주도 인민위원회는 1946년 말까지 미

---

1 이치석은 남한이 '인민'이라는 단어를 살해했다고 주장한다. 대한민국은 국민, 북한은 인민이라는 이분법은 자연스러운 게 아니라 학교 교육을 통해 세뇌된 것이라는 게 이치석의 주장이다. 이치석은 그 증거로 대한민국 헌법을 기초한 보수주의자 유진오(兪鎭午)도 인민이라는 단어를 좋아한데다 헌법 초안에 일괄적으로 '인민'이라고 썼다가 북한 공산당이 먼저 사용했다는 주장를 듣고 "공산주의자들에게 좋은 단어 하나를 빼앗겼다"라며 아쉬워한 사실을 지적한다. 그 까닭은 "'국민'이 국가의 구성원을 뜻해서 국가우월주의 냄새가 풍기는 반면, '인민'은 국가도 함부로 침범할 수 없는 자유와 권리의 주체를 의미"했기 때문이라고 했다. 그러나 윤치영(尹致英) 등이 공산당 용어라고 주장해서 아쉽게도 고쳤다는 것이다. '국민'은 분단 이데올로기 때문에 정치적으로 선택됐다고 할 수 있다(이치석 2005, 37~38)
2 커밍스는 농민들이 "현지인이 아닌 '선동가들'(북한에서 온 사람들을 포함하여)을 불신한다"는 점을 지적한다(커밍스 1986, 351).

121

군정과 비교적 우호적인 관계를 유지하며 1년 이상 존속했고, 일제의 지배를 받으며 파괴된 지역 공동체를 복원하려 노력했다. 육지의 인민위원회들이 미군정의 탄압을 받아 해체돼 짧은 기간 동안만 활동한 점을 고려할 때, 제주도 인민위원회의 활동은 주목받을 만한 가치가 있다. 이 짧은 자치 경험은 자치 기구의 필요성을 증명하고 민중의 지지를 더욱 높였을 것이다. 내가 선택하고 결정한 것만큼 중요하고 반드시 지켜야 할 가치는 없기 때문이다.

여러 자료들은 지방인민위원회가 자율성을 띠고 자치적으로 활동했다는 사실을 증명하며, 좌우의 이념 구도에서 어느 정도 자유로웠다고 인정한다.[3] 인민위원회에 참여자는 좌파로 불리던 사람들뿐 아니라 좌파에 우호적인 사람들도 있었고,[4] 대부분의 민중도 좌파의 사상을 지지하고 있었다. 인민위원회 위원들은 투표나 집회에서 추천으로 뽑히는 경우도 많았다. 따라서 소수의 이념 지향적 활동가들이 조직을 일방적으로 이끌었다고 해석하기는 어렵다. 윤해동이 지적하듯이 "식민지하 저항운동을 대중의 창출과 그것에 기반을 둔 대중적 현상으로 이해하지 못한다면 저항운동은 특권화될 위험성에 곧바로 노출된다"(윤해동 2008, 56). 따라서 '누가 인민위원회를 주도했는가?'라는 질문만큼 '대중이 인민위원회를 어떻게 인식하고 참여했는가?'라는 질문이 중요하다. 대중 운동의 속성이 우연성과 자발성을 가지고 있다는 점을 인정한다면 어

---

3 대표적으로 "인공이 선언되면서 중앙의 조직 책임자들은 좌파 진영으로 많이 기울어진 반면에 지방에서는 건준의 온건 인물들이 여전히 활동했다"(제민일보 4·3 취재반 1994, 65).
4 경남의 경우 "인민위원회 지도부는 건준에 비해 보수 우익들이 다수 탈락했지만 우익이 완전히 배제되지는 않았고 지주나 일제하의 관리를 지냈던 자들도 주민들로부터 인심을 잃지 않았을 경우는 이에 참여하고 있었다. 이것은 또한 다양한 계층을 결집하기 위한 방편이기도 했다"(신종대 1992, 81). 그리고 경북의 경우에도 "신간회에 참여했던 인물 가운데 다수가 군 인민위원장을 맡았음을 알 수 있다. …… 일제하 공산주의 활동을 했던 인물들도 각 군 인민위원회에 다시 참여했다"(허은 1994, 150)..

떤 단일한 이데올로기로 인민위원회운동을 평가하기는 어렵다.

재건파 공산당이 인민공화국의 중앙위원회를 장악하고 있었기 때문에 그런 영향이 지방의 인민위원회에도 미쳤을 테지만 "지방의 각급 인민위원회는 기본적으로 자발적·자치적 조직이었"다고 분석한 서중석은, "조선공산당은 주로 인민위원회의 상층을 장악하였고, 인민위원회의 일부만 당조직에 편입하였다는 점, 그리고 인민위원회 관계자들은 대체로 조직적 훈련이나 투쟁경험이 약했고, 의식이 투철한 것만은 아니어서, 미군과 친일경찰의 반민족혁명적인 탄압이 조직적 지속적으로 펼쳐짐에 따라, 그것을 견뎌내는 데 한계를 갖고 있었다는 점" 등을 지적한다. 그리고 미군정 내부에서도 적지 않은 미국인들은 자치적인 질서를 인정한 곳(예를 들어 4·3 이전의 제주도)에서는 미군정하고 관계가 나쁘지 않았으며 미군정의 탄압을 받은 뒤에 인민위원회들이 좌익으로 전향했다고 인정했다(서중석 1991, 227~228).

인민위원회가 다수 민중의 지지를 받으며 각 지방에 확고하게 뿌리를 내리고 있었기 때문에 해방 직후 한국 사회는 무정부 사회였을지언정 질서 없는 혼란의 도가니는 아니었으며, '자치의 민주주의'를 실현하고 있었다. 도와 군, 면 단위까지 인민위원회가 세워졌고, 농민조합과 더불어 자치 체제를 만들었다. 이런 자발적이고 자생적인 단체는 민주주의의 중요한 밑거름이다.

역설적이지만 바로 그렇기 때문에 미군정은 자신의 '통치'를 위해 인민위원회를 강제로 해산해야 했다. 만일 인민위원회가 해산되지 않는다면 한반도에는 두 개의 정치 질서가 존재하는 셈이기 때문이다. 커밍스가 지적하듯이 "인민위원회의 종국적 붕괴의 근본 원인은 그들을 상대로 한 미국의 힘(혹은 미국의 승인을 받은 한인의 힘) 때문이었다"(커밍스 1986, 373). 미군정은 한국에 들어온 뒤 거의 1년 동안 인민위원회를 무너뜨리는 일에만 매달렸다. 그 와중에 많은 풀뿌리 민중들이 고통을 받았음은 두말할 필요조차 없다. 더구나 미국은 이 과정에서 한국을 강력한 경찰국가로 만들었고, 공권력의 폭력성을 강화했다.[5]

인민위원회뿐만이 아니었다. 미군정은 인민위원회가 인수해서 운영하던 일제 적산까지 압류해 친일 경력이 있는 한국인 자본가들에게 넘겨줬다. 전순옥에 따르면, 미군정은 일본인들이 물러간 직후 인민위원회가 인수해 운영하던 섬유 공장들마저 노동자들의 손에서 빼앗아 의심스러운 새 소유주들에게 넘겨줄 목록에 집어넣었고, 수혜자들은 과거에는 일제에 결탁했고 그때는 미군정에 결탁한 한국인 자본가들이었다.[6] 그 과정에서 애초에 마을 공동의 것이었다가 일본에 빼앗긴 것들도 사유화됐다.

그리고 일제 식민 권력과 독재 정부는 신용조합이나 농업협동조합, 소비조합 등 자생적인 협동조합들을 해산하거나 국가의 하부 기관으로 만들었다. 실질적으로 한국에서 국가와 시장은 대립하지 않고 끈끈한 공생 관계를 맺어왔고, 시민사회는 국가와 시장의 이런 관계를 변화시키지 못했다. 시민사회가 국가를 등에 업은 시장을 견제하지 못한 반면, 시장은 공유지들을 사유화하고 이미 존재하던 사회적 관계들을 화폐 관계로 대체하면서 시민을 소비자로 전락시켰다. 한국의 자본가들은 군대식 규율을 내세워 노동자들을 통제했고, 기본적인 노동 조건이나

---

5 "미국인들은 그들의 역사에서 국립 경찰에 저항해왔으며, 일본에서는 맥아더가 비무장화와 민주화라는 두 가지 점령 목표에 장애가 된다고 해서 일본의 국립 경찰을 해산시켰다. 그러나 한국에서는 하지와 그의 고문들이 주된 정치적 반대 세력이며 1945년 9월 서울에서 수립된 조선인민공화국과 그것과 연계된 많은 시골의 위원회들, 노조들과 농민 단체들에 대항해 독자적인 국립 경찰을 창설했다"(커밍스 1986, 284~285).

6 "노동자들의 입장에서 보면 상처에 소금을 뿌리는 격이었다. 이렇듯 운 좋은 사업 기회를 제공받은 이들은 일본인 밑에서 비슷한 후원을 즐겼고, 새로운 정부에 대한 자신들의 충성심을 내보이며 미국의 목표에 복무하겠다고 미군정을 설득한 바로 그 한국인 자본가들이었다"(전순옥 2004, 116).

사회복지의 부담을 가정에 떠넘겼다. 기업은 '가족 임금'을 내세워 남성을 가족 부양자로 만들고 사회의 가부장주의를 한층 강화했다. 급속한 산업화 정책은 농촌을 붕괴시키고 농민을 도시 빈민으로 만들었다. 생산과 소비의 관계가 더욱더 단절되고 자급의 능력은 점점 약해졌다.

그리고 미군정은 강력한 경찰국가를 승인했을 뿐 아니라 일제가 만든 강력한 중앙집권형 국가 체제를 그대로 유지했다. 해방 뒤 1949년 지방자치법이 제정돼 지방선거가 실시되고 지방자치 제도가 실행됐지만, 1961년 박정희 정권은 지방자치 제도를 전면 유보했다. 그러면서 한국에서 자치는 점점 더 불가능한 개념이 됐다. 자급도 마찬가지다. 해방 이후 한국은 경제와 정치의 경계가 불분명한 결탁 체제, 국가가 개발의 이득을 분배하는 불균등 발전 체제를 만들었다. 이런 현실은 '내부 식민지internal colony'라는 문제의식으로 연결된다. 사실상 한국의 지방은 지배 구조의 정점인 수도권을 먹여 살리기 위해 농산품과 제품을 생산하는 식민지이자 상품을 소비하는 공간이 됐다. 이렇게 정치와 경제가 결탁한 결과 집중된 중앙 권력이 한국 사회를 지배하며 자치와 자급의 기반을 파괴했다. 풀뿌리는 기성 체제에 도전하고 저항했지만 파괴되는 사회의 기반을 재건하지 못했다.

2. 풀뿌리운동에 닥친 어려움과 한계

국가와 자본이 자치와 자급의 기반을 지속적으로 파괴했지만, 그런 조건 속에서도 다양한 시민사회운동이 시도됐다. 중앙 차원의 민주화운동 뿐 아니라 지역 차원에서도 다양한 운동의 흐름이 형성됐다. 1960년대 이후의 주민운동, 빈민운동 등이 지역운동의 뿌리가 됐고, 도서관운동,

보육운동, 학교급식운동 등 생활 속의 다양한 이슈로 의제를 확장하고 있다. 그리고 마을 만들기 운동처럼 다양한 의제들을 공동체 형성을 통해 해결하려는 흐름도 있다. 아파트 공동체 운동이나 생태 공동체 운동, 문화 공동체 운동 등은 마을 만들기 운동의 주요한 흐름이다. 풀뿌리운동은 운동의 의제 자체를 해결하는 것도 중요하지만 해결 과정에 주민이 참여하고 의식을 확장하는 문제도 중요하게 여긴다. 도서관이나 놀이터, 공부방, 방과후 학교 등이 일정한 공간을 중심으로 네트워크를 형성한다면, 보육이나 학교급식 등은 지역사회 안의 사람들을 조직화하는 방식(기성 단체들도 동참)으로 의제를 해결하고 있다.

그런데 이 과정에서 풀뿌리운동이 작은 규모의 공동체로 범위가 제한되는 현상도 나타났다. 앞서 살펴본 대로 사회 전반의 흐름이 자치와 자급의 기반을 파괴하는 쪽으로 흘러가면서 풀뿌리운동의 기반도 약화될 수밖에 없었고, 운동의 전략도 변화했다. 해방 이후 풀뿌리운동이 겪은 어려움과 한계를 정리해보자.

첫째, 풀뿌리운동과 중앙의 시민사회운동을 잇는 고리가 점점 끊어졌다. 한국 사회의 풀뿌리운동은 맥이 완전히 끊어지지 않고 1960~1970년대 빈민운동과 야학, 지역 공동체운동 등으로 이어져왔다. 1960년대 말부터 산업선교회를 중심으로 노동자 야학이나 노동 교실 등이 진행됐고, 그 와중에 프레이리의 민중교육론이 수용되기도 했다. 특히 기독교계의 운동이 활발했다.

1956년에 발족한 크리스챤아카데미는 1974년부터 이른바 '중간집단' 육성을 위한 정규교육·사회교육·대화모임·후속교육 등의 활동을 벌여왔다. 여기서 '중간집단'이란 첫째 자율적, 민주적 바탕 위에 형성된 집단, 둘째 힘없는 민중에 바탕을 둔 집단, 셋째 사회 또는 집단구조의 개혁에 관심을 가진 집단으로, 이들에 대한 교육의 목적은 "힘을 가지지 못한 자의 편에 서서 그 힘을 조직화하고 동력화하여 그들과 함께 압력과 화해의 역할"을 하는 데 두었다. 교육은 그 방면의 전문가들이 담당하는데, 수강생과 같은 입장에서 합숙생활을 하고 강의나 쎄미나에도 똑같이 참여한다. 이렇게 교육의 전과정이 그 자체로 의식화교육이라고 할 수 있었다. 5, 6공 때도 마찬가지지만, 당시 유신정권은 노동자와 농민의 의식화를 어떻게든 막으려 했다. 노동자와 농민들이 우리의 현실을 제대로 알고, 그들의 인간다운 삶을 가로막고 있는 것이 무엇인지를 깨닫는 것이 두려웠던 것이다. 그래서 그들은 의식화운동을 계급투쟁운동으로, 의식화교육을 사회주의사상을 주입시키는 교육으로 몰아갔다.(김정남 2005, 258~259)

또한 1971년에 한국에 처음 소개된 프레이리의 교육 사상이 기독교 교육운동 활동가를 중심으로 논의되고 실천됐다. 프레이리의 의식화 교육론과 더불어 선교 조직 방법론으로 받아들여진 알린스키의 조직 이론이 중요한 실천 원리로 자리 잡으면서 '의식화·조직화 교육'이 수용됐다. '의식화·조직화'는 그 뒤 민중교육운동의 중요한 지향으로 설정됐다(홍은광 2003, 119~158).

1968년 9월에는 연세대학교에 도시 빈민을 대상으로 하는 선교 활동을 지원하고 일꾼을 양성하기 위한 도시문제연구소가 문을 열었다. 지역사회 개발을 위해 빈민 지역 주민들을 조직화한다는 목적 아래 만들어진 도시문제연구소는 1971년 9월 더 능동적이고 강력하게 활동하기 위해 수도권도시선교위원회를 설립했다. 위원회는 1973년 1월에 수도권특수지역선교위원회로, 1976년에 한국특수지역선교위원회로 이름을 바꿨다(한국도시연구소 1999, 59~60). 1970년대 중반과 후반에 활동한 한국특수지역선교위원회는 알린스키의 조직화론과 프레이리의 의식화론에 기반을 두고 빈민 지역 주민들이 스스로 문제를 발견하고 해결하는 과정을 돕는 활동을 펼쳤다. 주민 스스로 지역의 문제를 발견하고 이 문제를 해결해가면서 자신들의 힘을 인식하고, 사회 문제에 관련해 의식화 과정을 경험하게 되는 것이다.

1970년대에는 무위당 장일순이 유교와 가톨릭, 노장사상과 동학사상을 바탕으로 원주에서 민주화운동을 벌이며 신용협동조합운동, 한살림운동(생활협동운동)을 벌이기 시작했다. 그리고 함석헌은 씨올론을 펼치면서 민중적 관점에서 기독교를 재해석하며 대중 중심의 사회운동론을 구성하려 했다. 이때까지는 풀뿌리운동의 관점과 전략이 중앙 차원의 시민사회운동이 내세운 전략하고 무관하지 않았다. 구체적인 실현 방법은 조금씩 달랐지만 사람의 성장과 삶의 변화가 사회 구조의 변화에 무관하지 않다는 인식을 공유했기 때문이다.

이런 시장과 지역 중심의 운동이 전체적인 사회 변화를 자극하지 못한 이유는 운동이 느린 변화를 지향하고 제도 정치에 거리를 둔 탓도 있지만, 사회 전반을 짓누르던 억압에 더 관련이 있다. 언론, 출판, 결사의 자유가 무시되고 대대적인 사회운동을 벌이기 어려웠기 때문에 운동이 어쩔 수 없이 지역으로 제한된 면이 있었다. 정부가 강력하게 주입한 '반공 이데올로기'나 '빨갱이 담론'의 영향도 시민들 속에 깊은 트라우마를 남겼다. 그 영향이 어느 정도였는지는 "실제로 인혁당 관계자의 초등학교 다니는 아들이 동네 꼬마들에 의해 나무에 묶인 채 빨갱이 자식이니 죽어야 한다면서 칼로 두들겨 맞는 끔찍한 일을 당한 적이 있었다"(김정남 2005, 33~34)는 말에서도 짐작할 수 있다. 노래와 만화 등을 거쳐 아이들에게도 침투한 이데올로기의 힘은 생활 세계의 잠재력을 억누르고 왜곡시켰다. 그리고 "한국의 시민들은 중앙정보부의 감시에 대응하는 최상의 방법은 '어떤 일에 관해서건 아무한테도 한마디 말도 하지 않는 것',

심지어 가족한테까지도 하지 않는 것이라고 믿었다"(커밍스 2001, 525)(다른 사건에서도 비슷한 사례들을 찾아볼 수 있다. 빨갱이나 간첩으로 몰린 사람들의 가족은 온전한 생활이 불가능했다). 이런 사회에서는 다른 목소리가 자연스럽게 흘러나오기 어렵다.

사람들의 생활 속으로 들어가기가 어려워지고 억압이 강해지면서 국가 폭력에 조직적으로 대응할 필요성이 높아졌는데, 1980년 5월 광주민중항쟁은 이런 필요성을 절실히 드러낸 사건이었다. 그렇지만 신군부는 이 사건을 무력으로 탄압하고 정보를 통제하면서 항쟁 참여자들을 빨갱이로 몰아 정당성 없는 통치의 빌미로 삼으려 했다. 1980년대부터 본격화된 마르크스-레닌주의를 통한 조직화는 이런 국가에 대항하려는 시도였다.

그런데 마르크스-레닌주의에 기반을 둔 의식화와 조직화는 과거의 의식화와 조직화하고는 결이 달랐다. 의식화와 조직화라는 말은 똑같지만 기본 내용은 근본적으로 달랐다. 앞의 의식화와 조직화는 대중이 자신의 조건과 세계를 인식하고 조직화를 통해 정치적 주체로 성장하는 과정을 강조했다면, 마르크스-레닌주의의 의식화와 조직화는 전위 조직이 대중을 계몽하고 선도하는 정치 세력화를 강조했다. 사회운동의 흐름은 단절되지 않고 이어졌지만 사회운동을 바라보고 이끄는 관점은 단절됐다. 그리고 이 단절은 이미 존재하던 사회운동을 자유주의나 개량주의 등으로 단순화하고 폄하하는 경향을 낳았고, 사회변혁을 둘러싼 논쟁마저도 이 땅의 현실에 뿌리를 내리지 못하고 "특정 텍스트의 과학성이 쟁점의 수준과 논의의 진척에 따라서 검증되기보다는, 어떤 텍스트에 권위가 항구적으로 부여되는 상황에서 발생하는 문제"가 발생했다(허재영 2004, 193).

1987년 6월 항쟁 이후에는 상황이 더 나빠졌다. 이른바 386세대라 불리는 사람들 중 운동을 이끈 소수의 사람들이 운동의 성과를 독점하고 이익을 추구했기 때문이다. 예를 들어 최진혁은 한국의 시민운동이 엘리트나 명망가를 중심으로 진행됐고, 소수의 대형 단체들이 중앙에 집중돼 시민운동의 지방 분산을 막고 있으며, 소수자나 사회적 약자를 위한 정책 대안을 제시하지 못했다고 지적한다(최진혁 2004, 127). 물론 사회운동에서 엘리트의 리더십이나 중앙에 있는 대형 단체들이 하는 구실을 부정할 수는 없지만 새로운 주체를 구성하거나 새로운 운동의 흐름을 만들지 못한 점에서는 문제가 많다. 그러면서 풀뿌리운동은 사회를 근본적으로 변화시키는 운동 전략보다는 전체 운동의 작은 분파 정도로, 중앙의 기획을 실행하는 지역의 하부 단위 정도로 여겨지게 됐다. 시간이 흐를수록 지난날처럼 중앙과 지역의 운동이 서로 영향을 주고받기가 어려워졌다. 그러면서 풀뿌리운동은 지역 단위의 자조 운동이 돼 지방정부의 서비스 전달을 대행하는 기관처럼 성격이 변했고, 이런 흐름을 거스르고 대결할 힘을 만들지 못했다. 이런 전반적인 분위기는 풀뿌리운동의 기획을 지역 차원으로 축소시켰다.

둘째, 풀뿌리운동은 중앙 정치가 조장하는 지역주의의 틀에 갇혔다. 지역주의는 내부 식민지를 은폐하는 위장막이다. 최장집은 "노동배제의 가장 직접적인 효과는 민주화 이후 정당체제가 지역주의적 특성을 갖는 것으로 조직화되는 데 결정적으로 기여한 것이다. 그리고 이러한 지역주의적 정당체제는 전통/근대, 우/좌, 사익/공익간의 대립항에 있어 전통/우/사익적 요소를 강화하는 퇴영적 결과를 초래했다. 이는 사회를 특수이익들의 수직적 분획으로, 그리고 특수이익적 연줄관계의 네트워크로 조직하는데 기여했다. 바꾸어 말하면 지역주의적 정당체제는 정치 엘리트들의 퇴영적 행태의 결과물이라기보다는 한국 시민사회의 약한 구조가 만들어낸 결과물"이라 주장하기도 한다(최장집 2002, 198~199).

그런데 정말 그런지는 의문이다. 한국 시민사회가 노동 의제를 받아들이지 못하고 퇴영적인 대립 속에 묻어버린 점은 분명하지만, 그런 배제 탓에 지역주의가 성장했다는 주장은 또 다른 차원의 문제다. 예를 들어 고종석은 지역주의가 경제적이고 정치적인 이해관계에서 출발했지만 그 뒤로는 "일종의 관념적 신분질서"가 됐고, 그런 사실은 "영남의 지역주의는 패권적이고 적극적이고 공격적인데 비해 호남의 지역주의는 반작용적이고 소극적이고 방어적"이라는 점에서 드러난다고 지적한다(고종석 2003, 18~20). 지역주의를 똑같은 층위에서 볼 수 없다는 말이다.

그리고 시민사회의 약한 구조가 지역주의 정당 체제를 만들어낸 게 아니라 중앙화된 정당 체제가 시민사회의 구조를 약하게 만들었다. 사실 시민사회의 약한 구조는 중앙 정치의 결과물이었다. 왜냐하면 한국에서도 지방의 앎과 삶은 철저히 무시됐기 때문이다. 표준말로 말하고, 학교에서 훈련된 국민으로 생각하고, 군대나 공장에서 명령받은 대로 살아야 했다. 중앙에서 기획한 언어로 말하고 생각하고 행동하는 삶은 자생력을 갖기 어렵다. 자연히 모든 눈은 국가에만 초점을 맞췄고, 사회를 변화시키는 운동도 마찬가지였다. 지역이 스스로 자신의 미래를 계획하고 집행하고 평가할 권한을 가지지 못했다는 점에서 지역주의는 중앙 정치의 폐해다.

그런데도 이 지역주의 구조를 깨지 못한 데는 풀뿌리운동 고유의 논리 탓도 있다. 지역적인 삶의 경험과 관계에서 출발하기 때문에 풀뿌리운동은 어느 정도 다름과 타자를 배제하는 폐쇄적인 형태를 취하기도 했고, 아나키즘이 강조한 '연합의 원리'는 한국의 풀뿌리운동에서 잘 실현되지 못했다. 자유로운 소통이 가로막혀 있을 뿐 아니라 중앙 언론이 지역의 목소리를 닫아버렸기 때문에 연합은 항상 가장 어려운 과제가 됐다. 다양성을 거부하지 않으면서도 그 경험과 지식이 다른 지역과 공유

될 수 있게 하는 풀뿌리 고유의 연합과 연방의 원리가 등장하지 못했다.

셋째, 일제 강점기에 만들어진 관변 단체 구조가 해방 뒤에도 그대로 유지됐을 뿐 아니라 오히려 강화됐다. 면과 리 단위의 말단 행정구역까지 지주회나 진흥회, 모범 부락, 새마을운동 등을 통해 관변 조직을 만들고 기득권층을 포섭했으며, 호주제 같은 관리 체계를 만들었다. 이런 관변 체계와 관리 체계는 풀뿌리민주주의의 실현을 방해하는 미시 권력으로 작동했고, 일종의 '준공권력'을 만들고 그렇게 자처해왔다. 이런 미시 권력의 무서움은 각자의 인격이나 인성까지 권력이 감시한다는 점뿐만 아니라 일상의 시민들이 스스로 검열하며 정치 행위를 금지하게 만들었다. 불온한 것을 상상하지 못하게 만드는 힘은 공식적인 국가기관의 처벌만이 아니라 이런 비공식적 기구들을 통해서도 행사됐다.

따라서 우리의 상식하고 다르게 그동안 한국의 국가는 시민을 철저하게 배제한 게 아니었다. 오히려 한국의 국가는 모든 시민이 아니라 특정 시민들만을 중요한 논의 대상으로 여겨왔다. 이른바 '지역 토호'라 불리는 사람들만이 온전히 주권자 대접을 받으며 권한을 행사했다. 새마을운동협의회나 자유총연맹, 바르게살기운동협의회 등 관변 단체들은 지역사회에서 정책을 결정할 때 빠지지 않는 사람들이고, 상공회의소나 지방 언론, 개발업자 등도 핵심 참여자들이다. 민주주의나 지방자치를 이야기하지만 이렇게 지역사회의 의사 결정 구조에 들어갈 수 있는 사람들은 이미 정해져 있고, 이런 사람들에게만 정보가 제공된다. 그리고 이런 사람들은 정부의 결정을 무조건 따르거나 자기에게 이익이 될 개발 정책을 지지한다. 풀뿌리운동은 이런 지배 구조나 미시적인 권력 구조를 변화시키려 노력했지만 뚜렷한 성과를 거두지 못했다. 그 뒤 한국의 시민사회는 사실상 국가의 보조를 받는 시민사회와 그렇지 못한 시민사회로 나뉘게 됐다.

국가 폭력의 영향도 있지만, 이렇게 분열된 시민사회가 잘 봉합되지 못하는 데는 교육의 탓도 크다. 한국 사회에서는 교육의 목적도 자아의 발견이나 성장, 실현이 아니라 국가의 건설과 부강이다. 고종의 교육입국조서가 왕실의 안전과 국가의 부강을 꾀했다면, 국민교육헌장은 비슷한 논리에 반공을 추가했을 뿐이다. 심지어 국민교육헌장은 상부상조와 협동까지 국가 건설의 수단으로 만들었다. 국가의 부강과 국익이 다른 모든 가치를 집어삼키는 세계관을 학교가 학생들에게 강요하고 주입했다. 일방적이고 억압적인 교육과정과 사회진화론적인 적자생존을 익히게 하고 승자 독식을 정당화하는 교육 체계는 시민을 순종적인 신민臣民으로 만들어왔다. 이런 교육은 시민의 성장을 가로막으며, 정치나 민주주의를 경험할 과정을 마련하지 않는다.

3. 아나키즘 운동의 추상화

이호룡은 아나키즘 운동이 한국 사회에서 영향력을 잃고 제3의 사상으로서 위상을 상실한 내적 요인을 "관념상의 자유", "자유연합주의를 강조하면서 민중들의 힘을 조직화하는 것을 등한시한 결과", "국가와 정부의 존재를 인정함으로써 사상적 독자성을 확보하지 못하였"던 점에서 찾는다(이호룡 2001, 363~364). 반면 김성국 등 아나키즘 운동을 연구하거나 관심을 둔 학자들은 이런 주장을 반박하면서 지금도 아나키즘 운동의 맥이 이어지고 있을 뿐 아니라 여전히 유효한 사상이라고 말한다.

이렇게 한국 지식인 사회에서 아나키즘에 관한 평가는 막연한 기대와 차가운 냉소 사이를 오간다. 한편에서는 아나키즘이 새로운 사회운동의 방향을 제시하고 대안 사회를 구축할 '가지 않은 길'이자 '오래된 미래'라고 보고, 다른 한편에서는 국가와 정치를 거부한 '좌절한 급진주의자'이자 '불가능한 이념'으로 보기 때문이다. 그런데 아나키즘을 완결된 이론이 아니라 대중이 벌여온 끊임없는 실천 운동으로 이해할 경우 평가는 달라질 수 있다.

사실 한국 사회는 서양의 이념인 아나키즘을 그대로 받아들이기 어려웠다. 아나키즘은 일제 식민지라는 어두운 시대를 벗어나 새로운 사회를 세울 방안으로 처음 소개됐다. 따라서 한국의 아나키스트들은 '민족해방'이나 '국가 건설'이라는 시대의 과제에서 자유롭지 못했다(물론 프루동, 바쿠닌, 크로폿킨 같은 서구의 대표적인 아나키스트들도 이런 문제를 고민하기는 했지만 절박한 당면 과제는 아니었다).

"내가 조선무정부주의자들과 함께 무정부주의를 주장할 때 조선인민은 일본제국주의자들의 침략으로 인하여 국가도 없었고 정부도 없었으며 전 민족이 일제 식민지의 노예로 되였을 때"였다고 유자명은 말했다(유자명 1999, 417). 유림과 함께 임시정부의 의원으로 활동한 유자명은 "나는 1919년 상해에서 림시의회의 의원으로 되엿슬 때로부터 림시정부의 로혁명 선배들을 자기의 부형과 같이 존경했으며 그들도 나를 자기의 자식과 같이 애호했엇다. 나는 그들과 오래동안 떨어져 있었으나 림시의회의 의원의 책임은 늘 잊어버리지 않고 있었으며 따라서 림시정부를 옹호하고 있섯다"는 소감을 남기기도 했다(유자명 1999, 235~236). 그런 탓일지도 모르지만, 유림이 귀국 회견 때 밝혔듯이 어떤 아나키스트들은 아나키즘을 '무정부'가 아니라 '자율 정부autonomous government'로 해석하기도 했다.

미군정청 여론국이 1946년에 실시한 설문 조사에 따르면 "자본주의 찬성자가 14%, 공산주의 찬성자가 7%인데 비해 사회주의 찬성자는 70%에 이르렀다"(제민일보 4·3 취재반 1994, 182). 여기서 생각해야 할 점은 공산주의 지지자가 매우 적고 사회주의 지지자의 비율이 매우 높다는 사실이다. 그렇다면 공산주의와 사회주의를 구분하는 기준은 무엇일까? 풀뿌리 민중 사이에서 사회주의를 지지하는 비율이 매우 높았다는 점은 분명하지만 그것이 어떤 사회주의인지에 관해서는 다양한 해석이 가능하다.

예를 들어 일제 강점기부터 공산주의에 맞서 대립하던 아나키스트들은 자신을 좌우를 넘어선 정파로 규정했고,[7] 몇몇 아나키스트는 사회주의 운동에 동참하기도 했다. 예를 들어 박열과 김약수는 흑우회 같은 단체를 만들었다 해체하기도 했고, 특정한 사안을 두고 연대하기도 했다. 그리고 또 다른 몇몇 아나키스트들은 임정 옹립을 주장하며 1946년 가을부터 우파 단체로 해석되는 독립촉성국민회에 참여하기도 했다(이문창 2008, 167). 그러나 독립촉성국민회에 참여했다고 해서 이 아나키스트들을 단순히 우익으로 분류할 수 있을까?

그런 점에서 우리가 생각하는 좌익과 우익이라는 기준을 적용하기 어려운 이념 영역을 고민해야 한다. 이 시기 아나키스트들은 사회주의자들과 '따로 또 같이' 활동하는 모습을 보였다. 신탁통치 문제에서는 대립했지만, 친일파 청산, 자주적인 통일 정부 수립, 생산수단의 사회화 같은 쟁점에서는 일치된 견해를 보였다.

그렇지만 사회주의자들과 아나키스트 사이의 차이도 컸다. 가장 큰 차이는 바로 지방자치를 강조했다는 점이다. 중앙으로 집중된 권력을 분산하고 시민들이 스스로 정치의 주체로 성장하는 분권이 가능하려면 지방자치 제도는 반드시 필요했다. 특히 독립노농당을 창당한 아나키스트들은 이런 과정에서 지방자치단체가 지역의 정치뿐 아니라 경제도

---

7 "아나키즘은 그런 잣대로 잴 수 없는, 차원을 달리하는 전방위적 사상이다. 한국 아나키스트들은 독립운동 과정을 통해 좌파 민족주의자들과 오랜 연대의 역사를 가지고 있었다. 해방 공간에서도 그것은 마찬가지였다. …… 아나키스트들(특히 자련-자유사회건설자련맹)은 공산주의까지도 받아들일 수 있다는 입장이었다. 소련을 조국으로 보지 않고 사대적으로 흘러가지 않는다면 제휴할 수 있다고 보았다"(이문창 2008, 269).

관리해야 한다고 주장했다. 강력한 중앙집권형 국가와 통일 국가를 주장한 공산주의자들하고 다르게 아나키스트들은 분권형 지방자치제 국가, 곧 연방 국가를 주장했다.

보수 우익과 공산주의 계열이 대립하는 급박한 정세 속에서 이런 아나키스트들의 주장은 풀뿌리 민중들 속으로 파고들지 못했다. 국가보다 지역사회를 강조하고 조직화된 운동 노선보다 자발적이고 자율적인 참여를 강조한 아나키즘의 원리 자체가 아나키즘 운동의 확산을 어느 정도 가로막았을지도 모른다(정혜경 2006). 그리고 앞서 지적한 대로 대중 속으로 파고들기보다 제도 정치로 접근한 방식이 패착이었을 수도 있다. 그런데도 아나키즘 운동의 맥이 완전히 끊어진 것은 아니다.

현대 한국의 아나키즘을 평가할 때 중요하게 다뤄야 할 인물이 바로 하기락이다. 물론 일제 강점기를 화려하게 장식한 아나키스트들이 많았지만, 해방 뒤 현대사를 관통해 아나키스트의 삶을 산 사람들은 그리 많지 않다. 하기락은 쇠락하는 한국 아나키즘의 맥을 잇고 부활을 준비하기 위해 많은 시간과 노력을 쏟은 점에서 높이 평가받아야 할 인물이다.

하기락은 "서양철학의 전통 속에서 그 일관된 특성을 찾아야 하는 한편 다른 편으로 또 우리 자신 속에 흐르고 있는 철학의 전통을 돌이켜 봐야 할 것"이라고 주장했다(하기락 1979). 하기락은 아나키즘 역시 우리가 서 있는 바로 '거기'에 뿌리를 내려야 한다고 봤고, 한국의 고대 철학으로 그 뿌리를 찾아 거슬러 올라간다. 그래서 하기락의 글에서는 칸트, 하이데거, 하르트만, 니체, 크로폿킨과 서경덕, 정약용, 최제우, 신채호가 만난다(하기락 1993).

하기락의 사상을 가장 분명하게 나타내는 개념은 '자주인自主人'이다. 하기락은 자기 자신의 주인이 되려고 하는 사람을 자주인이라 불렀고, 권위주의자를 혐오하고 배격하며 자주인다운 생활을 관철하려는 태도를 취하는 사람을 아나키스트라 불렀다. 하기락은 이 자주인의 원형을 권력이나 전쟁이 아닌 "정치권력의 압박에 저항한 민중의 투쟁"의 역사에서 찾았고, 계 같은 한국의 전통적인 상호부조 원리와 아나키즘을 접목하려 했다(하기락 1985).

자주인 개념은 개인의 자유로움이나 정치적인 자주만을 뜻하지 않고 경제적인 '자주관리'에도 맞닿아 있으며, 이런 경제적인 자유를 실현하기 위한 도구는 평의회였다(하기락은 1987년 6월 항쟁을 평가하면서도 지역 평의회와 산업의 자주관리를 강조했다). 또한 하기락은 이런 자주적인 사회를 유지하기 위해 군비를 축소하고 전쟁을 반대하는 평화의 사상이 필요하다고 강조했다.

그런데 앞서 지적했듯이 한국의 아나키즘이 민족주의에 관대한 태도를 취하는 것은 올바를까? 하기락을 포함한 여러 학자들은 민족주의와 아나키즘이 서로 내실을 다져주는 보완 관계라고 말하는데, 이런 주장은 과연 타당한가? 이런 물음은 신채호의 사상에 관련해서도 제기된다. 민족주의적 아나키즘을 받아들이는 지식인들은 조선인 또는 한국인이 단일 민족이라는 '신화'를 비판 없이 수용하고 있는 듯하다. 그런데 외국을 상대로 많은 전쟁에 시달렸고 지역적인 특성이 강한 한반도에서 단일 민족의 정체성은 어떻게 규정될 수 있었을까? 일제에 맞서 싸우기 위해 민족 정체성을 주장하는 것이 '전술적으로' 필요했다는 점을 인정한다 해도, 해방 이후까지도 민족주의를 보완적인 관계로 받아들여야 했을까?

포스트식민주의post-colonialism의 지적처럼, 식민지 해방 뒤 새로운 사회를 구성하지 못한 민족주의는 또 다른 형태의 억압 체제로 변한다. 실제로 분단 이후 남한과 북한의 민족주의는 국가주의와 공모하며 배타적 민족주의로 변질돼왔다. 아나키즘을 외치는 학자들도 진보적 민족주의라는 '가상'에 사로잡혀 있다.

이런 지적 흐름과 함께 대중운동으로서 한국의 아나키즘 운동은 어떤 활동을 펼쳐왔는가? 1960년대 이문창을 중심으로 국민문화연구소가 농촌에 자유 공동체를 건설하려는 운동을 벌였다. 그러나 박정희 정권의 개발독재로 이 자유 공동체가 무너진 뒤, 한국 아나키즘 운동은 대중적 실천력을 잃어가고 있다(아나키즘을 이야기하던 지식인들은 대학과 학회로 몸을 움츠렸다). 그 와중에 아나키즘 운동을 활발히 벌인 웹사이트 아나클랜http://dopehead.net/anarclan이 한국의 젊은 아나키스트들의 집결지이자 다른 아나키즘 관련 사이트로 연결되는 통로로 등장했다. 이주 노동자를 지원하는 '투쟁과 밥', 대안 달거리를 통해 대안의 가치를 주장하는 '피자매연대' 등의 단체도 활동하고 있고, 용산 참사 현장이나 제주도 강정마을 해군기지반대 운동에서 아나키즘을 지지하는 활동가들이 등장하기도 했다. 그러나 이런 흐름이 아나키즘을 대중운동으로 전환시켰다고 보기는 어렵다.

늘어나는 비정규직과 실업, 심각한 사회적 양극화에 시달리고 있는 한국 사회는 크로폿킨이 《청년에게 고함》을 쓰던 시절로 회귀하고 있다. 그 글에서 크로폿킨은 변호사, 의사, 학자, 기술자를 꿈꾸는 청년이 진정 그 꿈을 펼치려면 농민과 노동자 속으로, 억압과 착취를 당하는 사람들 속으로 들어가 진리, 정의, 사람들 사이의 평등을 위한 투쟁, 그 가장 아름다운 싸움을 시작해야 한다고 강조했다. 억압이 강해질수록 직접행동으로 맞서고 나만의 자유가 아니라 모든 사람의 자유를 위해 연대해야 한다는 아나키즘의 윤리관은 모순적이지만, 사회의 기반이 무너질수록 그 빛을 발한다.

다만 한국의 아나키즘이 미래의 대안이라고 말하기에는 그 가능성의 실천력이 너무 부족하다. 현실을 바꿀 힘은 소수의 활동가나 집단이 아니라 하루하루를 살아가는 대중 속에서만 나올 수 있다. 그러나 아직까지 아나키즘 이론은 '과거를 복원'하는 수준에 머물러 있고, 아나키즘 운동은 대중의 공감을 얻으며 활성화되고 있지 않다. 한국의 아나키즘은 대중과 어떻게 소통할 것이냐는 과제를 안고 있으며, 그런 점에서 풀뿌리운동은 아나키즘을 구체화하는 데 좋은 토대다. 풀뿌리민주주의와 아나키즘 운동의 만남은 상생相生의 조건이다.

4. 정치혁명과 사회혁명 — 아나키즘의 문제의식

아나키스트들의 지향은 다양했지만, 기본은 '자유로운 코뮌' 또는 '자율적인 코뮌'이라고 할 수 있다. 지역 주민들이 생활에 필요한 물건을 스스로 만들고 구성원의 필요에 따라 소비하는 체계, 생산하고 교환하고 소비하는 체계가 사유화되지 않고 사회화된 체계, 그곳이 바로 코뮌이다. '능력에 따라 일하고 필요에 따라 소비하는' 사회를 위해 아나키스트들은 사회혁명이 필요하다고 봤다. 아나키스트들은 '정치혁명'이 아니라 '사회혁명'을 주장했다.

아나키즘이 무정부주의로 번역되는가 하면 식민지 해방 과정에서 독립운동으로 해석되면서 아나키스트들도 국가나 권력에만 저항 하는 사람들로 인식돼왔지만, 사실 아나키스트들은 생산 과정을 재조직하는 데 많은 관심을 기울였다. 많은 아나키스트들이 자본가에 맞서는 노동자들의 투쟁에 결합했고, 자율적인 노동을 가능하게 할 수 있는 협동조합과 사회 조직을 만들려 노력했다. 이 점은 크로폿킨의 주장에서도 잘 드러난다.

우리가 이해하는 혁명은 광범위하게 확대되는 혁명이고, 그 사이에 대중이 봉기하는 지방의 모든 도시와 모든 농촌에서 민중이 스스로 사회의 재건 사업에 착수하지 않으면 안 된다. 민중 — 즉 농민과 도시의 노동자 — 이 위로부터의 명령이나 지령을 기다리지 않고 다소간에 광범한 코뮨주의적 원칙에 입각하여 스스로 건설적 계몽적 활동을 개시하지 않으면 안 된다. 그들은 무엇보다도 우선, 만인에게 먹을 것과 집을 주도록 주선하고, 다음으로 만인의 식량, 주택, 의복의 공급에 필요한 것을 생산하도록 노력하지 않으면 안 된다.(크로포트킨 1993)

정치 조직이란 경제 조직을 반영한다고 본 프루동은 "일련의 상호제가 없고 경제적 권리가 없다면, 정치 제도는 무력한 그대로 머무르며, 정부는 언제나 불안한 것"이라 주장했고, "모든 정치적 질서의 기초로서 경제적 권리를 선언하는 것"이 필요하다고 봤다(프루동 1989, 256~257). 그런 점에서 프루동은 연방 국가만이 자유로운 코뮨을 가능하게 한다고 주장했다. 그런데 이 사회혁명이 마르크스주의처럼 어떤 특정한 형태의 체제를 지향한 것은 아니다. 오히려 매우 유연하고 잠정적인 체제를 가리킨다. 이런 점을 감안해 애브리치는 사회혁명이란 "리버테리안주의libertarian 노선에 따라 사회를 총체적으로 재구조화는 것"이라 주장했다(Avrich 1988, 66).[8] 이런 살림살이의 전환이 진행되지 않는다면 정치혁명은 어떤 사람이나 집단의 지배에서 다른 사람이나 집단의 지배로 전환되는 것일 뿐이라고 아나키스트들은 봤다.

---

[8] 조세현은 "파리의 아나키스트들은 공화주의 혁명은 정치혁명이고 아나키즘 혁명은 사회혁명이라고 구분해, 전자보다 후자가 더 근본적인 혁명"이라 주장했다고 한다(조세현 2001, 75). 중국의 아나키스트들이 프랑스 아나키스트들의 영향을 받았고, 한국의 아나키스트들이 중국 아나키스트들하고 활발히 교류한 점을 고려하면 이런 생각은 한국의 아나키스트들에게도 영향을 미쳤을 것이다.

이렇게 해석하면 상식에 반하는 아나키즘의 재구성이 가능하다. 예를 들어 이호룡은 "한국인 아나키스트들은 민중들이 정치에 직접 참여하는 것을 배제하는 대의정치는 물론이고 무산정치까지 포함한 모든 정치는 죄의 근원이며, 추악함 그 자체인 것으로 파악하였다. …… 한국인 아나키스트들은 정치와 정치운동을 부정하는 것에서 나아가 정치운동가들을 적으로 규정하였다"고 주장한다(이호룡 2001, 261~263). 그러나 정치를 부정하는 것이 정치 활동을 부정하는 것을 의미하지는 않는다. 노동조합의 파업이 정치적 의미도 지니듯이 경제를 바꾸기 위한 활동도 정치적 의미를 가질 수 있다. 아나키스트들이 관심을 쏟은 영역은 우리의 상식하고 다르게 국가가 아니라 자본주의였다. 그런 맥락에서 사회혁명의 기본이 '경제혁명'이라 주장하는 다마가와 노부아키玉川信明는 경제혁명의 결과 "현실적으로 생산수단의 기본적 소유형태는 맑스주의처럼 '국가'에 있는 것이 아니라 주로 노동하는 연합집단의 '사회'로 옮"겨지고 "이처럼 경제가 사회화됨으로써 국유화로 인한 일체의 비자주성을 피할 수 있게 된다"고 주장한다玉川信明 1991, 31). 물론 이런 주장이 정치혁명의 필요성을 부정하는 것은 아니다. 아나키스트들은 사회혁명을 주장함으로써 혁명을 사회의 전면적 재조직이라는 근본 단계까지 진행시키려 했다.

현실 사회주의가 붕괴한 뒤 모든 대안을 가로막는 자본주의와 국가, 민족주의의 삼각동맹 체제에 맞서 가라타니 고진柄谷行人은 아나키즘과 마르크스주의의 대립을 해소하고 양자의 접점을 찾으려 한다. 예를 들어 마르크스와 슈티르너, 마르크스와 프루동을 대립시키지만 말고 각각의 접점을 보자고 얘기한다. 마르크스가 《독일 이데올로기》와 《철학의 빈곤》에서 슈티르너와 프루동을 비판한 것은 분명하지만 그런 비판은 상황과 시점의 문제라는 말이다. 프루동은 "노동자가 권력을 잡는 정치혁명을 부정하고, 자유로운 연합에 의한 '교환 조직' — 비자본제적 생산협동조합, 이자가 없는 교환은행 — 을 서서히 확대함으로써 자본제 경제와 사유재산을 사멸시킨다는 생각"을 가지고 있었고, 마르크스는 "계급과 계급의 대립이 존재하는 한, '정치를 경제로 해소한다'는 것은 불가능하고, 노동자 계급의 해방은 '정치 혁명'에 의해서만 가능하다"고 생각했다. 이런 생각은 서로 대립되지만, 1848년 프랑스 혁명에서 프루동이 정치혁명에 참여하고 마르크스가 그 사건을 보며 노동운동의 정치화보다 비자본주의적 생산협동조합에서 가능성을 찾았듯이 "이 둘을 정치혁명과 사회혁명으로서가 아니라 자본제 경제 내부에서의 투쟁과 자본제 경제 외부로 나가려는 투쟁(초출적 투쟁)으로 구별해야" 하며, 이 둘은 "모두 자본제 경제의 지양에서 꼭 필요한 것"이라는 것이다 (가라타니 고진 2005, 292~293).

이렇게 재구성된 아나키즘의 문제의식은 풀뿌리민주주의에 몇 가지 시사점을 준다. 앞서 살펴본 대로 아나키즘은 여러 의미를 지닌 풀뿌리민주주의가 마주한 한계를 넘어설 수 있는 지점을 드러낸다. 일단 풀뿌리민주주의가 민주주의의 주체를 성장시킨다는 점은 분명하지만 전체적으로 어떤 사회를 지향하는지는 분명하지 않다. 아나키즘은 자유롭고 자율적인 코뮌이라는 사회 체계를 통해 자신이 지향할 바를 정의하고 있다. 자유롭고 자율적인 코뮌은 고립된 공동체가 아니다. 서로 다른 공동체들이 연합해 필요를 충족시키기도 하고, 모든 사회의 자유를 위해 활동하기도 한다. 놀랍게도 아나키즘에서 연방주의의 목적은 '통치'가 아니라 '자유'다. 모든 이가 자유를 누릴 수 있게 전세계를 연방화하는 게 연방주의의 목적이었다. 이런 구상은 풀뿌리민주주의가 단지 작은 규모의 공동체를 바꾸는 시도에 불과하다는 비판을 넘어설 수 있고, 공동체가 폐쇄적으로 변하는 것도 방지하며, 전체적인 사회변혁의 전망을 제시하기도 한다.

아나키즘이 제기하는 사회혁명의 문제의식 역시 풀뿌리민주주의에
화두를 던진다. 보통 풀뿌리민주주의는 생활의 영역, 곧 노동을 제외한
지역사회의 영역을 운동의 대상으로 삼아왔다. 그러나 이런 방식은 노
동을 배제한 민주주의라는 한국 사회의 구조적인 문제점을 극복하지
못하고, 생활 영역의 변화가 작은 변화로 제한되는 상황을 벗어나지 못
했다. 삶터와 일터의 분리라는 근대 사회의 근본적인 문제점을 풀뿌리
민주주의가 해결하지 못한 것이다.

그런데 사회혁명의 문제의식은 바로 이 근본적인 문제를 건드린다.
생산하고 소비하는 일상을 근본적으로 재구성할 때에만 혁명이 가능할
수 있다는 것이다. 그런데 한국 사회 풀뿌리민주주의의 현실은 그동안
생활 영역의 변화에 제한됐다. 모범 사례로 얘기되는 지역들은 대부분
생활 영역의 변화에 집중돼 있다. 아나키즘은 이 틀을 넘어서는 일을 돕
는다. 아나키즘의 관점에서 보면, 사회운동의 범주에 포함되지 않던 협
동조합이나 신용조합, 공제회, 우애조합 등도 주요한 사회운동이 된다.
예를 들어 18세기부터 공제조합은 질병과 사망에 대비해 상호보험을 제
공하는 구실을 맡아왔다. 시간이 흐르면서 공제의 범위도 조금씩 넓어
졌다. 예를 들어 자기 노동력을 활용해 비용을 줄이고 공동주택을 건설
하려고 공동으로 자금을 모으는 사람들이 꾸린 주택금융공제조합은
추첨을 통해 누가 어느 집에 살지를 결정하고, 모든 이의 집이 완성되면
해산했다고 한다. 영국 버밍햄에서는 이런 조직이 연동집합주택의 약 30
퍼센트 정도를 건축했다고 한다(버챌 2003, 50). 이런 식의 활동은 우리의 일
상을 재구성하고 접촉면을 넓히는 공유지를 만든다.

그리고 고르스키Martin Gorsky에 따르면 영국 사회에서 우애조합의 성장
은 많은 임금을 받는 노동자보다 이주 노동자의 사회적 필요와 보험의

필요성에 의존했다. 농촌을 떠나 도시로 온 젊은 성인 남성 노동자에게 우애조합은 '가공의 친척' 구실을 했고, 사회적 네트워크와 공생 공락 conviviality, 위기 때의 개인적이고 재정적인 지원을 제공했다. 따라서 공업 부문과 광업 부문에서 우애조합이 많이 생긴 것은 사실이며, 저임금을 받는 젊은 성인 노동자들이 주로 우애조합에 참여했다(Gorsky 1998). 우애조합의 조직력이 당시의 정치적인 영향력에 무관할 수 없다는 것은 당연하다.

사회혁명의 이런 문제의식은 매우 시사적이다. 이렇게 시야를 넓힐 때 아나키즘의 국가주의 비판은 단지 국가권력을 부정하는 것이 아니라 새로운 정치 질서와 경제 질서를 어떻게 구성하느냐는 능동적이고 구성적인 문제로 전환될 수 있다.

3부

분　　권　　과
연 방 주 의 ，
고　　유　　한
민　주　주　의

그동안 분권과 연방주의가 주로 제도적 측면에서 논의돼왔다면, 아나키즘은 분권과 연방주의의 필요성을 인간의 자유와 자기결정성에서 찾는다. 이런 논의는 자유주의의 '보충성 원칙'에 따른 논의하고 다르지는 않지만 지방자치 제도하고는 근본적으로 다르다. 이기우는 지방분권을 "중앙정부와 한 계층 이상의 지방정부를 전제로 하고 중앙정부와 지방정부 상호간의 기능과 권한의 배분"으로 정의한다. 그러면서 입법권과 행정권, 사법권의 분권을 언급한다(이기우 2009, 312~315). 반면에 "연방제도는 분권화된 구성단위에게 국가성을 인정하여 국가 속의 국가를 인정하는 제도인데 반하여, 지방자치제도는 국가의 한 구성부분으로써 국가가 아닌 분권화된 구성단위를 인정하는 제도"이다(이기우 2009, 317).

비슷하게 아나키즘은 국가 속의 국가를 인정하고 개인과 사회의 자율성을 실현하는 연방주의를 좋은 정치 체제로 여겼다. 연방주의 국가는 반反국가나 반#국가가 아니라 비非국가의 원리에 기초한 국가다. 연방주의는 연방에 속한 정치 단위들이 새로운 정치 연합을 구성할 권리를 부정하지 않는다. 그런 점에서 연방은 제도로 완성될 수 없고 지속적인 노력을 통해서만 가능하다. 연방주의는 연방을 실현하려는 힘과 전략이 있을 때에만 제구실을 할 수 있고, 연방주의는 결코 완성될 수 없는 이념이다. 이런 연방주의 구상은 풀뿌리민주주의에도 시사하는 바가 크다.

1장. 권력 쟁취/집권 신화 비판

1. 아나키즘의 권력관

근대의 정치권력은 실체와 관계 두 가지 면을 가지고 있다. 근대 국가는 한편으로 공권력을 통해 시민들을 물리적으로 억압하고 다른 한편으로는 학교나 언론을 통해 이데올로기를 조작한다. 아나키즘은 이런 권력 구조를 무너뜨리는 것을 목표로 삼고, 직접행동을 통해 권력에 맞서는 정치혁명만이 아니라 일상적인 삶을 바꾸는 사회혁명을 지향한다. 그리고 그런 혁명은 '일상의 파시즘'이 주장하듯 적에 맞서 싸우다 적을 닮아 가는 비극을 피해야 한다.

아나키즘은 먼저 거대화된 권력을 잘게 나눠야 한다고 주장한다. 권력은 크게 뭉칠수록 통제에서 벗어나고 그 영향을 받는 개인을 소외시키기 때문이다. 그런데 현대 사회에서 자기 결정권의 범위를 정하는 것은 쉽지 않은 문제다. 이 문제는 아나키스트들도 잘 인식하고 있다. 작은 공동체 속에서도 억압이 발생할 수 있고, 공동체 간에도 힘의 격차가 생길 수 있다. 모든 것을 자율적인 결정에 맡기자고 할 때, 이미 누적된 현실의 불평등이 정당화될 수도 있다. 예를 들어 부자 동네와 가난한 동네의 구조적인 불평등이 자치라는 이름으로 은폐될 수 있다. 이런 문제에 관해 쉬한(Sean M. Sheehan)은 이렇게 말한다.

아나키즘은 스스로 없애려고 하는 권위주의의 씨앗을 내포한 관료제를 낳지 않으면서 자율적으로 조정되는 의사결정 구조를 개발하는 데 따르는 어려움을 분명히 인식하고 있다. 흔히 반세계화 운동으로 불리는 흐름이 지닌 긍정적인 측면인 친지역화pro-localization는 탈중앙화한 공동체들을 창조하는 것을 의미한다. 이런 공동체들은 엘리트나 관료 집단의 손에 권력이 집중되는 것을 허용하지 않는다.(쉬한 2003, 30~31)

탈중앙화와 분권이 기본적인 원리이지만 현실의 불평등을 해결하려면 다른 원리도 필요하다. 그런 점에서 국가와 자본이 개인의 정보를 마음대로 관리하고 이용하지 못하도록 맞서는 것뿐 아니라 그 권력을 작고 자율적인 공동체 단위로 분할하고 각자의 자유를 위해 지원하며 필요한 사안에 따라 연대하는 연방주의federalism가 아나키즘의 대안이다. 이렇게 작게 나뉜 자율적인 권력은 때로는 대중의 삶을 자극하고 참여를 독려하는 요소가 될 수도 있다. 따라서 모든 권력을 악으로 볼 수는 없으며, 권력에 관한 아나키스트들의 견해도 대부분 달랐다. 아나키스트들마다 견해가 다르기는 하지만 공통적으로 권위와 권력을 구별하며 사회적인 권위를 인정했다. 가장 과격한 아나키스트라 불리는 미하일 바쿠닌도 권위를 완전히 부정하지는 않았다.

내가 모든 권위를 부정한다고? 그건 나를 모르고 하는 소리다. 장화에 관한 한 나는 장화 만드는 사람의 의견을 구한다. 집, 운하, 철도에 대해선 건축가나 엔지니어와 협의한다. …… 그러나 장화 만드는 사람이든 건축가든 내게 자신의 권위를 강요하는 것을 나는 허용하지 않는다. 나는 자유롭게, 그리고 온당한 존경심을 갖고 그들의 말을 듣는다. …… 그러나 나는 어떤 사람도 절대적으로 믿지 않는다. 그런 믿음은 나의 이성, 나의 자유, 그리고 내 과업의 성공에 치명적일 것이다. 그런 믿음은 나를 즉각 어리석은 노예, 다시 말해 다른 사람의 의지와 이익을 위한 도구로 전락시킬 것이다.(쉬한 2003, 56~57)

아나키즘을 권력을 거부하고 부정하지만 자율적으로 구성된 권위는 인정한다. 다만 중요한 전제가 있다. 아나키즘의 지도자는 모든 것을 마음대로 결정하는 사람이 아니다. 크로폿킨은 지도자를 발기인이라 불렀다.[1] 지도자는 자신이 속한 공동체를 대변할 수 있지만 자기 의사를 전체의 의사로 강요할 수 없다. 지도자는 지위를 위임받은 사람이지 그 사람 자체가 사회적인 지위를 전담하는 존재는 아니기 때문이다. 아나키즘에서 굳이 권력에 관한 이론을 도출하려는 이유는 아나키즘의 인간관때문이다. 홀로 산다면 권력이 필요하지 않을 수 있다. 그러나 아나키즘의 뿌리는 사회 속의 개인, 개인으로 존재할 수 있는 사회다. 그래서 다른 사람하고 관계가 끊어진 개인, 타자와 나의 공존을 전제하지 않은자치나 자립은 불가능하다. 타자와 나의 공존을 전제해야만 상호부조나 협동, 연대성이 가능하기 때문에 공동체를 배제하는 아나키즘을 이야기하기 어렵다. 그런 점에서 아나키즘은 나름의 권력관을 가져야 하며, 말라테스타는 사람들이 개인주의와 연방주의라는 두 가지 개념을모순적인 것으로 파악하는 태도를 말장난이라 봤다(프레포지에 2003, 315).

아나키즘의 권력관이 다른 정치 이론하고 다른 점은 이론적인 구상보다 실천지實踐知에 가깝다는 데 있다. 홉스가 자연 상태라는 가상의 전제를 통해 리바이어던을 정당화했다면, 크로폿킨의 국가주의 비판은 관념적인 것이 아니라 자기 자신이 정부 관료로 일하며 체험을 통해 깨달은 산물이었다. 그 경험 때문에 크로폿킨은 국가가 보장하는 귀족 작위를 버리고 국가에 맞서는 혁명가의 길을 택했다. 이 선택은 이론적인 학습이나 관념적인 동경이 아니라 자신의 경험을 통해 결행됐다. 크로폿

---

1 "쥐라연합 안에 지도자와 대중 간의 괴리가 없었던 것도 서로 의견을 존중하려고 노력했기 때문이다. 이곳에서 노동자는 소수의 지도자에게 지도받거나 정치적인 목적에 이용되는 존재가 아니었다. 지도자는 다만 다른 사람들보다 활동적인 사람일 뿐이었다. 아니 지도자보다는 발기인이라고 해야 옳았다"(크로포트킨 2003, 365).

킨은 시베리아에서 관료로 일할 때 "행정 기구는 절대로 민중을 위해 유용하게 사용될 수 없다는 깨달음"을 얻었고, 국가에 관한 환상에서 벗어나 "인간과 인간성뿐 아니라 인간 사회의 내적인 원천"을, "문서에는 좀처럼 등장하지 않는 이름 없는 민중의 건설적인 노동이 사회의 발전에 얼마나 중요한 역할을 하는지"를 깨닫게 됐다(크로포트킨 2003, 289). 이런 깨달음은 권력에 관한 판단으로 이어졌다.

그 뒤 스위스 쥐라 산맥에 자리 잡은 쥐라 공동체를 방문하면서 크로포트킨은 국가를 통하지 않고서도 얼마든지 이상적인 공동체가 만들어질 수 있다고 확신하게 됐다. 또한 이때 새로운 사실을 깨닫는다. 쥐라 공동체에서 제1인터내셔널에서 벌어지고 있던 바쿠닌과 마르크스의 논쟁을 접한 크로포트킨은 그 논쟁을 개인적인 다툼이 아니라 "연합주의와 중앙집권주의, 자유로운 공동체와 국가의 가부장적 지배, 민중의 자유로운 운동과 입법을 통한 자본주의 개선, 남부의 정신과 독일 정신의 충돌"로 파악했다(크로포트킨 2003, 473~474). 이런 과정을 거치면서 국가를 향한 크로포트킨의 비판은 점점 더 구체성을 띠게 됐고, 국가가 아닌 대안적인 코뮌을 구상하기 시작했다.

이렇게 크로포트킨은 국가주의를 거부하는 노선을 이론적 논리뿐 아니라 체험을 바탕으로 구성했고, 이것은 죽는 날까지 국가를 상대로 타협을 거부할 수 있는 힘이 됐다. 크로포트킨은 러시아 혁명 이후 게렌스키 정부의 입각 제의를 거부했고, 10월 혁명 이후에도 볼셰비키 정부와 긴장 관계를 유지하면서 비국가주의 노선을 철저히 지켰다. 아나키스트와 국가주의자가 필연적으로 대립할 수밖에 없다고 본 크로포트킨은 국가주의적인 철학이 고대의 플라톤에서 근대의 마르크스와 엥겔스를 신봉하는 국가주의적 중앙집권적 공산주의로 이어지고 있다고 비판했다.

이런 관점은 크로포트킨의 철학이 아니라 인류가 공유해온 관습이라고 볼 수 있다. 크로폿킨은 특정 시기의 사회 체제와 도덕이 밀접히 연관돼 있다고 본다. 크로폿킨은 자신의 이론을 증명하려고 다양한 사례를 드는데, 남아프리카의 호텐토트족은 숲에서 음식을 먹을 때 "나랑 함께 밥 먹을 사람 없습니까?"라고 세 번 크게 외치지 않으면 범죄를 저지른 것으로 여겨졌다고 한다. 북아시아와 중앙아시아의 유목민들의 경우에는 나그네에게 잠자리를 제공하지 않아서 배고픔과 추위로 죽게 할 경우 사망한 사람의 가족들이 그 사람을 찾아 살인에 해당하는 벌금을 요구할 권리가 있었다고 한다. 이런 사례를 설명하면서 크로폿킨은 이런 소중한 관습들이 근대 국가가 만들어지면서 사라졌다고 한탄한다.

우리의 도시나 마을에서는 순경이나 경찰이 집 없는 유랑객을 보살피고, 길거리에서 얼어 죽을 수 있는 경우에는 그를 관할시설로, 수용소 혹은 노동자 숙소로 데려갈 의무를 갖습니다. 물론 우리들 중 어느 누구도 지나는 사람에게 잠자리를 제공할 수 있습니다. 즉 이것은 금지되어 있지 않습니다. 그러나 누구도 이렇게 하는 것을 의무로 여기지 않습니다. 깊은 겨울 밤 집 없는 행려자가 배고픔과 추위로 안코츠 거리 중 한곳에서 사망하는 경우에는 그의 가족들 중 누구도 여러분들을 살인자로 추적하겠다는 생각을 하지 않을 것입니다. 뿐만 아니라, 행려자에게는 가족이 없을 수도 있습니다. 씨족사회에서는 있을 수 없는 일입니다. 왜냐하면 모든 씨족은 가족들로 구성되기 때문입니다. 여기에서 나는 씨족제도와 국가의 장점들을 비교하려는 것이 아닙니다. 단지 나는 인간의 도덕개념들이 살고 있는 사회체제에 따라 변한다는 것을 보여주기 원합니다. 특정 시기 특정 민족의 사회체제와 도덕은 서로 밀접하게 연결되어 있습니다.(크로포트킨 2009, 149~150)

사실 자본주의가 전세계적 자본주의로 시작한 적은 없다. 그리고 아직도 자본주의의 영향력이 미치지 않는 지역이 존재한다. 미즈M. Mies와 벤홀트-톰젠V. Bennholdt-Thomsen은 자급의 관점이 저절로 사라진 게 아니라 의도적인 정책들을 통해 파괴됐다고 주장한다. 2차 대전 전까지는 전세계 곳곳에 동네 단위로 자급 활동이 활발히 이어졌고 상호부조와 호혜의 원리가 작동했다. 작은 텃밭에서 채소나 과일을 기르고, 이웃끼리 서로 돕고 음식을 나눠 먹었으며, 옷도 고쳐서 입었다. 사람들은 상호부조하고 공생 공락하면서 자신의 삶을 유지했다. 혼자서 할 수 없는 일이라면 공동체의 힘으로 문제를 해결했다. 그러나 자본주의는 자신의 성장과 확장을 위해 그런 삶의 기반을 파괴했다(미즈·벤홀트-톰젠 2013).

국가주의 반대를 모든 형태의 국가를 향한 거부가 아니라 코뮌에 기초한 연방 국가를 지지하는 것으로 해석할 경우, 아나키즘은 또 다르게 해석될 수 있다. 크로폿킨의 아나코-코뮌주의는 그런 해석의 가능성을 열어준다. 크로폿킨은 1897년과 1901년 북아메리카를 방문할 때도 캐나다와 미국의 연방주의를 지지했다(애브리치 2003, 137~185). 이런 점은 크로폿킨이 다른 아나키스트들하고 다르게 소비에트 연방 구성을 지지한 사실에서도 드러난다. 국가를 부정한 크로폿킨은 권력이 분산된 연방 공화국을 지지하고 지방자치가 실시되는 '비국가 연방'을 구상했다(오두영 2003, 152~156). 그러니 크로폿킨의 반국가주의가 국가나 권력 자체를 전면 거부하는 것을 뜻하는 대신 하향식으로 부과된 국가, 아래에서 위로 올라오는 민중의 의지를 거부하는 국가를 반대하는 것으로 해석될 수도 있다는 말이다.

이제 아나키즘에서 중요한 질문은 단순히 국가권력을 거부하느냐 거부하지 않느냐 하는 문제를 넘어, 억압적이지 않은 질서를 어떻게 생성할 것인가, 고정되고 확정된 질서가 아니라 아래에서 시작하는 변화가 지속적으로 가능한 질서를 어떻게 세울 것인가, 민중의 관습과 문화에 적합한 정치 질서를 어떻게 수립할 것인가로 바뀌어야 한다.

더구나 이런 자치 질서는 정치 영역뿐 아니라 경제 영역에서도 구현돼야 했다. 예를 들어 애브리치는 크로폿킨이 중세 사회(대표적으로 길드)를 지나치게 이상화하고 내부의 억압적 질서를 간과했다고 비판하지만(애브리치 2003, 134~135), 크로폿킨이 길드와 촌락 공동체를 강조한 이유는 소규모 권력 질서 때문이 아니라 그 속에서 유지되던 상호부조의 습속과 관습, 공동 경작, 협동조합, 공제조합이 정치 질서를 뒷받침하는 생활 세계 때문이었다.[2]

아나키즘의 국가주의 비판은 단순히 국가권력을 향한 비판뿐 아니라 자본주의를 향한 비판이기 때문에 아나키즘의 대안적인 경제 질서에도 주목해야 한다. 아나키즘은 국가권력뿐 아니라 산업의 분권 decentralisation을 강조했고, 산업화 자체를 거부하지는 않았지만 농업의 중요성을 강조했다. 특히 크로폿킨에게 진보란 각 지역이 재화의 생산자이자 소비자가 되는 것, 곧 "지역 내 이용을 위한 생산"(Kropotkin 1974, 39)을 뜻했고, 그런 점에서 크로폿킨은 농업의 중요성을, 특히 협동노동의 가능성을 강조했다(Kropotkin 1974, 105). 그리고 농업 기술의 발전에 주목하면서 "농업과 공업의 결합, 한 개인이 농부이자 기계공이 되는" 길을 열어야 한다고 강조했다(Kropotkin 1990, 94).

국가주의는 단순히 중앙집권화된 국가의 성장이나 그런 국가를 향한 국민적 찬양과 열광만을 뜻하지 않으며, 거대화되고 산업화된 자본주의의 발전에 그 궤를 같이했다. 자유 시장이란 애초에 존재하지 않았

---

2 "중세 도시를 더욱 깊이 이해할수록 중세 도시가 정치적인 자유를 보호하기 위한 단순한 정치 조직만은 아니었음을 더 잘 알게 된다. 중세 도시란 촌락 공동체보다 훨씬 커다란 규모로 상호 원조와 지원, 소비와 생산을 위한 연합이었다. 그리고 사람들에게 국가라는 속박을 부과하지 않으면서도 예술, 공예, 과학, 상업 그리고 정치 조직에서 각기 독립된 집단의 창조적이고 천재적인 개인들이 완전한 자유를 표출하면서 함께 사회생활을 하기 위한 밀접한 연합을 조직하려는 시도였다"(크로포트킨 2005, 226).

고 근대 국가와 자본주의는 동반자로 성장했기 때문이다. "국가권력의 보전과 확대는 자유시장이 기능하는 데 결정적"이라고 본 데이비드 하비는 "실제 발전은 국가 보조와 독점에 의존함에도 불구하고, 발전 유형의 대부분이 어떻게 자유시장 경쟁의 수사에 호소함으로써 정당화"됐다고 비판한다(하비 2001, 247). 아나키즘의 국가 비판은 이런 문제점을 드러내는 것이기도 하다. 다만 자급과 자주관리의 중요성은 권력의 형태를 국가에만 귀속시키지 않았다. 나중에 다시 살펴보겠지만 임금 제도에 관한 크로폿킨의 비판은 노동의 성격을 근본적으로 바꾸는 것을 목적으로 삼았다.

국가의 폐지라는 궁극적인 지향에서 아나키즘과 사회주의는 다르지 않았다.[3] 그러나 폐지에 이르는 길은 분명히 달랐고, 그 길을 닦는 정치에 관한 관점도 차이가 있었다. 사실 정치적인 관점보다 더 큰 차이를 보인 요소는 아나키스트들이 비판한 권력의 독점보다 해방 뒤에 세워질 새로운 경제 질서였다(크로폿킨의 아나코-코뮌주의가 가장 돋보이는 부분도 바로 이 경제 질서다). 크로폿킨이 임금 제도의 폐지를 통해 노동 소외를 극복하고 산업의 분산을 추구하며 농업에 기반을 둔 사회를 구상했다면, 사회주의자들은 산업의 집중화와 계획경제, 공업에 기반을 둔 사회를 구상했다. 근본적인 경제 원리에서도 크로폿킨이 '능력에 따

---

3 최근 가라타니 고진은 어소시에이션(association)이라는 개념을 중심으로 마르크스와 프루동의 결합, 마르크스주의와 아나키즘의 결합을 추구하면서 "프루동은 경제적 계급대립을 해소하면, 그리고 진정으로 민주주의를 실현하면 국가는 소멸된다고 생각했습니다. 국가 그 자체가 자립성을 가지고 존재한다는 것을 그는 고려하지 않았습니다. 사실 마르크스는 이와 같은 사고도 계승했습니다. 그가 일시적으로 국가권력을 잡아 '프롤레타리아 독재'를 통해 자본제경제와 계급사회를 지양한다는 블랑키의 전략을 승인했던 것은 그 때문입니다. 즉 그가 국가권력 탈취를 지향했던 것은 국가주의적이기 때문이 아닙니다. 현실적으로 자본주의경제를 바꾸려고 한다면 국가의 힘이 필요하다. 그리고 국가에 의해 자본주의 경제와 계급사회를 지양하면 국가는 자연스레 사라질 것이라고 생각했기 때문입니다"고 말했다(가라타니 고진 2007, 25). 그러나 고진이 한 언급하고 다르게 마르크스의 구상이 국가를 단지 방편으로 여겼는지는 의문이다.

라 일하고 필요에 따라 취한다各盡所能 各取所需'를 주장했다면, 사회주의자들은 '능력에 따라 일하고, 필요에 따라 분배한다各盡所能, 按需分配'를 주장했다.

아나키즘은 만물에 관한 권리가 누구에게나 있다고 인정하고 만물을 취할 권리를 인정했다. 반면 사회주의는 그런 권리를 인정하지 않고 분배의 문제로 봤다. 취할 권리는 자율적인 반면 분배는 그 과정을 관장할 기구가 필요하다는 점에서, 이 둘은 다르다. 물론 취할 권리도 그 권리를 논의할 기구가 필요할 수 있지만 그 상황에서도 기구 자체의 논리보다는 참여자들의 권리가 앞선다. 그런 점에서 아나키즘과 사회주의는 세계를 바라보고 이해하는 관점이 근본적으로 달랐으며, 이런 차이는 권력관에도 반영된다. 아나키즘은 권력의 원천이 모든 사람에게 있고 모든 사람이 함께 공동체를 꾸려가야 한다고 믿었고, 사회주의는 탁월한 자들이 권력을 잡아 세상을 바꾸기를 바랐다. 아나키즘의 권력관이 관계적이라면, 사회주의의 권력관은 실체적이다. 아나키즘에서 권력은 소유가 아니라 점유와 교체와 순환의 대상이다. 권력을 자기 소유로 가질 수 없고 지위만 취할 수 있을 뿐이며, 그렇기 때문에 언제든 교체될 수 있어야 하고 다양한 시민들이 그 지위를 맡아 경험을 쌓을 수 있어야 한다.

2. 정부와 국가의 구분 — 무정부주의인가 반강권주의인가

이런 의미에서 아나키즘은 '무정부주의'가 아니다. "아나키즘의 어원은 그리스어의 'anarchos'인데 이것은 '지배자가 없다'는 것을 의미하며, 원래 '무강권주의'로 번역될 수 있으며 '무정부주의'로 번역하는 것이 반드시 옳은 번역은 아니다"(玉川信明 1991, 15). 일본에서 건너온 무정부주의라는 번역어는 아나키즘에 관한 오해를 불러일으킨다. 사실 아나키즘의 주장은 '무질서'나 '무정부'로 끝나지 않는다. 그 이면에는 빼앗긴 자기 결정권을 되찾으려는 욕구, 자율적 질서를 향한 욕구가 도사리고 있다. 아나키즘은 모든 권력에 맞선 반대, 모든 조직에 맞선 반대, 모든 질서에 맞선 반대가 아니라, 제어할 수 없고 집중화된 권력을 향한 비판이다. 따라서 '반강권주의反强權主義'가 적절한 번역이다.

반강권주의는 국가뿐 아니라 시장의 폭력에도 맞서고, 여성을 억압하는 가부장제나 생태계를 파괴하는 개발주의에도 반대한다. 완전한 무질서가 아니라 내가 합의한 질서를 뜻한다. 내가 스스로 복종하리라 마음을 먹었다면 그 질서는 나를 억압하는 게 아니라 내 뜻을 완성하는 것이고, 우리의 자유를 뒷받침하는 것이다. 그런 점에서 아나키스트는 모든 권위를 반대하지 않고 강압적이고 억압적인 권력을 거부한다. 아나키스트는 스스로 동의한 권위라면 전체의 결정이라도 마치 자신이 결정한 것처럼 따르려 한다. 따라서 아나키즘을 무정부주의로 받아들이게 되면 아나키즘을 오해하는 셈이 되고, 그런 틀로 해석할 때 아나키즘의 다채로운 면들을 깨닫지 못한다.

동북아시아에서 무정부주의라는 번역어는 나라마다 다른 대우를 받았다. 일본에서는 아나키즘이 군국주의를 표방한 정부와 천황제, 산업자본에 맞서 그 구조를 해체하고 동아시아 연대를 실현하려 했기 때문에 무정부주의라는 번역어가 심한 거부감을 유발하지 않았다. 그러나 중국과 한국에서는 무정부주의라는 말이 식민지 해방 운동의 목표에 대립하고 사회혁명이라는 원칙을 부각시키지 못한 탓에 거부감을 불러일으켰다.

그런데 크로폿킨은 국가와 사회, 그리고 국가와 정부가 완전히 다른 개념이기 때문에 이 둘을 반드시 구분해야 한다고 주장한다. 먼저 국가가 등장하기 훨씬 전부터 인간이 사회를 형성하고 살아왔기 때문에 국가와 사회는 다르다. 크로폿킨은 "현대 유럽 민족들 사이에 국가는 가장 최근에 생긴 16세기 이후에 발전된 현상이라는 것을 잊"어서는 안 된다고 말한다(크로포트킨 2009, 74). 또한 "더구나 인류의 삶에서 가장 빛나는 시대는 지방적 자유와 삶이 아직 국가에 의해 억압당하지 않았던, 다수의 사람들이 공동체와 자유도시에 살았던 때"이기 때문에 이 사실을 잊지 않는 것이 매우 중요하며, "국가는 사회가 역사의 흐름 속에서 채택한 여러 형식들 중 하나일 뿐"이라고 주장한다(크로포트킨 2009, 74~75). 따라서 강권을 행사하는 국가의 등장이 근대적인 현상인 만큼 국가가 없어진다고 무질서가 나타나지는 않는다. 국가의 폐지는 자연 상태에서 시민사회로 나아가는 전환을 당연시하는 대의민주주의의 전제를 부정하고 정치 세계를 지역성을 반영하는 다원성의 기반 위에 세우는 과정이기도 하다.

크로폿킨은 국가와 정부도 구분한다. 보통 사람들은 국가와 정부를 구분하지 않고 사용하지만, 크로폿킨에게 국가는 "사회를 지배하는 권력의 존재"를 뜻할 뿐 아니라 "지방에 대한 지배를 중앙에 종속시키는 것, 즉 통치 지역의 집중화, 사회적 삶의 많은 기능들을 몇몇 혹은 전체의 손에 집중시키는 것"을 의미한다. "국가는 사회의 다양한 구성원들 사이에 완전히 새로운 관계가 발생하는 것을 전제"한다는 것이다(크로포트킨 2009, 75). 정부가 권력을 구성하고 작동시키는 체계라면, 국가는 중앙집권화되고 강압적인 권력을 작동시켜서 사회의 관습과 윤리를 붕괴시키는 체제다.

제임스 스콧J. Scott은 이 과정을 자세하게 증명한다. 스콧은 《국가처럼 보기》에서 국가를 인식하는 우리의 사고방식에 문제를 제기한다. 모든 사람들이 평등하게 잘 살 수 있게 해주겠다며 등장한 근대 국가는 사회 전체를 수중에 놓고 통제하기 시작했다. 구석구석 세밀하게 통제하기 위해 국가는 지도를 제작하고, 언어와 도량형을 통일하며, 소유권을 확립하고, 공간을 집중시키고, 다양한 세계를 표준화한다.

그런 과정에서 국가처럼 보는 사람들의 눈에 "가치 있는 식물은 '농작물'이 되고, 그 농작물과 경쟁하는 종은 '잡초'로 낙인찍힌다. 그리고 농작물에 기생하는 벌레는 '해충'으로 낙인찍힌다. 또 가치 있는 나무는 '목재'가 되는 반면, 이와 경쟁하는 종은 '잡목'이 되거나 '덤불' 쯤으로 여겨진다. 이와 동일한 논리는 동물의 경우에도 적용된다. 높은 가격이 매겨진 동물은 '사냥감'이나 '가축'이 되지만 그것과 경쟁하는, 혹은 그것들을 먹이로 삼는 동물은 '약탈자'나 '야생동물' 쯤으로 간주된다"(스콧 2010, 37). 인간 사회도 똑같이 나뉜다. 가치 있는 인재와 쓸모없는 잉여 인간으로, 때로는 사회를 좀먹는 암적인 존재로. 주권자와 시민이 될 수 있는 자와 그런 권리를 누릴 수 없는 사람을 구분하는 잣대도 국가의 손으로 넘어갔다. 왜 그렇게 나뉘어야 하는지, 그렇게 나누는 기준이 무엇인지 알지도 못한 채 민중은 끊임없이 나뉘고 살아남기 위해 무한 경쟁해야 한다. 이런 구분을 강요하는 것은 정부가 아니라 국가다.

스콧은 안타깝지만 우리가 진보적이라 믿는 "시민권, 공공 위생 프로그램, 사회 안전, 교통, 커뮤니케이션, 보편적인 공교육 그리고 법 앞의 평등 등에 대한 우리의 생각은 모두 국가 중심적, 하이 모더니즘적 단순화에서 큰 영향을 받았다"고 지적한다(스콧 2010, 514). 홉스의 구상하고 비슷하게 시민이라는 이름으로 민중은 국가의 표준화된 통제 체계 속으로 편입됐다. 사람들이 자연스럽게 그런 시각을 가지게 된 게 아니라 근대 국가와 자본주의가 이렇게 극단적으로 단순해진 지도와 세계를 '의도적으로 만들었다.' 복지국가에 관한 담론도 이런 시각에서 자유롭지 않다. 스콧은 이런 열망과 의식을 '하이 모더니즘High Modernism'이라 부르는데, 이

"하이 모더니즘은 하나의 신념으로서 정치적 이데올로기의 넓은 스펙트럼을 초월해 많은 사람들에 의해 공유되었다"(스콧 2010, 145). 좌우를 막론하고 하이 모더니즘은 사회 전체를 자신의 구상대로 만들려는 사람들의 공통분모였고, 르코르뷔지에의 대도시 구상, 레닌의 혁명당, 소련의 집단농장 등으로 구현됐다.

발전이라는 이름으로 추진되는 재개발과 재정착도 마찬가지다. 스콧은 사람들을 새로운 공간에 재정착시키는 정책이 "경관의 변화라는 차원을 훨씬 능가"하는 문제를 안고 있다고 지적한다. "그것은 사람들로부터 지금까지 자신에게 기본적으로 필요한 것 대부분을 생산해온 기술과 자원은 물론 비교적 자급적으로 살 수 있었던 독립적인 생활 수단을 박탈한다. 이러한 기술이 거의 또는 전혀 필요 없는 새로운 환경으로 사람들을 옮기는 것이다"(스콧 2010, 380). 그런 의미에서 "농업의 근대화를 꾀하는 대부분의 국가 프로젝트 가운데 미처 잘 알려지지 않은 논리는 중앙정부의 권력을 강화하면서 농민의 자치권 그리고 중앙정부기관에 대한 농민 공동체의 자율성을 약화시키는 것이었다. 모든 새로운 물리적 관행은 어떤 방식으로든 권력, 부, 지위에 대한 기존의 분배 방식을 변화시켰다"(스콧 2010, 431). 이런 계획들이 엘리트들의 하이 모더니즘 미학을 실현할 수는 있겠지만, 민중의 삶을 더 행복하게 만들 수는 없었다. 오히려 자치와 자급의 기반을 파괴했을 뿐이다.

《농민의 도덕경제》에서 농민 정치가 식민지를 거치며 국가 정치로 점점 통합되는 과정을 비판했듯이, 《국가처럼 보기》에서 스콧은 화전민이나 이동하며 경작하는 농민들이 넓게 퍼져 생활하는 비국가적 공간이 국가적 공간으로 대체되는 과정을 비판한다. 스콧은 농업이 산업으로 대체돼야 한다(또는 농민이 노동자로 대체돼야 한다)는 발전론을 따르지 않는다. 그리고 국가 개발이 내세우는 사회복지 담론을 근본적으로 거부하지는 않지만, 오히려 그 과정이 언제나 "비국가적 자원들이던 과거의 공동체를 거의 항상 파괴하거나 분열시켰다"는 점을 지적한다(스콧 2010, 294). 이런 현상은 정상적인 정부 활동이 아니라 중앙집권화된 국가 체제의 확산으로 봐야 한다.

그렇다면 대안은 무엇일까? 근대 국가의 확장을 비판하면서 스콧은 농민의 생활과 농업 속에 스며들어 있는 지혜의 중요성을 강조한다. 아무리 좋은 명분을 내세워도 근대 국가가 만들려는 유토피아는 다양한 삶을 표준화하고 단순화하기 때문에, 이런 파괴에 맞서는 지역적인 관행이 중요하다. 그러니 국가처럼 보지 말고 우리 자신의 눈으로 세상을 바라보자고, 우리 눈의 가치를 우리 스스로 인정하도록 노력하자고 스콧은 주장한다. 이것이 바로 힘을 가진 자들의 하이 모더니즘을 견제할 민중들의 '강력한 시민사회'다. 민주주의가 필요하며, 이때의 민주주의란 토착적이고 경험적인 지혜를 뜻하는 "시민의 메티스가 조정이라는 방식으로 그 나라의 법과 정책을 끊임없이 수정"하는 것이다(스콧 2010, 543).

결국 중앙 집중화되고 상품화된 삶에서 벗어나 자치와 자급의 기반을 다져야 하며, 그 과정에서 농민 공동체는 사라진 지혜들을 보존해온 보물 창고로 등장한다. 하나의 원리가 아니라 다양한 기준들이 서로 도움을 주고받으며 공존해야 사회가 지속될 수 있다. 크로폿킨은 그런 삶의 토대가 바로 코뮌이라고 봤다. 인류 역사를 살펴보면 근대 국가가 만들어지고 난 뒤에 모든 공동체가 동시에 사라지지 않고 유지되는 일종의 과도기가 존재하기도 했다.

스콧의 가장 최근 저작인 《지배당하지 않는 기술》은 피에르 클라스트르의 《국가에 대항하는 사회》를 인용하면서 시작한다. "역사를 가진 사람들의 역사는 계급투쟁의 역사로 불린다. 그만큼 실감나지는 않더라도 역사를 가지지 못한 사람들의 역사는 국가에 대항하는 투쟁의 역사로 불릴 수 있다"(Scott 2009). 그리고 이 책의 부제는 '동남아시아 고지대의 아나키스트 역사'다. 스콧은 베트남, 캄보디아, 라오스, 타이, 버마, 중국에 걸친 고지대의 주민들이 지난 2000년 동안 어떻게 국민국가의 지배를 피해왔는지를 설명한다.

스콧의 설명에서 드러나듯 근대 국가의 강권적인 시스템은 삶의 다양성을 획일화하고, 공동체의 기반을 약화시켰으며, 삶을 관리의 대상으로 만들었다. 아나키즘은 이런 국가 지배 체계에 도전했을 뿐 공동체나 질서가 없는 사회를 꿈꾸지 않았다. 그리고 어떤 하나의 질서가 지배하는 사회가 아니라, 그 질서가 유동적으로 바뀌고 지속적으로 재구성될 수 있는 사회를 꿈꿨다. 그러니 아나키즘을 무정부주의로 해석하는 것은 잘못이다. 아나키즘 이론의 특징이 드러나지 않기 때문이다.

2장. '국가 안의 국가'와 정의론

1. 국가 안의 국가와 국가 없는 삶

근대 국가의 등장은 국가 안의 다양한 공동체들을 파괴했다. 유럽에서도 상황은 비슷했는데, 유럽의 어느 국가에서든 독립된 공동체를 꾸리고 산 유대계 주민들도 예외는 아니었다. 한나 아렌트는 1792년 프랑스 칙령을 계기로 "국가 안의 국가'는 더 이상 관용의 대상이 될 수 없었"고 "유대인에게 가해졌던 제한과 특권은 그 외의 모든 특별한 권리 및 자유와 더불어 폐지"됐으며, 이런 변화는 "독립적인 국가기구의 성장"에 비례했다고 지적했다(아렌트 2006, 95).

근대 국가는 끊임없이 사람들을 자신의 통제 체계 속으로 통합하려 들지만, 그런 통합이 언제나 자연스럽게 진행되지는 않는다. 국가 속에서 또 다른 삶의 질서를 지키는 공동체나 집단이 존재했고, 그런 공동체나 집단은 국가 안의 국가가 됐다. 보편 질서를 강요하는 근대 국가 이론이 등장했다고 해서 현실도 거기에 따라 빨리 바뀌지는 않는다. 유럽에 자본주의 체제가 만들어졌다고 해서 전세계가 자본주의의 영향력을 받지는 않은 것하고 같은 이치다. 그런 의미에서 근대 국가와 자본주의 질서를 따르지 않는 협동조합이나 생산 공동체들은 자신의 주권을 완전히 포기하지 않았다. 이런 현상은 자신들만의 생활 공동체와 시간을 만드는 시도로 이어졌다. 아나키스트들에게는 이런 시간과 공간이 매우 중요했다.

그들은 자신들이 반대하고 혐오했던 체제 속에서 그들만의 세계를 만들고 있었다. 천년왕국을 앉아서 기다리지 않고 그들은 미국 자본주의의 틈 속에 일상적인 기반을 만들어 아나키스트의 삶을 살려고 했다. 사실상 그들은 자신들이 상상하던 아주 작은 요새, 자유의 조그만 거점을 만들어 그것을 퍼뜨리고 늘려 전국과 세계를 빨아들이려 했다. …… 이들은 오케스트라와 연극모임을 가졌고 피크닉과 소풍, 강연과 콘서트를 즐겼다. …… 이탈리아 아나키스트들은 급진적인 대항문화의 아주 흥미로운 요소로 자기들만의 연극 모임을 가졌다. …… 아나키스트 학교들은 이런 대항문화의 또 다른 측면을 구성했다. …… 아나키스트들은 전통적인 종교휴일과 국경일을 자신들의 기념일과 기념의식으로 대체했다. 따라서 아나키스트들에게 중요한 휴일은 크리스마스나 부활절, 추수감사절이 아니라 3월 17일 파리코뮌 기념일이나 5월 1일 노동자계급의 연대일, 11월 11일 헤이마켓 처형 추모일이었다. 매년 전국 곳곳에서 수백 개의 집회들이 이런 사건들을 기념하기 위해 열렸다.(애브리치 2003, 303~306)

그런 현실 공동체가 존재했기 때문에 독일의 사상가 구스타프 란다우어는 국가란 "혁명에 의해 없어질 수 있는 그런 것이 아니라, 하나의 조건이자 인간관계, 인간 행동양식"이라고 보면서 "다르게 관계를 맺고 다르게 행동함으로써 국가를 없앨 수 있다"고 주장했다(워드 2004, 35). 다른 관계를 맺고 거기에 맞춰 행동하기 위해 란다우어가 주목한 것은 소비자협동조합이나 신용협동조합 같은 다양한 형태의 협동조합이었다. 란다우어는 농업과 공업을 겸한 농촌 공동체들과 도시의 코뮌들이 국가를 무너뜨릴 힘이라고 주장했다(애브리치 2003, 430). 이런 시공간은 현실의 폭력을 견디며 내부의 힘을 기르는 기반이 됐다.

한편 이상 사회를 "국가가 없는 민주주의, 계몽된 무정부 상태"에서 찾은 인도의 마하트마 간디는 그곳에서는 "사회생활이 아주 완전해져서 자기규제가 이루어진다"고 봤다. 간디가 '마을 스와라지'로 표현한 이런 상태는 "'국가가 시들어 없어지는 것'이 아니라 '국가를 분산시키는' 마을 스와라지"였다(간디 2006, 13).

이런 주장이 진작 제기됐고 그런 가능성을 실현하려는 다양한 조직들이 있는데도 우리가 국가 없는 삶을 쉽게 상상하지 못하는 이유는 끊임없이 국가주의와 거기에 관련된 내용들을 주입당하고 있기 때문이다. 크로폿킨은 '국가 없는 사회'라는 생각이 많은 반대를 불러일으키는 이유는 여러 철학 체계와 정치, 교육이 편견을 심기 때문이라고 말한다.

이런 편견을 유지하기 위하여 여러 가지 철학의 체계가 공들여 만들어지고 가르쳤다. 같은 목적으로 법이론도 편성되어졌다. 정치도 이 원칙에 입각해 있다. 소속 당파의 색깔이 무엇이든 모든 정치가는 언제나 민중에게 이렇게 말한다. "우리 당에게 권력을 주시오. 우리는 여러분을 아주 무겁게 억누르고 있는 비참한 상태로부터 여러분을 해방시키려고 하고 있으며 또한 그렇게 할 수가 있소."

요람에서 무덤까지 우리의 모든 행동은 이 원리에 의해 인도된다. 사회학이나 법률학에 관한 어느 책이나 펴 보라. 거기에는 정부와 그 조직이나 법령이 너무나도 많은 지면을 채우고 있어, 그 때문에 우리는 정부와 정치가 이외에는 아무것도 없다고 믿게끔 길들여져 있음을 알 것이다.

신문이나 잡지도 온갖 수단을 다해 우리에게 같은 것을 가르친다. 모든 지면이 의회의 토의와 정치가의 음모에 대해 충당되고 있는 반면, 국민의 방대한 일상생활에 관한 기사는 경제문제, 법률이나 경찰의 소송 사건들의 보도에 곁들여 몇 줄 나타날 뿐이다. 그리고 당신이 신문을 읽어도 우리의 무지함 때문에 아주 크게 만들어진 소수의 인물이 인류를 뒤덮을 정도로 사람들의 칭찬을 받고 있는 반면 자라나고, 죽고, 슬퍼하고, 일하고, 소비하고, 생각하고, 창조하는 수많은 사람들, 즉 인류에게는 생각이 미치지 못할 것이다.(Kropotkin 1990, 38~39)

만일 이런 편견에서 자유로워지고 자유로운 사람들이 만나면서 자신들의 삶을 꾸릴 수 있다면, 우리는 국가 속에서도 다른 질서를 만들 수 있다. 국가를 타도할 먼 미래의 혁명을 기다리지 않고 뜻을 같이하는 사람들과 함께 새로운 정부(더 정확하게는 자치 질서)를 세울 수 있다.

앞서 살펴본 제임스 스콧 역시 국가'를 배제한' 또는 국가'와 공존하는' 정치 공동체의 모습을 보여주려 한다. 스콧은 국가가 없던 시기에, 또는 국가라는 근대의 상상물이 있었지만 실질적으로 영향력을 행사할 수 없던 시기에 민중들이 어떻게 살았는지를 설명한다. 그리고 근대 국가의 등장이 그 삶을 변화시킨 방식에 관해 얘기한다. '국사'에 익숙한 우리가 생각하지 못한 관점들을 스콧은 잘 지적한다.

오랫동안 국가처럼 보는데 익숙해진 우리는 이렇게 근본적으로 생각하고 되짚어 보는 방법을 이미 잊어버렸다. 그러니 우리 역시 추상적인 거대 담론으로 시작할 게 아니라, 스콧처럼 하나의 구체적인 사례를 발굴해 그 사례를 통해 우리의 현재 모습을 재해석하고 재구성해야 한다. 스콧이 던진 물음들을 가지고 우리 역사를 되짚어 보면 어떤 사실들을 '발견'할 수 있을까?

요즘 '보편적 복지'라는 말이 유행하지만, 그 말에 좀처럼 호감을 느끼거나 신뢰하기 어렵다. 호혜와 다르게 보호나 보장이라는 단어는 어떤 주체가 다른 누군가를 대상으로 삼는 말, 특히 국가가 시민들을 대상화하는 말이기 때문이다. 왜 내가 국가라는 지배 질서가 베푸는 시혜(사실은 내가 낸 세금!)에 매달려야 할까? 그 속에서 동등한 관계가 맺어질 수 있을까? 조금 다르게 물으면 국가는 왜 내 삶을 보호하고 보장하려 들까? 예를 들어 국가가 도시 빈민의 권리를 보호하고 보장해야 한다는 주장은 아주 매력적으로 들린다. 그런데 그런 보호와 보장을 주장하기 전에 우리가 먼저 생각해야 할 점은 그 사람들이 도시의 빈민으로 살아야 하는 이유다. 도시 빈민은 하늘에서 뚝 떨어진 존재가 아니라 농촌에서 도시로 '밀려난' 사람들이다. '자발적'으로 도시를 선택한 사람일 수도 있지만 '다른 생계 수단을 찾을 수 없어' 도시로 밀려난 사람일 수도 있다. 그리고 국가가 그런 밀어내기에서 핵심적인 구실을 맡았다는 점은 분명한 사실이다.

그런데도 그런 사람들이 '다시' 국가의 보호나 보장을 받으며 계속 도시에서 불쌍한 사람들로 살아야 할까? 언제 바뀔지 모르는 '국가의 선의'에 의존해서 계속 삶을 유지할 수 있을까? 도시 빈민들이 도시에서 계속 빈민으로 살도록 보장하는 것이 과연 그 사람들의 삶에 이로울까? 이런 근본적인 물음 없이 그 사람들을 행복하게 만들겠다는 '선량한 오만'에 빠져 있는 것은 아닐까? 사실 이런 논리는 자존감을 버리고 더럽고 치사하더라도 자기 땅을 빼앗은 강도의 비위를 맞추며 비굴하게 살아남아야 한다는 논리하고 무엇이 다를까? 그래도 사는 게 어디냐며 합의를 종용하는 야비한 변호사의 논리하고 무엇이 다를까?

비슷한 질문을 이주 노동자들에게도 던질 수 있다. 왜 이주 노동자들은 자기 고향을 등지고 이곳으로 와야 했을까? 그 사람들이 원해서 들어오기도 했지만, 우리가 '필요해서' 그 사람들을 불러들였고 '산업연수생 제도'라는 야만적인 제도로 노동을 착취했다. 우리가 필요해 불러들인 사람들을 환대하기는커녕 착취하면서 그 사람들의 권리를 보호하고 보장하겠다고 한다. 뭔가 앞뒤가 바뀌어 있다. 우리가 그 사람들을 보호하고 그 사람들의 권리를 보장해준다는 생각 역시 전적으로 '우리의 생각'일 뿐 실제로는 이주 노동자들이 우리의 생활을 보호하고 보장하고 있다. 따라서 우리는 이주 노동자들에게 혜택을 베풀 게 아니라 고마움을 전해야 한다. 타자를 대상화시키지 않아야 서로 보살피며 자치와 자급의 삶을 이룰 수 있다. 이런 삶은 국가 내에 강력한 저항의 근거지를 만든다.

앞서 크로폿킨이 국가와 정부를 구분했듯이 국가 안의 국가 또는 국가 없는 삶이 정부 없는 삶을 가리키지는 않는다. 한나 아렌트가 프루동이나 마르크스의 사상을 평가하면서 오해한 부분도 바로 이 지점이다.[1] 국가 없음이 곧 정부 없음이나 정치 없음을 뜻하지는 않는다.

2. 법률 없는 정의

국가 없음이 정의 없음이나 평등 없음을 뜻하지도 않는다. 오히려 국가가 없는 상태에서 정의는 더 잘 실현될 수 있다. 이 정의는 중앙의 법률이 지배하는 사회가 아니라 자연법이나 지역의 풍속과 특성에 맞는 생활상의 협력으로 실현된다. 그런 의미에서 아나키스트들은 법률보다 관습의 가치를 더 중요하게 여긴다.

이런 견해는 근대의 법치주의를 거부하는 것으로 정의된다. 물론 법치주의 자체가 문제는 아니다. 정치철학의 정의를 따르자면 법치주의는 법이 공평하고 정의롭게 적용되는 상황을 뜻한다. 모리치오 비롤리M. Viroli는 다른 사람의 자의에 종속되지 않고 권력의 자의적 사용을 방지

---

1 "정치는 인간이 존재하는 곳이라면 언제 어디나 존재한다는 생각 자체가 편견이고, 또한 인류를 위한 국가 없는 ─ 그래서 마르크스에게는 정치 없음을 뜻하는 ─ 최종 조건이라는 사회주의적 이상은 전혀 유토피아적인 것이 아니기 때문이다. …… 정치영역의 위축은 근대의 입증 가능한 객관적인 경향성 가운데 하나이다"(아렌트 2007, 195).

하는 장치가 바로 법치주의라고 주장한다. 비롤리는 고전적인 공화주의자들이 "공정한 법에 따라 개인적 선택에 제한을 두는 것은 자유에 대한 제한이 아니라 오히려 정치적 자유를 구성하는 핵심 요소"이고 "일반 시민들뿐만 아니라 통치자들의 행동에도 동일하게 가해지는 법적 제한은 개인들을 억압하려는 시도에 대한 유일한 방패막"이라고 믿었다는 점을 지적한다(비롤리 2006, 44). 그리고 공화주의자들은 "스스로 법을 만드는 것 — 직접 만들거나 대표를 통해서 만들거나 간에 — 이 자유로운 삶, 즉 타인(한 명 또는 소수 또는 다수의 타인들)의 자의적 의지에 예속되지 않는 삶을 누리는 데 효과적인 수단(다른 수단들과 함께)"이라고 주장했다(비롤리 2006, 103). 곧 법치주의는 시민의 정치적 자유를 실현하기 위한 필수적인 수단이고 따라서 법을 만들고 집행하는 과정에는 시민들의 참여가 반드시 직간접으로 보장돼야 한다. 법치주의에서는 법 자체만큼 법을 만들고 집행하고 해석하는 과정이 중요하며, 그 과정에 시민의 참여가 보장돼야만 한다.

문제는 그런 과정이 왜곡되고 참여가 보장되지 않는 사회에서 발생한다. 그런 사회에서 법률은 정의로움을 상실한다. 그리고 그 사회에서는 법률을 제정할 권한이 민중에게 없다. 정치인이나 관료, 전문가들이 법을 제정하고 집행하고 해석한다. 그러면서 점점 민중의 생활에 연관되고 민중이 직접 제정하고 집행하고 해석하는 '관습'의 구실은 줄어든다. 크로폿킨은 "소수의 착취자들에게 대항하여 사람들은 봉기를 일으킨다. 그러나 착취자들에게 유리하도록 개념들을 주입시키기 위하여, 법은 인간의 사회적 본능을 단순히 이용한다. 독자들은 이 사실을 잘 알고 있다. 법은 정의의 발전을 촉진하는 대신에 정의감을 왜곡하였다"며 법률을 비판한다(크로포트킨 2009, 206). 소수의 사람들이 제정한 법률이 다수의 사람들이 합의한 관습을 무시하는 것은 정의롭지 못하다.

그래서 아나키스트들은 '법률'이 아니라 '관습'이 정의를 보장한다고 믿었다. 가장 대표적인 인물이 크로폿킨이다. 크로폿킨은 "모든 사안에 대해서 공동체 회의는 최고의 권력을 가졌다. 지역의 관습은 법이었고, 남자와 여자로 구성된 모든 가족 대표들의 공동 집회는 재판소, 특히 민사와 형사소송 모두를 위한 유일한 재판소였다. 모욕을 당한 공동체원은 보통 공동체 회의가 열리는 장소에 자신의 칼을 꽂기만 하면 되었다. 양편의 증인들이 선서한 후 모욕 사실을 확인하면, 공동체 회의는 관습에 따라 '선고宣告'할 의무가 있었다. …… 농촌 공동체는 토지의 공동소유와 빈번한 공동경작을 토대로 하고 있으며, 관습법에 기초한 주권, 재판권, 입법권을 소유했고, 구성원들의 사회적 요구 대부분을 충족시켰다"며 공동체의 관습을 지지한다(크로포트킨 2009, 83~84). 이런 사회에서 정의는 시민들과 괴리된 재판소가 아니라 민회에서 실현된다. 사람들의 편견이 정의의 실현을 방해할 수도 있지만, 근본적인 윤리는 궁극적으로 정의로움을 실현하는 방향으로 사람들을 인도한다.

프루동은 《소유란 무엇인가》의 핵심이 정의라고 말하면서, "정의는 사회를 바로잡는 중심 별자리요, 정치 세계가 움직이는 축이며, 모든 거래의 규칙이자 원리이다. '권리'의 이름을 빌리지 않고 인간들 사이에는 아무것도 이루어질 수 없으며, 정의에 호소하지 않고 아무것도 이루어질 수 없다. 정의는 법의 산물이 아니다. 이와는 반대로 법이란 이해관계를 가운데 두고 사람들이 만날 수 있는 각각의 상황마다 '정당함'을 선언하고 적용하는 일에 불과하다"고 주장한다(프루동 2003, 52). 보편적인 정의하고 다르게 법은 개별적인 이해관계의 타당성을 따지는 것에 불과하기 때문이다. 따라서 "정의를 실천한다는 것은 사회적 본능을 따르는 것"이고 "정의를 나타내 보이는 것은 사회를 나타내 보이는 것이다"(프루동 2003, 330~331). 프루동은 "'사회, 정의, 평등'이라는 이 세 가지가 서로 동의어이고 서로 통하는 표현들이며 마땅히 서로 바꾸어 쓸 수도 있는 용어들"
이라고 주장한다(프루동 2003, 337). 그래서 "정의를 실천한다는 것은 …… 그
것은 평등한 노동 조건 아래서 각자에서 재산을 평등하게 나누는 것",
"즉 그것은 사회의 일원으로 행동하는 것이다"(프루동 2003, 342).

관습이 공동체에 익숙하지 않은 이방인이나 어린 아이에게 엄격하게
적용되지 않지만 적응하고 성장할수록 엄해지듯이 보편적인 정의 역시
발전한다. 인간의 도덕 원리가 이성과 지식, 관습의 발전과 더불어 점점
우수해진다고 본 크로폿킨은 그것이 정의, 곧 평등을 보장하리라고 믿
는다. 크로폿킨은 정의의 개념을 평등과 동일한 것으로 보는데, 이것은
모든 도덕과 윤리학의 제1원리인 '네가 그런 대접을 바라지 않는 것처
럼, 너도 상대방에게 그런 대접을 하지 말라'라는 원리를 따른다. 곧 모
든 사람을 동등하게 대하는 것이 정의와 평등권의 원리다. 이것은 법률
로 제정되지 않아도 모든 이들이 믿고 따르는 관습이다. 굳이 '해야 한
다'는 명령이나 당위가 아니더라도 자연스럽게 '~하면 어떻겠니?'라고
자연스럽게 권해지는 것이다. 이렇게 권유되는 무언가를 하지 않는 행
동은 처벌의 대상이 되는 게 아니라 부끄러운 짓으로 처리된다. 이런 과
정을 통해 사람들은 스스로 정의로운 삶을 선택할 수 있다.

이런 개념이 평등이 아니라 정의로 표현되는 이유는 에스키모족의 한
부족인 알류트족의 삶을 묘사하는 크로폿킨의 말에서 잘 드러난다.

단순한 평등 혹은 평등권의 표현인 정의 원리를 보완하기 위해 알류트들
은 일정한 소망, 일정한 이상을 제시하고 있음을 알 수 있습니다. 그들은 씨
족의 모든 구성원들이 가장 강한 자, 가장 현명한 자, 가장 덜 말썽 일으키
는 자, 가장 관대한 자와 동등하게 되기를 바란다는 소망을 표현합니다. 아
직 규칙은 아니지만 이러한 행동방식은 단순한 평등권보다 더 높은 무엇을

제시합니다. 그것은 도덕적 완성에 대한 열망을 드러내 보여줍니다. 어떤 경우에도 우리들은 모든 원시종족들에게서 이런 특징을 만나게 됩니다. 그들은 쉽게 접할 수 있는 동물들 사이에서 가장 강한 수컷이 때때로 자신을 희생하면서라도, 암컷들과 새끼들을 보호하기 위해 몸을 던진다는 것을 알고 있습니다. …… 이렇게 헉슬리가 말한 '윤리적 과정'은 동물세계에서 시작되어 인간에게도 이동하였습니다. 여기서 그것은 전설, 시, 예술 덕분에 점점 발전하여 인류의 개별 '영웅들' 속에서 그리고 인류의 몇몇 스승들 속에서 최상의 수준에 도달하였음은 명백합니다. 동족의 이익을 위해 목숨을 내놓을 수 있는 태도는 모든 민족의 시에서 찬양을 받았고, 후에 고대의 종교로 변하였습니다.(크로포트킨 2009, 161~162)

인류의 문화는 강압이나 처벌이 없이도 상호부조를 실현하고 더 높은 단계의 탄생을 위해 자신을 발전시키도록 사람들을 고양시킨다. 정의와 평등의 원리는 단순한 금지어나 지시어가 아니라 윤리적인 발전의 언어, 상호부조와 연대의 언어다. 이 원리는 홉스나 로크 같은 자유주의자들이 사람들을 통제하기 위해 법률을 정의하는 것에 대비된다. 자유주의자들은 자연 상태의 폭력이나 불편함을 줄이는 규칙으로 법을 제정하지만, 크로폿킨이 묘사하는 알류트족은 도덕적 완성을 향한 자기 열망에 따라 관습을 정한다. 근대 국가의 배타적인 경계가 타자에게 폭력을 행사한다면, 아나키즘의 경계 없는 삶은 타자를 환대하는 풍습으로 실현된다.

김종철은 이런 차이를 관용과 환대의 대립으로 설명하기도 한다.

서구 근대문명이 발전시켜온 인권 내지는 법치주의 원리보다도 더 근본적이고, 인간적으로 더 탁월한 원리가 토착 전통사회에서는 이미 오랜 예전부터 뿌리박고 있었으며, 그것은 근원적으로 공동체적 삶의 방식에 기인해왔다는 사실을 좀더 명확히 이해하기 위해서 우리가 여기서 살펴볼 필요가 있는 것은 이른바 '관용tolerance'이라는 개념이다. 이 개념은 서구 근대사회의 역사적 경험을 떠나서 이해하기 어려운 말이며, 따라서 철저히 서구적 토양에서 배태된 개념이라고 할 수 있다. 무엇보다 그것은 종교적 신념이나, 인종이나, 계급이나, 민족에 따른 차이, 즉 이방인이나 낯선 사람들의 '타자성'을 인정하고, 허용한다는 뜻이지만, 그러나 따지고 보면, 관용이라는 것은 결국 세련된 혹은 '문명화된' 형태의 '불관용'일 뿐이다. 관용의 대상이 되는 사람들은 여전히 지배그룹이 인정할 수 없는 차이를 가진 존재이지만, '문명화되어' 있는 지배그룹 혹은 주류문화의 너그러움 때문에 그 존재가 허용되는 게 가능하다는, 그러한 수준의 '관용'인 것이다. …… 근대 이전의 서구 전통사회나 오늘날의 토착 공동체의 인간관계를 근본적으로 뒷받침하고 있다고 할 수 있는 '환대hospitality'의 원리는 근본적으로 다르다. '환대'는 상대의 존재에 대해 아무런 평가 없이, 있는 그대로 타자를 받아들이고, 도움을 필요로 하는 타자의 처지에 보상을 바라지 않고 반응하는, 풀뿌리 공동체의 오래된 생활관습이다. 이것은 철저히 평등주의적인 인간관, 세계관에 기초하고 있다. 한국의 전통사회에서 집을 떠나 여행 중에 있는 과객에게 무상으로 먹을 것과 잠자리를 제공하는 것은 거의 상식적인 일이었다는 것을 우리는 알고 있지만, 그러나 이러한 상식적 관습은 세계 각처의 토착사회 어디서든 존재하는 기본적인 관습이었다. 풀뿌리 공동체들이 오랜 세월에 걸쳐 궁핍한 물질적 조건에도 불구하고, 근본적으로 흔들림 없는 삶을 영위할 수 있었던 것은 바로 이러한 '환대'의 관습 때문이었다.(김종철 2008, 112~113)

이 환대의 관습은 공동체에 속한 사람들의 자발적인 도덕성을 점점 더 고양시킨다. 크로폿킨은 도덕의 구성 요소를 '사회성의 본능'이나 '습관과 풍속'뿐 아니라 '헌신이나 자기희생, 이타주의, 관용'에서 찾는다. "정의의 본질은 모든 사회 구성원의 평등한 가치, 그 결과로 나오는 그들의 평등권, 그들이 다른 사회 구성원들에게 요구함에 있어서의 평등을 인정하는 것"(크로포트킨 2009, 166)이지만, 단지 거기에 그치지 않고 타익에게 이익을 주려는 행동을 포함한다. 인류 사회는 그런 이타적인 행동을 발전시키기 위해 교육과 민요, 전설, 도덕, 예술, 종교 등을 이용했다.

그렇다면 이 이타적인 행위는 왜 발생하는가? 인간의 본성적인 면 때문에 그러한가? 아나키즘에서 그런 행위는 본성적인 면에 더불어 인간의 기본적인 삶에서 비롯된다. 자유는 이타적인 삶을 전제로 가능하다. 프루동은 "사회와의 관계성 속에서 자신의 의미를 발견하게 되는 인간은 모두에게 공통으로 내재한 양심과 이성에 의해 자신과 타인의 존엄성을 인식할 수 있는 존재"라고 봤다. 즉 개인의 자율성은 타인의 자율성을 서로 인정한다는 전제 위에서만 성립된다. 그래서 프루동은 정의를 "언제나 위험에 노출되어 있지만, 어떤 위험에도 불구하고 보호되어져야 할 인간의 존엄성에 대한, 자생적으로 생겨나고, 구성원 서로에 의해 보장되는 상호 존중"이라 정의하고 "정의는 인간의 본성에서 생겨나며, 사회생활 속에서 실제로 제기되는 갈등들을 해결하는 기제이자 척도"라고 이야기한다(김영일 2001, 11~12).

인간에게 있는 '사회성'은 성찰을 통해 '정의'가 되고, 능력들의 맞물림을 통해 '형평'이 되며, '자유'를 그 정식으로 삼는다. 사회성은 도덕의 참된 원리이고 우리의 모든 행동의 원리이자 규준이다. 사회성은 철학이 탐구해 오고 종교가 강화해 온 보편적 동기이며, 인간의 이기심에 의해 밀려났으나 그렇다고 순수 이성에 의해서는 결코 보완되지 않는 보편적 동기이다. '의무'와 '권리'는 우리들 안에서 욕구로부터 생겨나는바, 이 욕구라는 것은 외부 존재와의 관련에서 생각하면 '권리'가 되며, 우리 자신과의 관련에서 생각하면 '의무'가 된다.(프루동 2003, 409~410)

이렇게 보면 의무는 외부의 권위가 우리에게 부과한 책임이 아니라 우리 안의 욕구에서 비롯된 것이다. 크로폿킨 역시 그것이 우리 내부의 에너지, 남아도는 에너지 탓이라고 말한다. 크로폿킨은 프랑스 사상가 마리-장 기오Marie-Jean Guyau의 사상을 인용하며 이렇게 말한다.

그는 세 번째 구성요소의 본질은 다름이 아니라 바로 자신의 힘에 대한 인간의 의식, 즉 행동으로 표현되기 원하는 에너지의 잉여, 힘의 잉여란 것을 이해하였습니다. 그가 기록한 바에 따르면, 우리는 우리 자신을 위해 필요한 것보다 더 많은 생각을 갖고 있으며, 우리는 다른 사람들과 그 생각을 나누어야 합니다. 왜냐하면 우리는 달리 행동할 수 없기 때문입니다. 우리는 우리에게 필요한 것보다 더 많은 눈물 혹은 즐거움을 갖고 있습니다. 그래서 우리는 아까워하지 않고 그것을 타인들에게 나누어 줍니다. 그리고 마지막으로 우리 중 많은 이들은 개인생활에 필요한 것보다 더 많은 의지와 에너지를 갖고 있습니다. 때로 이 의지의 잉여는 협소한 이성의 지배를 받아 침략자를 만들기도 합니다. 그러나 그것이 사회성이란 정신 속에서 발전된, 폭넓은 이성과 감정의 지도를 받는다면, 때로 그것은 새로운 종교 혹은 사회의 개혁을 완성시키는, 새로운 사회운동의 창시자를 만듭니다. 그러나 이 모든 경우에 우리를 주관하는 것은 주로 자기 힘에 대한 의식 그리고 그 힘을 사용하려는 욕구입니다.(크로포트킨 2009, 172~173)

이 이타주의는 우리가 말하는 단순한 이타주의하고 다르다. 타인을 향한 동정이나 자비심 때문에 행동하는 것이 아니라 우리 안의 에너지가 흘러넘쳐 달리 행동할 수 없기 때문에 우리는 타인과 더불어 생활하고 각자의 삶을 보살핀다. 그래서 이 이타주의는 때로는 희생적인 상황이라도 희생으로 해석되지 않을 수 있다. 꽃을 피운 뒤에 낙엽으로 지더라도 꽃은 피듯이, 사람의 삶도 마찬가지라는 것이다. 크로폿킨이 말하는 헌신은 "사람은 사람들의 고통에 대해 넘치는 동정을 느끼거나 지적인 생산성 혹은 창조적 능력의 욕구를 느낄 때, 다음에 어떤 일이 일어나는가에 상관없이 자신의 힘을 자유롭게 제공"하는 것이다(크로포트킨 2009, 174). 때로는 자기 육체나 정신을 바쳐 고통을 겪더라도 그렇게 하지 않았을 때의 동물성보다는 훨씬 낫고, 인간이란 자신의 완성을 위해 노력하기 때문에 그렇게 된다는 것이다.

이런 주장은 막연한 이타주의로 해석하던 크로폿킨의 사유를, 그리고 상호부조의 이념을 새로이 해석할 수 있게 한다. 사실 이런 주장은 뒤에서 구체적으로 다룰 슈티르너에게서도 이미 모습을 드러냈다. 이타주의는 타인과 나누는 공감이기도 하지만 자기 안에 충만한 자기 에너지이기도 하다. 약하고 생명력이 없기 때문에 서로 보살피는 게 아니라 강하고 생명력이 충만하기 때문에 서로 보살핀다. 크로폿킨은 이런 이타주의를 이렇게 정리한다.

크고 작은, 진정으로 이타적인 행동들에 대한 이야기는 모두 그렇습니다. 자신과 주변 사람들을 동일화할 수 있게 교육받은 사람, 내부에 감정, 지혜, 의지의 힘을 느끼는 사람은 타인을 돕기 위해 자유롭게 그것을 제공하고, 이승에서의 혹은 미지의 저승에서의 어떤 보상도 구하지 않습니다. 무엇보다 그에게는 타인의 감정을 이해하는 능력이 있습니다. 그 자신이 그들의 삶을 함께 느낍니다. 이것으로 충분합니다. 그는 타인들과 기쁨과 아픔을 나눕니다. 그는 그들을 도와 삶의 어려운 시간을 견딜 수 있게 합니다. 그는 자신의 힘을 의식하고, 타인을 사랑하고 그들에게 영감을 주고, 그들에게 더 좋은 미래에 대한 믿음을 불어넣어 주는 능력을 마음껏 사용합니다. 그는 미래를 위한 일에 그들을 초대합니다. 어떤 일이 닥쳐도, 그는 이 속에서 고통이 아니라 생명추구의 완성을 봅니다. 허약한 무위의 삶과 바꿀 수 있는 삶의 충만을 봅니다. …… 극단적 개인주의가 말과 행동으로 설교되는 지금도, 상호부조는 인류 삶에서 여전히 가장 본질적인 부분을 이루고 있습니다. 삶 속에서 자선의 형태가 아니라, 우리 안에서 발전하고 있는 전인류적인 감정을 향한 자연적인 출발의 형태로 상호부조에 더욱더 많은 의미를 부여하는 것은 외부의 힘이 아니라 우리 내부의 힘에 달려있습니다.(크로포트킨 2009, 176~177)

크로포트킨은 이런 변화가 진정한 발전이라 믿고 학자들의 임무도 마찬가지라고 이야기한다.

과학은 이미 오래전에 자연의 빛이 흐릿한 색유리를 통해 비치는 파우스트의 서재에서 빠져나와야 했습니다. 학자들은 먼지가 쌓인 서가에서가 아니라, 자유로운 평원과 산에서, 태양의 밝은 빛 속에서 자연을 연구해야 할 때입니다. 19세기에 아메리카의 인적 없는 광활한 스텝에서 과학적 동물학의 위대한 창시자들이 했던 것처럼, 자신의 믿음으로 개종시키려는 목적이 아니라 원시인들의 관습과 습관 그리고 도덕적 심성을 연구하려는 목적으로 그들과 함께 살았던 참된 인류학의 창시자들이 했던 것처럼 말입니다.(크로포트킨 2009, 179)

과학과 학문은 도서관이나 골방이 아니라 대지의 자유 속에서만 인간을 고양시키려는 자신의 목적을 실현할 수 있다는 것이다.

이런 정의론에 바탕을 두고 있기에 아나키즘은 국가 없는 삶이나 국가 안의 국가가 인간의 안전과 행복을 보장한다고 믿었다. 물론 이런 삶이 자연적으로 실현되지는 않는다. 19세기하고 다르게 우리가 사는 세계는 이미 국가의 지배 체계가 꼼꼼하게 실현돼 있다. 그래서 인간의 도덕성과 윤리를 고양시킬 수 있는 다양한 지역 문화와 관습이 살아나고, 이것을 중심으로 코뮌들이 만들어지며, 자치와 자립의 힘이 강해져야 한다.

3장. 연합의 논리와 연방주의

1. 작은 공동체들은 왜 실패했나

보통 코뮌이라고 하면 작은 규모의 공동체만을 생각한다. 공동체를 물리적으로 상상하는 우리의 습관은 코뮌에 관한 상상력을 방해한다. 그런데 크로폿킨은 그런 작은 규모의 공동체란 역사적으로 존재하지 않거나 존재해도 금방 사라졌다고 지적한다. 그리고 환대의 관습을 생각하면 소규모의 폐쇄적인 공동체는 자유 코뮌으로 보기 어렵다. 자유와 환대는 함께 있을 때 빛을 발하기 때문이다. 그런 점에서 크로폿킨은 11, 12세기에 등장해 공동 노동과 공동 소비를 지향한 다양한 공동체들이 만든 '연합'에 주목해야 한다고 본다.

크로폿킨은 중세 유럽에 존재한 길드뿐 아니라 북아프리카의 카빌족이 만든 연합체인 '소프'에 주목한다. 이 소프는 "마을의 경계에 한정되지 않"고 "먼 사막과 낯선 도시들로 확장"됐다. "소프의 구성원에 대한 도움을 거절하는 것은, 형제단의 반역자가 되는 것을" 의미했고, "그러한 사람들은 '형제' 살해자 취급을" 당했다(크로포트킨 2009, 86). 하나의 단위로 묶이지 않지만 이어진 공동체들이 서로 각자의 살림과 자유를 지지했다.

아울러 크로폿킨은 유럽에서도 길드나 농촌 공동체가 독립해 존재하지 않았다고 주장한다. "12세기에 유럽 전역에서 도시공동체들은 혼연일체가 되어 봉기를 시작한다. 이 봉기는 오래전부터 연합의 정신에 의해 준비되고, 수공업 길드와 농촌공동체의 연합이란 토대 위에서 발전되었다." 아울러 크로폿킨은 이런 연합의 정신에 따른 봉기를 자연스러운 현상이라 보면서 "중세의 공동체는 한편으로 농촌공동체로, 다른 한편으로는 지역적 경계를 초월하여 존재했던 많은 조합, 길드들로 구성되었다"고 지적한다(크로포트킨 2009, 91~92). 경계를 초월하는 다양한 조합들이 없었다면 각각의 공동체들도 지속되지 못했을 것이다. 인간의 삶이 그러하듯이 인간 삶이 보편적으로 체화된 코뮌도 서로 보살필 때 자유롭고 오래 지속된다.

이 다양한 공동체들을 이어준 것은 '공동 서약'이었다. 공동 서약은 구성원들 간의 "모욕과 싸움 혹은 상해와 관련된 과거의 일들을 잊기로 맹세하고, 앞으로 분쟁 시에 자신들이 선정한 길드 혹은 도시조합 외에는 어떤 다른 판관에게도 의뢰하지 않겠다"는 맹세였다. 크로폿킨은 이런 서약이 '우정$_{amilas}$'의 관계를 맺고 필요에 따라 공동의 재판관을 선출했으며, 나중에는 헌장을 작성하고 승인을 받았다고 말한다. 제후나 주교, 왕의 지배 아래 있던 공동체들도 있었지만, 이런 연합의 논리는 제후나 주교, 왕이 이런 공동체들의 독립성을 쉽게 침범하지 못하게 만들었다.

그러면서 크로폿킨은 코뮌이 붕괴하는 원인을 이렇게 정리한다(크로포트킨 2009, 254~269).

첫째, 붕괴하는 공동체들은 "거의 모두가 반$_{반}$ 종교적 열성에 기반을 두고 있었다." 그래서 공동체의 설립자들이 선구자가 돼 "매우 까다롭고

---

1 "프랑스혁명에서 '우애'라고 불린 것은 스미스가 공감 또는 동류감정(fellow feeling)이라고 부른 것과 같습니다. 우애라는 감정은 원래 기독교적인 기원을 갖습니다. 그러나 스미스가 말하는 공감이 종교적 연민과 달리 이 기심이 승인되는 상태에서 생겨나는 것처럼, 이 시기의 우애는 기독교적인 관념과 비슷하지만 다른 것입니다. 우애는 프랑스혁명의 직인적 노동자들의 어소시에이션의 표현이었습니다. 그러나 우애는 혁명과정에서 네이션에 흡수되어 갔습니다. 한편, 네이션에 대항하여 우애는 19세기 전반에는 초기사회주의 속에서 부활했습니다. 그 가운데서 가장 영향력이 있던 것은 생시몽주의입니다. 그러나 그것 역시 내셔널리즘으로 귀착됩니다. …… 프루동은 '우애'라는 계기를 가지고 오는 것을 거부함으로 시작했던 것입니다"(고진 2007, 175~176).

'고귀하고' 엄격한 도덕률"을 구성원들에게 강요하고, "공동체 생활을 통해 '갱생하고', 마지막으로 모든 시간을, 모든 노동시간을 공동체에 바치기로, 그리고 공동체를 위해서만 살기로 결심하였다." 엄격한 규칙이 각자의 삶을 규제하고 개인이 공동체를 위해 헌신하도록 강요한 탓에 실패할 수밖에 없었다는 것이다. 종교적인 계율이 헌신을 강요할 수는 있지만 공동체를 지속시키지는 못한다.

둘째, 또 다른 문제는 "반드시 가족을 모델로 삼아, '형제·자매들의 대가족'을 설립하기를 원했다는 데 있다." 그렇지만 한집에서 평생 동안 형제나 자매로 살아가는 것은 매우 어려운 일이다. "각자에게 최고의 자유를 그리고 각 가정의 내적인 삶에 대한 최대한의 보호를 보장하는 대신, 모든 구성원에게 '대가족'의 삶을 부과한 것은 본질적 요구였다." 이런 공동체 실험은 가부장적이고 종속적인 가족 모델에서 벗어나지 못한다.

셋째, 세상과 격리된 공동체들은 오래 지속될 수 없다. 더구나 이런 공동체들은 격리를 위해 사람이 거의 살지 않는 곳, 곧 "도시 혹은 대로에서 떨어진 새 장소에서 주민 각자가 싸워 해결해야 하는 어려움"을 갖게 된다. 도시와 인접해 있으면 "공동체는 과일과 채소의 판로를 확보하고 토지 임대료를 웃도는 가격으로 판매할" 수 있을 텐데, 이런 격리된 공동체들은 모든 것을 스스로 마련해야 한다. 자연스런 일상에서 괴리된 자급자족 공동체들은 구성원들을 피로하게 만들며 대부분 오래 지속되지 못한다.

넷째, 지나치게 작은 공동체들은 유지되기 어렵다. "아주 좁은 곳에서 살아야 하는 사람들, 외부와의 접촉이 극도로 제한된 사람들은 서로를 견딜 수 없게 된다." 공동생활을 하는 것은 개인의 자유를 지지하는 것이지 개인의 자유를 침해하는 것이 아니다. 더구나 이런 공동체는 구성원들이 다양한 일자리를 경험하며 자유를 찾거나 여가를 누리게 할 수도 없었다.

다섯째, "거의 언제나 우두머리를 가지려는 소망이 공동체 붕괴의 이유가 되었다." 공동체를 이끌어갈 지도자를 요구하고 찾는 노력이 결국 공동체를 파멸로 이끈다. 지도자를 달라고 애원하는 메시아의 공동체는 내부의 권력화와 뒤따르는 분열을 피하기 어렵다.

우리의 편견하고 다르게 아나키즘의 공동체는 결코 고립되거나 자족적인 공동체가 아니다. 그리고 엄격한 규율이나 가부장이 지배하는 공동체도 아니다. 오히려 크로폿킨은 고립된 공동체에 살던 청년들이 18세가 되면 공동체를 떠나 다른 세상을 경험해야 한다고 주장했다. 크로폿킨은 공동체가 지속되기 위한 방법으로 연합을 강조했다.

작은 공동체가 오래 살아남지 못한다는 것을 미리 확신할 수 있으므로, 적어도 10개 혹은 20개의 공동체가 계약을 통해 연합을 형성해야 할 것이다. 그러한 경우 특정한 이유로 자신의 공동체를 떠나길 원하는 사람은 적어도 다른 공동체로 옮길 수 있고, 그의 자리는 다른 쪽에서 온 사람이 채울 수 있어야 한다. 그렇지 않은 경우 공동체는 불화로 인해 몰락하고, 나아가 공동체의 재산은 한 구성원의, 가장 교활하고 잇속에 밝은 '형제'의 손으로 넘어간다. 나는 공산주의 공동체를 설립하는 사람들 모두에게 공동체들 사이의 협약이 필요하다는 의견을 꾸준히 피력하였다. 이 의견은 이론에서가 아니라 지난 몇 년 간의, 특히 더 광범위한 조직의 부재로 인해 몇몇 공동체가 특정 '형제들'의 손으로 넘어간 영국에서의 체험에서 나온 것이다.(크로포트킨 2009, 255)

공동체의 폐쇄성이 아니라 공동체 간의 자유로운 협약만이 공동체를 지속시킨다. 뒤에서 다시 살펴보겠지만 이 협약은 정치적인 필요뿐 아니라 경제적인 필요에 따라 요구되기도 한다. 크로폿킨은 "공산주의 실현을 위한 첫발자국은 결코 한 도시에서가 아니라 충분히 큰 산업 그리고 농업 지역에서 시작되어야 할 것이다. 농촌 없는 도시는 생존할 수 없다"고 강조한다(크로포트킨 2009, 259). 아울러 크로폿킨은 공산주의가 종속적인 형태로 나타날 경우 반드시 붕괴할 것이라고 본다. "아나키를 목적과 수단으로 갖는다면, 공산주의는 가능할 것이다. 반면에 이 목적과 수단이 없을 때 공산주의는 개인의 노예화를 시도하고, 결국 실패할 수밖에 없을 것이다"(크로포트킨 2009, 269). 또한 란다우어는 아나키를 "다양한 모습과 이해를 가진, 그러나 불가분의 관계 속에서 서로 작용하는 많은 인간들의 결사체들의 자유로운 연대 조직", 곧 "자유의지들의 연대"로 규정하고 있다. 이런 다양성들의 상호 관계 속에서 질서를 도출하는 사회의 모습으로서 아나키를 강조한 것이다(김영일 2001, 18).

사실 외부 관계가 끊어진 공동체는 아나키즘에 어울리지 않는다. 설령 그 외부가 내부의 관계망에 무관하고 내부를 위협하는 근대 국가와 자본주의라 하더라도 아나키즘의 코뮌은 여기에 저항하고 맞서야 한다. 지구상의 단 한 명이라도 노예 상태에 있다면 나는 자유로운 게 아니라는 바쿠닌의 말은 자유로운 공동체가 억압을 겪는 공동체의 고통에 귀 기울이고 그 공동체의 자유를 위해 투쟁할 의무를 가진다는 선언이었다.

2. 연방주의, 하나의 이념

프루동은 아나키즘의 이념을 연방주의라고 규정했다. 자유로운 도시들의 연합을 꿈꾸고 분권과 연방주의가 집중화와 중앙 권력이라는 절망적인 사회의 대안이라고 본 프루동은 자치와 자급의 중요성을 일찌감치 간파했다. 그런데 프루동이 말한 연방은 단순히 세계정부나 국가들의 연합을 의미하지 않았다. 프루동에게 연방은 하향식 연합 논리가 아니라 상향식 조직 논리였다. 스스로 판단하고 결정하기 위한 논리이지 다른 목적을 위한 수단이 아니었다.

이런 논리는 프루동의 철학에서 기인한 바도 크다. 프루동의 철학에서는 개인이 사회의 하위 개념이 아니라 "개별적으로 표출되는 사회의 하나의 표현양식"으로, 개인과 사회는 인간의 두 가지 존재 양식이다. 사회는 개인의 총합이 아니며, 개인과 사회는 동등한 가치를 가질 뿐 아니라 "사회만이 개인에 대한 책임을 지는 것이 아니라, 개인 또한 사회와 또 다른, 사회의 표현양식들인 타인에 대해 책임을 지는 상호적 관계 속에 규정"된다(김영일 2001, 11). 프루동은 유럽이 가장 작은 지방의 이해관계가 가장 큰 지방의 이해관계하고 동등하게 표현될 연방들의 연방이 돼야 한다고 봤다.

죽음을 맞이하기 직전에 쓴 《연방주의의 원리Du Principe fédératif》라는 초고 형태의 글에서 프루동은 자신이 사상을 발전시켜온 과정을 짧은 한 문단으로 요약했다.

통치라는 개념에 대한 비판적인 결론인 아나키로 1840년을 시작했다면, 나는 유럽 인민들의 권리이자 나중에 모든 국가조직의 필수적인 기반이 될 연방으로 끝을 맺으려 한다. …… 시민의 해방과 양심인 아나키, 모든 제한과 경찰, 권력, 판사, 군대 등이 없는 아나키에 직접 의존하는 공공질서는 최상의 사회미덕과 비슷한 말이자 더 나아가 인간적인 통치human government의 전형이 될 것이다. 물론 우리는 아직 그런 단계에 이르지 못했고 그런 이상이 달성되려면 수세기가 지나야 할 것이다. 그렇지만 우리의 법칙은 그 방향을 따라야 하고, 끊임없이 그 목표에 점점 더 다가서야 한다. 따라서 나는 연방이라는 원리를 고집한다.

프루동의 연방주의 구상은 경제적인 면의 상호주의mutualism를 정치적인 면에 반영한 것이었다. 왜냐하면 연방 공화국에서 권력은 아래에서 위로 올라오고, 일련의 대표들이 인민의 일반의지를 실행하는 조절위원회들에 결합하는 '자생적인 집단들natural groups'에 의지하기 때문이다. 상향식 결정에 예민하게 반응하는 연방주의의 민감함은 선출된 대리인을 직접 해임할 수 있다는 요소로 보장된다. 그리고 '자생적인 집단들'이 사회의 노동 단위에 일치하기 때문에, 국가의 성격은 정치적인 것에서 경제적이고 사회적인 것으로 변한다. 일상 활동과 정치 활동이 분리되지 않기 때문에 연방주의는 다양한 참여 통로를 만들 수 있다.

그런데 프루동은 혁명의 목표가 경제적인 독립성을 보장해서 모든 사람을 자유롭게 만드는 것이라고 봤다. 프루동에게서 자유는 타자와 고립된 상태가 아니라 타자와 맺은 관계 속에서 실현되기 때문에 자유와 상호주의는 배타적이지 않고 서로 지지한다. 김영일은 "자유와 평등이 사회적·경제적 질서를 형성하는 원리로 작용하는 것이라면, 정치적 질서는 자유와 권위라는 두 가지의 갈등적 원리에 의해 형성된다"고 지적한다(김영일 2001, 14). 권리는 결코 양도될 수 없고, 서로 합의되며, 각자에게 의무를 정할 뿐이다.

나아가 프루동은 국가와 대륙, 전세계 단위에 연방주의 원리를 적용하는 것이 국민국가를 대체할 대안, 실행 가능하고 조금 더 안전한 대안일 수 있다고 주장했다. 프루동은 행정기관이 지역을 기초로 삼고 가능한 한 주민들의 직접 통제를 받아야 한다고 생각했지만, "이 기초적인 수준을 넘어서 연방조직은 점점 더 행정기관보다는 지역 단위들 사이의 협력 기관이 된다. 따라서 국가 자체는 지역들의 연방이 될 것이고, 유럽은 가장 작은 지방의 이해관계가 가장 큰 지방의 이해관계와 동등하게 표현될 연방들의 연방이 될 것이다. 그 이후 모든 사안은 상호 합의와 계약, 중재로 해결될 것이다"라고 봤다(Woodcock 1996). 연방 정부는 협력 기구이지 통치 기구가 아니다. 그리고 그 질서가 만들어졌다고 한들 영원히 지속되는 것도 아니다. 정부는 민중의 필요에 따라 구성되고 재구성될 수 있는 것이지, 그 자체가 독립된 권한을 가질 수 없다.

"프루동에 있어서 사회·경제적 그리고 정치적 질서란 정태적인 것이 아니라, 각각의 질서를 형성하는 갈등적 원리들의 불완전하고 — 그래서 역동적이며 — 잠정적인 균형과 조화를 지향하는, 끊임없이 변화하는 운동"이었다(김영일 2001, 15). 이런 목표를 위해 프루동은 '농업-산업의 연방'과 '지역 공동체들의 연방'을 구상했다. 이 연방 구조 속에서 각각의 단위들은 큰 것으로 흡수되지 않고 동등한 균형 상태를 유지해야 한다. 그렇지 않을 경우 연방의 속성을 잃기 때문에 각각의 정체성과 자율성을 유지하는 문제가 매우 중요하다. 그래서 연방주의 질서를 세우는 것으로 혁명이 완수될 수는 없으며, 시민의 지속적인 감시와 비판, 건설적인 대안을 통해서만 그 정신이 유지될 수 있다.

미하일 바쿠닌 역시《파리코뮌과 국가라는 이데아The Paris Commune and the Idea of the State》에서 "미래의 사회는 아래에서 위로 올라오면서 조직되어야 하고 자유로운 결사체와 노동자들의 연방들로, 먼저 결사체에서 그 다음에 꼬뮌들로, 지역으로, 국가로, 마지막에는 거대한 국제적이고 보편적인 연방으로 조직되어야만 한다. 오직 이런 사회에서만 해방과 전체의 행복이라는 참되고 필수적인 질서가 실현될 것"이라고 주장했다(애브리치 2004, 403). 연방주의의 과제는 단순히 국가기구를 해체하는 데 그치지 않고 세계적인 형태로 연방을 새로이 재구성하는 것이다. 분권을 통해 지역의 자율성을 확보하고 그런 지역들 간의 네트워크를 구성하며 궁극적으로 국제석인 형태의 네트워크를 건설하는 것이 바로 풀뿌리민주주의의 연방주의다. 그리고 이런 형태의 연방 개념이 최근 유럽을 중심으로 확산되고 있기 때문에 이런 구상이 비현실적이라고만 볼 수는 없다.

크로폿킨의 생각도 비슷했다. 크로폿킨은 앞서 살펴본 대로 길드와 촌락 공동체의 연대를 모색한 "12세기의 유럽인은 본질상 연방주의자였다"고 평가한다(크로포트킨 2009, 108). 그 뒤 "자유로운 발기와 자유 협약의 오랜 연방주의 정신"은 점점 소멸했고, "이미 도시들이 스스로 작은 국가들로 변신하자, 후자는 강력한 국가에 병합되는 운명을 피할 수 없게 되었다"(크로포트킨 2009, 111). 나아가 크로폿킨은 문명사에는 두 가지 적대적인 전통이 있는데, "그것은 로마적 전통과 민중적 전통, 황제적 전통과 연방적 전통, 권력의 전통과 자유의 전통"이라고 주장한다(크로포트킨 2009, 138). 지배의 역사만 있는 게 아니라 대결과 건설의 역사도 존재했다. 다만 그 역사가 파괴돼 우리의 기억에서 지워졌을 뿐이다.

특히 크로폿킨은 농촌과 도시가 완전히 분리되지 않는다면 계속 새로운 가능성을 찾을 수 있다고 봤다. 크로폿킨은 프루동이 구상한 연방주의를 실제 역사에서 검증했다.

스위스를 보자. 그곳에서의 연합은 무엇보다도 프랑스 란 지방에 있는 것과 유사한 농촌공동체들(칸톤) 사이에 생겼다. 왜냐하면 도시가 폭넓은 대외적인 상거래를 했던 다른 나라들에서 그랬던 것처럼, 스위스에서 도시들은 농촌과 완전히 분리된 적이 없었기 때문이다. 16세기에 스위스의 도시들은 농촌이 봉기할 때 도움을 주었다. 이 때문에 연합은 도시들과 농촌을 하나의 연방으로 통일해 지금까지 성공적으로 존속시켰다. 그러나 본질상 국가는 자유연합을 용인할 수 없다. 자유연합은 국가의 입법자들을 경악하게 만든다. '국가 안의 국가!' 국가는 스스로 존재하는 자발적인 연합을 국가 안에 두는 것을 용인하려 하지 않는다. 국가는 신민만을 인정한다. 국가와 그의 지주인 교회만이 개별적인 개인들 사이의 연결고리가 되는 절대적 권리를 갖게 되었다. 분명한 것은, 국가는 시민들 사이의 직접적 관계에 기초한 도시를 필연적으로 파괴하려 노력한다는 것이다. 국가는 필수적으로 그러한 도시에서 모든 내적 관계를 파괴하고, 도시 자체를 파괴하며, 도시들 사이의 모든 관계를 파괴해야 했다. 연방의 원리 대신에 국가는 복종과 규율을 수립해야 했다. 이것이 국가의 가장 기본적인 원리다. 이것이 없다면 국가는 국가이기를 중단하고 연방으로 변화된다.(크로포트킨 2009, 115)

이렇게 보면 아나키즘의 정치 구상은 무정부주의가 아니라 연방주의라는 이념으로 구현된다. 연방주의는 풀뿌리민주주의가 실현될 수 있는 사회다. 개인과 사회가 자유를 누리며 자기 에너지를 실현할 수 있는 정치 체제가 연방주의이고, 지금의 중앙집권형 국가 체제를 전환시킬 수 있는 현실적인 방법이다.

그렇지만 이런 전환을 위해 지금 당장 국가권력을 해체하자고 주장하는 것은 아니다. 분명히 아나키즘이나 풀뿌리민주주의는 직접민주주의의 실현을 목표로 한다는 점에서 국가 체계의 지양을 목표로 삼을 수밖에 없다.[2] 그러나 현실적으로 국민국가 체계를 일국 차원에서 변화시

---

2 아나키즘이 주장하는 연방주의는 그 맥락이 조금 다르기는 하지만 자율주의가 주장하는 연방주의하고 비슷한 내용을 가진다. "연방주의와 지역 자치, 노동자시민들에 의한 행정의 재전유, 대의제와 민주주의와 과세의 새로운 형식들, 새로운 복지, 그리고 보조와 계획의 양상의 새로운 형식들, 개인들과 가족들에 대한 새로운 서비스들, (학술적인, 그리고 지속적인) 교육의 재창안, 그리고 무엇보다도 일체의 보편적인 시민권 소득. 이러한 개혁들은 삶과 생산이 중첩되는 곳인 사회의 필요에, 각자가 그리고 누구나가, 응답하는 것들이다. 그러므로 연방주의와 새로운 복지는, 우리들의 생산양식에서 공동의 기초를 강화하기 위해 확고하게 연결되어 함께 나아가는 정치이다"(네그리·가따리 2000, 53).

키기란 불가능하므로 잠정적으로 연방주의라는 대안이 필요하다(독일 녹색당은 '지역들의 유럽Europe of Regions'을 주장하기도 한다). 연방주의 아래에서 지역은 자율성을 확보하게 될 것이고, 그 자율성은 연방주의를 통해 지역의 배타성을 제거하게 될 것이다.

그리고 연방주의는 실현 가능성뿐 아니라 현실적인 필요에 따라 요구되기도 한다. 왜냐하면 규모에 따라 처리할 수 있는 문제가 다르기 때문이다. 예를 들어 지역적인 규모에서 해결할 수 있는 문제를 국가적인 의제로 요구할 수 없고, 국가적인 사안을 지역에서 해결할 수 없다. 따라서 중요한 점은 숀 쉬한의 말처럼 "탈조직화dis-organization는 해체disorganization와 같은 게 아니"라는 사실이다(쉬한 2003, 80). 연방주의는 단순히 탈국가를 외치는 게 아니라 새로운 형태의 정치질서를 구성하려는 노력인 것이다.

연방주의는 생태주의이기도 하다. 머레이 북친M. Bookchin은 사회생태론social ecology을 주장하면서 연방이 돼야 탈중심화가 되고 자연에도 자유가 보장된다고 주장한다. "'자유로운 자연'이 확보되려면 도시들이 탈중심화decentralization되어 주변 자연환경에 최적화된 공동체들의 연방으로 바뀌어야 한다. 상보성의 윤리에 따라, 각종 친환경 기술은 물론이고, 태양, 풍력, 메탄과 같은 재생 가능한 에너지 자원들, 유기농, 그리고 인간적 규모로 설계되고 연방 공동체들의 지역적 수요에 맞게 설계된 다용도 산업 시설 등, 이런 여러 가지가 생태적으로 건강한 세계를 형성하는데 모두 동원되어야 한다. 재활용도 중요하지만 후속 세대가 지속적으로 사용할 수 있는 고품질의 상품을 생산하는 일도 중요하다"(북친 2012, 60). 그런 의미에서 연방주의는 지속 가능한 정치 체제이기도 하다.

이념이라고 해서 연방주의가 어떤 정해진 정치 질서를 뜻하지는 않는다. 프루동은《연방의 원리Du Principe federatif》라는 책에서 모든 정치 질서가 기본적으로 권위와 자유라는 두 가지 원리를 품고 있다고 말한다. 고분고분하게 따르는 신앙과 자유로운 이성을 따르는 이 두 원리는 서로 대립하지만 하나가 다른 하나를 완전히 압도하지는 못한다. 때로는 자유의 질서 자체가 자유를 가로막기도 하고, 때로는 권위가 자유의 가면을 쓰고 등장하기도 한다.

그래서 프루동은 어떤 순수한 원리를 표방하는 것보다 두 원리를 조절해야 한다고 믿었고, 이런 일을 가능하게 하는 체제가 연방주의라고 봤다. 불가능한 순수성을 탐하지 않고 현실적인 해결책을 추구하는 것이다. 자유로운 상호 계약으로 연방 국가를 세운 시민은 자신이 국가를 위해 희생한 만큼을 국가에서 얻어야 하고, 계약의 구체적인 목적을 실현하기 위한 경우를 제외하면 국가는 시민의 자유와 주권, 주도권을 보장해야 한다. 어떤 경우에든 시민의 자유와 주권, 주도권은 양도될 수 없으며, 시민이 자신의 자유와 주권을 보류하는 경우는 더 많은 자유와 권위를 누리기 위한 때뿐이다. 연방 국가는 지배나 통치가 아니라 시민들이 더 많은 자유를 누리기 위해 서로 각자에게 지운 의무다. 뒤집어 말하면 그런 자유를 보장하지 못하는 정부는 연방 정부가 아니다.

연방 권력은 지방정부의 수나 중요성을 무시할 수 없고, 마찬가지로 지방정부는 시민의 권리와 특권을 결코 억누를 수 없다. 연방 국가는 국가보다 시민에게, 중앙 권력보다 지방정부에 더 많은 권력을 줘야 한다. 연방 국가는 '유기적인 분리organic separation'의 원칙을 따라서 모든 권력을 분리시킬 수 있는 만큼 분리시켜야 하며, 공공 행정은 전적으로 공개되고 통제돼야 한다. 이런 정부 아래에서 아나키즘은 시민과 사회환경의 변화에 따라 자기 질서를 재구성하고 공동체 간의 관계를 자율적으로 조절할 수 있다.

4부

와 혜 호
의 급 자
제 경

분권과 자치를 외친 사회운동은 근대 국가의 권력을 약화시키려 했고, 사회적 연대와 자급自給을 주장하는 경제 운동은 자본주의 시장경제의 힘을 대체하려 했다. 이런 실천적인 노력은 근대 국가와 자본주의를 자율적 공동체들의 공동체로 대체하려 했고, 이 과정에서 자치운동과 자급운동은 접합 지점을 만들어갔다. 예를 들어 프루동은 소유를 축적이 불가능한 점유로 대체하고, 협동조합의 건설과 이 과정을 지원할 인민은행의 창립으로 자본주의 사회를 변화시키려 했다. 프루동의 관심은 노동의 상호성을 보장할 수 있는 사회 체계를 구성해 농민과 노동자가 스스로 자기 삶을 개선하도록 지원하는 데 있었고, 이런 구상은 지방자치를 보장하는 '연방주의'로 구체화됐다. 여기서 국가의 성격은 정치적인 것에서 경제적이고 사회적인 것으로 변한다(이런 전환은 정치의 가능성을 제거하는 게 아니라 지역의 정치를 더욱더 활성화한다).

이런 구상을 스와라지와 스와데시라는 핵심 원칙으로 정리한 간디는 마을 스와라지를 주장하며 이 둘을 결합한 마을 공동체를 구상했다. 간디는 마을 스와라지를 "상호 의존적인 완전한 공화국"이라 주장했다. "모든 마을의 첫째 관심사는 자신의 식량작물과 옷을 위한 목화를 키우는 일이다. 마을은 가축들을 위한 비축양식을 가지고 있어야 하고, 어른과 아이들을 위한 오락과 놀이터가 있어야 한다. 그리고 가용 토지가 더 있으면 '쓸모 있는' 환금작물을 키워서 마리화나, 담배, 아편 등을 쫓아내어야 한다. 마을에는 마을극장, 학교, 공회당을 둘 것이다. 깨끗한 물 공급을 보장하는 자체의 급수시설을 가지고 있을 것이다. 이것은 우물이나 저수조를 통제 관리하여 할 수 있다. 교육은 기초과정의 끝까지 의무적으로 이루어질 것이다. 가능한 한 모든 활동은 협동체제로 수행될 것이다. 불가촉천민이라는 등급이 있는 오늘날의 카스트 제도는 존재하지 않을 것이다. 불복종과 비협력의 수단을 동반한 비폭력이 마을공동체의 제재 규약이 될 것이다"(간디 2006, 60~61). 간디 역시 수십만 개의 마을로 구성된 연방 공화국을 꿈꿨는데, 그 전제는 자급이었다.

4부에서는 아나키즘의 경제 구상을 살펴본다. 아나키스트들, 특히 크로폿킨은 아나키즘 경제의 몇 가지 원칙을 제안했다. 첫째, 노예 노동을 정당화하는 임금 제도의 폐지, 둘째, 사적 소유권의 폐지와 공유 제도의 확대, 셋째, 농촌과 도시의 호혜망의 구성이다. 이 세 원칙을 중심으로 아나키즘의 경제 구상을 살펴보자.

1장. 임금 제도와 살림살이의 붕괴

임금 제도는 노동을 유일한 생존 방식으로 만들었다. 자본가들이 만든 무노동 무임금 원칙은 '일하지 않는 자여 먹지도 말라'는 논리를 노동자들 스스로 각인하게 만들었다. 그러나 일하지 않는 자는 정녕 먹지도 말아야 하나? 그렇다면 일하지 않는 아이, 노인, 전업주부는 먹지 말아야 하나? 이런 물음을 피하려고 자본주의는 가족 임금 제도를 마련했다. 남성이 생계 임금을 버는 동안 여성은 가족과 가계를 부양한다. 그러면서 국가와 자본은 생계를 지탱해오던 다른 사회적 관계들을, 자립 경제의 기반들을 하나씩 파괴했다.

그런 의미에서 임금 제도는 정치적인 것이기도 하다. 정치적인 시민권을 보장받은 사람이라도 공장에서 굴욕적인 노예 노동을 한다면 자신의 주체성을 온전히 실현하기 어렵기 때문이다. 주체적인 시민이 일터의 굴욕을 감당해야 한다면 그 사람의 주체성도 수그러들 수밖에 없다.

1. 임금 제도와 부의 독점

19세기에 프루동은 소유란 도둑질이라는 혁명적인 발언으로 유럽을 깜짝 놀라게 했다. 더구나 그때는 유럽에서 울타리 치기(인클로저) 운동이 시작돼 사적 소유권이 확립돼가던 시기였다. 과거에는 모든 사람이 자유롭게 이용하던 들판이나 산이 사유화돼 가축에 풀을 먹이거나 땔감을 마련하는 일이 금지됐다. 그런 엄혹한 시기에 프루동은 부당한 소유를 개선하라는 정도의 요구가 아니라 소유권을 보장하는 인간의 권위나 법률이 무효이며 그런 권위나 법률이 노예 제도나 다름없다고 주장했다. 그러니 얼마나 사람들을 놀랐을까.

그런데 소유를 부정하는 것이 무언가를 생산하기 위한 인간의 노동권을 부정하는 것은 아니다. 특히 프루동이 비판하는 소유는 공동의 사물에 관한 권리다. 예를 들면 토지는 대표적인 공동의 물건이다. 프루동은 토지야말로 인간이 생명을 보존하는 데 반드시 필요한 것이기 때문에 공동의 것이어야 하며, 결코 개인이 배타적으로 소유해서는 안 된다고 주장했다. 즉 양이 제한돼 있는 토지는 특정인이 아니라 모든 사람의 이익과 안전을 위해 이용돼야 한다. 프루동은 단호하게 주장했다. "권리의 평등은 욕구의 평등에 의해 정당성을 갖는다"(프루동 2003, 146). 누구나 배불리 먹을 욕구를 갖고 있기 때문에 소유권은 제한받아야 한다. 이런 생각을 바탕으로 프루동은 자본주의 논리에 반하는 경제학의 원리를 세웠다.

1. 노동은 그 자체로는 자연물들에 대하여 어떠한 전유專有 능력도 갖지 못한다.
2. 그러나 노동의 이러한 능력을 인정해 줌으로써 사람들은 노동의 유형, 생산물의 희소성, 생산능력의 불균등 여부에 관계없이 소유의 평등으로 인도된다.
3. 정의의 질서 안에서는 노동이 소유를 '파괴한다.' …… 인간은 이 질료를 점유하고 사용할 뿐이며 항구적인 노동의 조건 아래서 일정 기간 동안만 자신이 생산한 사물들에 대해 소유권을 가진다.(프루동 2003, 162)

이렇게 프루동은 노동의 대가라고 해서 그것이 그 사람의 영원한 소유일 수는 없다고 주장했다(대표적으로 프루동은 상속 제도를 폐지하려 했다). 노동의 대가로 받은 어떤 물건이나 생산물을 이용할 권리는 있지만 그것을 영원히 소유할 권리는 없다. 특히 모두 함께 일해서 얻은 대가는 한 사람의 것이라 할 수 없다. 협동 노동의 성과는 모든 사람의 것이고 따라서 모든 사람의 필요에 따라 공평하게 나눠야 한다(프루동은 자본가들이 착취하는 것이 바로 이 협동노동의 결과인 공동의 성과라고 지적했다). 그렇다면 다른 사람들보다 일을 더 잘하고 많이 하는 사람은 어떻게 보상받아야 할까? 이 질문에 프루동은 왜 그런 사람이 더 많이 일을 해야 하느냐고 되물었다.

6시간 만에 자기 일을 끝마칠 수 있는 노동자에게 자기의 힘과 활동이 더 많다는 구실로, 자기보다 덜 숙달된 노동자의 일감을 빼앗고 그리하여 그의 노동과 빵을 강탈할 권리가 있는가? 누가 감히 이런 주장을 고집할 수 있겠는가? 다른 사람보다 먼저 일을 마친 이는 원한다면 휴식을 취할 수 있으리라. 힘을 재충전하고 영혼의 양식을 얻으며 삶을 쾌적하게 가꾸기 위해 운동이나 유익한 일에 몰두하는 것도 좋으리라. 그는 누구에게도 해를 입히지 않고 이런 일을 할 수 있다. 또한 다른 이에게 보탬이 되는 일을 할 수도 있으리라. 활력, 친분, 근면 그리고 이로 말미암은 모든 개인적 장점은 자연의 몫이며, 어느 정도까지는 개인의 몫이다. 사회는 이들에게 적합한 응분의 평가를 부여한다. 그러나 사회가 이들에게 주는 보수는 그들의 능력이 아니라 그들이 생산한 것에 비례한다. 이렇게 각자의 생산 몫은 모두의 권리에 의해 제한된다.(프루동 2003, 191)

자본주의 논리에 익숙한 우리에게는 이상하게 들리겠지만 축적되는 소유가 없다면 무조건 열심히 일해야 할 필요도 사라진다. 무조건 일만 열심히 하지 않고 오히려 그 여유와 시간을 다른 곳에 활용할 수 있게 된다. 탁월한 재능은 분명 축복받은 재산이지만 뛰어나다는 이유로 다른 사람들보다 많이 보상을 받을 이유는 없다. '각자의 성취에 따라 각자의 몫을', 이것이 바로 프루동이 제안하는 평등의 법칙이었다.

프루동하고는 조금 다르게 크로폿킨은 자본주의의 주요 모순을 임금 제도에서 찾았다. "임금 제도는 토지 및 생산도구의 사유에서 발생한다. 그것이 자본주의 생산 발달의 필수조건이었고 '이익 분배profit-sharing'의 형태로 위장하려 하지만 자본주의와 함께 없어질 것이다. 노동 도구의 공동 소유는 필연적으로 공동 노동의 성과를 공동으로 향유하도록 만들 것이다"(Kropotin 1990, 31). 임금 제도는 노동자들이 노동력을 팔지 않고는 생활할 수 없게 만든 자본가들의 족쇄다.[1]

베르흐만A. Berkman은 "자본주의 체제에서 노동자는 옛날처럼 혼자서 스스로 일할 수 없다"고 비판하면서 노동자가 공장을 짓고 기계와 생산도구를 만들고 상품을 생산하지만 고용주가 이 성과를 독점하는 배치를 '임금 제도'라고 부른다(Berkman 2003, 7~8). 마치 프루동처럼 베르흐만은 고용주는 그 부를 자신의 수익으로 유지하지만 노동자는 임금만 받는 상황을 어찌 "사기나 도둑질이 아니냐?"고 묻는다(Berkman 2003, 11). 임금 제도는 노동력의 대가를 받는다는 허위의식을 불어넣어 이런 모순을 정당화한다.

그리고 임금 제도는 노동자가 생산한 부를 독점할 뿐 아니라 노동자를 임금 노예로 만든다.

---

1 이런 생각에는 아나코-코뮌주의자들하고 다르게 개인 재산과 시장경제를 찬성한 개인주의적 아나키스트들도 공감했다. 대표적으로 미국의 아나키스트 벤저민 터커(B. Tucker)는 워런(J. Warren)의 '시간상점(time store)' 구상을 받아들이고 발전시켜 '자유화폐(free money)'를 제안했다. "노동가와 수요 공급의 결정은 자유시장, 즉 통화, 토지, 관세, 전매 및 특허가 폐지된 시장을 통해 이루어진다. 그러므로 그것은 개인의 윤리적 행동에 의해서가 아니라 이윤을 추구하는 개인들 간의 경쟁 속에서 자연스럽게 조절된다"(김은석 2004, 174).

그는 소액의 불확실한 임금을 받기 위해 노동력을 팔지 않으면 안 된다. 그의 아버지도 할아버지도 이 농토를 매수하고, 이 공장을 건설하고, 이 기계를 완성시키기 위해 일했다. 그들은 그 일을 위해서 전력을 쏟았다. 그리고 그 이상 더 무엇을 그들이 바칠 수가 있었겠는가? 그러나 그들의 후손은 가장 미개한 야만인보다도 더 가난하게 세상에 태어난다.(Kropotkin 1990, 10~11)

그러니 임금 노동은 인간에게서 자율성과 주체성을 빼앗고 노예 노동을 강요해 자존감을 없앤다.

임금 제도를 폐지해야 할 또 다른 이유는 노동에 관한 가치 평가가 불가능하다는 크로폿킨의 판단 때문이었다. 크로폿킨은 교환가치나 사용가치가 노동 가치를 평가하는 기준일 수 없다고 봤다.

사회에 대해서 한 서비스는 ─ 그들이 공장에서 일하든 농지에서 일하든 또는 정신적인 서비스이든 ─ 돈으로 가치가 매겨질 수가 없다. 생산에 관해서는 가치 (지금까지는 잘못으로 교환가치라고 말해졌던 것) 또는 사용가치에 관해서 정확한 척도가 있을 수 없다. 두 사람이 다 같이 사회를 위하여 같은 정도로 마음에 드는 서로 다른 일을 몇 년 동안 하루에 5시간 일해 온 것을 보면 우리는 대체로 그들의 노동은 거의 동등하다고 말할 수 있을 것이다. 그러나 그들의 일을 나누어서 한 사람의 작업량이 다른 사람이 같은 시간, 일한 생산물과 똑같은 가치가 있다고 말할 수가 없다.(Kropotkin 1990, 213~214)

여기서 능력에 따라 일하고 필요에 따라 취해야 할 이유가 나온다. 개인의 노동이라 해도 그것에는 사회성이 깃들어 있기 때문에 그 양을 정확히 측정하는 일은 불가능하다.

마찬가지로 노동의 가치를 화폐로 평가할 수도 없다. 크로폿킨은 그런 과정이 자연스럽다고 생각하지 않았다. "행해진 노동이 화폐 또는 어떤 다른 형태의 임금으로 평가되기 시작한 때부터, 사람은 그의 노동에 대해서 알맞게 지불될 수 있는 임금만을 받을 뿐일 것이라고 말해졌을 때부터 국가가 원조하는 자본주의 사회의 전 역사는 미리 쓰여진 것과 다름이 없었고 자본주의 사회는 이 원리 안에 맹아로서 포함되어 있었기 때문이다"(Kropotkin 1990, 213). 이런 주장은 역사적인 경험에도 일치한다. 러미스와 스콧은 국가에 내야 하는 인두세 때문에 사람들이 화폐를 받는 노동을 하지 않을 수 없었다고 지적한다(러미스 2002, 73; 스콧 2004, 140~156).

그런데 마르크스주의는 이런 주장을 진지하게 받아들이지 않는다. 왜냐하면 생산력과 생산관계의 모순을 조화시킬 방법 없이 단지 임금제도를 폐지하는 것만으로 사회가 바뀐다고 생각하지 않기 때문이다. 이런 생각은 타당하다. 그렇지만 그레이버D. Graber는 마르크스주의 분석이 한 사회의 불평등과 착취가 사회관계 속에서 재생산되는 과정을 파악하는 유효한 방법이지만, "그것은 어디까지나 지배계급이 생산 활동의 대부분을 담당하는 사람들에게 잉여노동을 강제할 수 있는 제도적 장치를 확보하고 있는 사회, 즉 국가 사회를 분석하기 위한 모델"이라며 한계를 지적한다(그레이버 2009, 75). 그리고 그레이버는 한 사회에 경제라는 개념을 적용하려면 "한 사회가 그 자신에게 음식과 주거 공간 및 다른 물질적 재화들을 공급하는 구체적 과정들을 검토해야" 하고, "이런 재화 공급의 전 과정이 전체로서의 사회 안에서 이루어지는 것으로서 결코 정치나 친족관계, 혹은 종교 등과 구별할 수 있는 별도의 행위 공간에서 이루어지지 않는다는 사실"을 염두해야 한다고 주장한다(그레이버 2009, 45). 그런 점에서 어떤 노동이 진정으로 생산적이냐고 묻는 우리의 물음도 달라져야 한다. 자신의 몸과 정신을 해치면서 열심히 일하는 삶이 과연 개인이나 사회에 도움을 줄까?

비슷한 맥락에서 마리아 미즈M. Mies와 베로니카 벤홀트-톰젠Veronika Bennholdt-Thomsen은 임금 노동 체제라는 이데올로기를 비판한다. 자본주의와 사회주의가 모두 "기술 발달에 대해 확신을 갖"고 생산력주의에 빠져 있기 때문에 "자본-임금 노동 관계와 묶여 있어서 어떤 다른 체제의 일은 생각할 수도 없다고 믿는 것"이 바로 임금 노동 체제의 이데올로기다(미즈·벤홀트-톰젠 2013, 314). 특히 두 사람은 "임금 노동에 대한 집착은 바로 근대 가부장제 이데올로기의 도구"라고 비판한다. "이 개념은 여성적 요소에 대한 배제와 부정이라는 점에서 남성 중심적이다. 임금 노동은 일상생활, 특히 아이들과 노인에게 직접 필요한 부분을 제공하는 어머니와 여성의 일이 아닌, 산업화된 남성의 노동 모델이다. 따라서 동등한 임금, 동등한 직업, 동등한 승진과 같이, 임금 노동에서 여성의 역할이란 결국 남성이 만들어놓은 삶의 방식에 여성이 점차 적응해야 한다는 것을 의미"한다(미즈·벤홀트-톰젠 2013, 316). 임금을 받을 수 있는 남성의 노동과 임금이 없는 여성의 노동이 자본주의를 지탱하는데, 노동하지 않는 여성도 사실상 대가 없는 노동을 통해 자본주의를 지속시킨다는 것이다. 화폐경제 내부에 그것을 보완해온 비화폐경제가 없었다면 자본주의는 사실상 지속되기 어려웠다.

그런 점에서 자본주의 사회에서 생산은 타자(자연, 여성, 아이들)를 고려하지 않으며 타자를 희생시켜야만 가능하다. 마리아 미즈M. Mies는 자립 경제의 관점으로서 '서브시스턴스subsistence'를 강조하며 아래에서 시작되는 변화를 모색해야 한다고 주장한다. 자급의 관점은 자본주의 상품 생산이나 상품화 과정을 거부하고, 돈과 상품의 생산이 아니라 우리 자신이 직접 삶을 생산하고 재생산할 것을 강조한다. 상품의 생산이 아니라 '삶의 생산'이 중요하다는 말이다.

따지고 보면 자본주의나 사회주의 모두 노동자들에게 노동을 강요하고 노동을 신성시하는 '노동 사회'였다. 다만 자본주의는 노동자들이 생산한 부가 국가와 자본가의 손에 독점되고 사회주의는 그 부가 국가의 손에 독점될 뿐이다. 이런 상황에서 열심히 일하는 것은 국가와 자본의 힘을 더욱 강하게 만들 뿐이고, 국가와 자본 사이에도 시장 제패를 위한 전쟁이 끊임없이 일어난다. 전쟁이 일어나면 전쟁에 참여하는 사람들 역시 노동자다. 크로폿킨은 이런 체제하고 단호히 단절할 것을 요구한다.

특히 크로폿킨은 국가와 전쟁, 자본주의 발전의 연관 관계에 주목했다. 크로폿킨은 "자본가들을 만드는 것은 빈곤이다. 만일 빈민의 수가 중세 시기에 아주 빠른 속도로 늘어났다면 그것은 국가의 수립에 뒤이은 침략과 전쟁 때문이고, 동양을 착취해서 가져온 부의 증가 때문이다. 이것이 한때 농촌 공동체와 도시 공동체를 결합시켰던 유대 관계를 산산조각 내었고, 예전에 실천했던 연대가 아니라 착취하는 자들에게 아주 소중한 임금 원리를 요구하도록 가르쳤다"라고 강조했다(Kropotkin 1990, 220). '잘 살 권리right to well-being'와 '노동의 권리right to work'를 구분하는 크로폿킨은 잘 살 권리가 "사람답게 살고 자녀들을 우리보다도 더 나은 사회의 구성원이 되게끔 양육"하는 권리라면, 노동의 권리는 "장차 부르주아 계급에 의해서 항상 지배되고 착취되는 임금 노예, 고역자가 되는 권리"를 뜻한다고 주장한다(Kropotkin 1990, 28).

바로 이 점 때문에 크로폿킨은 바쿠닌의 집산주의collectivism를 비판한다. 왜냐하면 "집산주의는 주지하는 바와 같이 현존 질서에 몇몇 변경을 가져오지만 임금제는 그대로 유지"하고, "개인 고용자를 국가, 즉 전국 또는 지방의 대의제 정부가 대신할 뿐"이기 때문이다. 집산주의 아래에서 산업을 관리하고 생산 결과물을 사용하는 권한을 보유하는 사람들은 코뮌의 대표자나 관료들이다. 이런 체계를 유지하면 또 다른 형태의 착취가 생길 수밖에 없다. 그래서 크로폿킨은 단호하게 선언한다. "앞으로의 혁명이 인류에게 할 수 있는 최대의 봉사는 모든 형태의 임금제를 불가능하게 만들고 공산주의, 즉 임금 제도의 부정을 들고 나오지 않을 수 없는 상태를 창출하는 일"이다(Kropotkin 1990, 71).

그러면서 임금 제도를 옹호하는 사람들은 민중이 강제를 받지 않는다면 일하지 않을 것이라는 걱정에 빠진 사람들이 아니냐고 크로폿킨은 묻는다. 크로폿킨은 그런 사람들이 미국의 노예 제도를 유지해야 한다고 주장한 사람들이나 농노를 해방시키지 말아야 한다고 주장한 러시아 귀족하고 다를 게 없다고 말한다.

"매질을 하지 않으면 흑인은 일하지 않을 것이다"라고 노예 제도 주장자는 말했고, "주인의 감독 없이는 농노는 밭을 갈지 않을 것이다"라고 러시아의 귀족은 말했다. 이것은 1789년에 프랑스의 영주들이 말했던 것의 되풀이이며 중세의 되풀이이며 세계와 더불어 오래된 되풀이이며 우리는 인류에 있어서의 부정을 쓸어 내는 것을 문제로 할 때 언제나 이 말을 들을 것이다. 그리고 그때마다 현실은 그것이 명백한 거짓임을 보여 준다. 1792년에 해방된 농민은 그들의 선조도 모를 정도로 열심히 밭을 갈았다. 해방된 흑인은 그들의 아버지보다도 더 잘 일하고 있다. 러시아의 농민도 일요일과 마찬가지로 성금요일(부활절 직전의 금요일)까지도 축제하여 그들의 해방이 보다 완전한 것인데 상응한 열성을 가지고 또다시 일에 임했다. 토지가 자기의 것인 곳에서 농민은 필사적으로 일한다. 이 말은 금언金言이다. 노예제도 주장론자가 늘 하는 말은 노예 소유자에게는 그만한 가치가 있을지도 모른다. 노예 자신에 대해서는 어떤가 하면 그들도 그 가치를 알고 있다. 그 동기를 알고 있기 때문이다.(Kropotkin 1990, 179)

크로폿킨은 따라서 임금 제도를 폐지하고 국가도 폐지해야 한다고 주장한다. 앞서 살펴본 사회혁명의 의미가 또 한 번 강조된다.

임금 제도는 공산주의의 단점을 제거하기 위해서 만들어진 것이 아니다. 그 기원은 국가와 사유제의 기원과 마찬가지로 전혀 다른 데 있다. 임금 제도는 폭력에 의해 강요된 노예제와 농노제에서 생겨난 보다 더 현대화된 변형일 뿐이다. 이리하여 임금제를 편드는 이 논의는 사유재산과 국가를 변호하려고 하는 논의 이상의 가치를 가지지 않는다.(Kropotkin 1990, 190)

임금 제도가 부를 착취하고 독점하기 위한 도구일 뿐이라는 주장은 노동의 성격을 근본적으로 바꾼다. 임금이 아니라 능력에 따라 일하면 능력이 계속 발전될 수밖에 없고, 그런 에너지가 서로 교류하며 사회의 호혜망을 더욱더 단단하게 만든다. 그리고 임금 제도가 없다면 누가 자신의 존엄을 버리고 다른 사람의 부를 축적하기 위해 일하겠는가. 그렇게 해서 임금이 사라지면 임금에 지배되던 다른 사회적 관계도 변하지 않을 수 없다. 그러면 우리는 노동 사회에서 벗어날 수 있다.

2. 유쾌한 노동과 자유로운 협약, 자유로운 공산주의

마르크스의 사위 폴 라파르그P. Lafargue는《게으러질 권리The right to be lazy》라는 책에서 강제 노동을 거부한다. 라파르그는 "프랑스의 공포시대에 활약한 영웅들의 후손들은 노동이라는 종교 때문에 너무나 타락해, 1848년 혁명으로 적지를 정복하고도 공장 노동을 하루 12시간으로 제한하는 법안을 수용했음을 생각해보라. 그들은 '일할 권리'를 혁명적 원리로 신인했다. 프랑스의 프롤레타리아여 얼마나 수치스러운 일인가! 오직 노예들만이 그처럼 비열한 짓을 하려들 것"이라며 프랑스 혁명을 비판했다(라파르그 1997, 51~52). 프랑스 혁명은 신분제를 폐지했지만 노동자들은 근면한 노동자와 게으른 노동자라는 또 다른 신분으로 구분돼야 했다. 라파르그는 선언했다.

> 원기 왕성한 힘을 실제로 보여주려면 프롤레타리아는 기독교 윤리, 경제 윤리와 자유사상가들의 윤리에 내포되어 있는 온갖 편견을 짓밟아 뭉개야 한다. 프롤레타리아들은 자연의 본능으로 돌아가야 한다. 프롤레타리아들은 매우 형이상학적인 법률가들이 꾸며낸 부르주아 혁명기의 인권선언보다 천배는 더 고귀하고 신성한 이 '게으를 수 있는 권리'를 선언해야만 한다. 하루에 세 시간만 일하고, 나머지 낮과 밤 시간은 한가로움과 축제를 위해 남겨 두는 습관을 들여야 한다.(라파르그 1997, 65)

라파르그는 사회주의자였지만 노동 신화가 가진 위험성을 간파하고 있었던 것이다.

사실 그동안 물질문명의 발달은 고역에서 벗어날 기회를 이미 가져왔다. 자유주의 사상가 버트런드 러셀B. Russell은 청교도적이고 금욕적인 노동 신화가 일을 줄이지 않아 현대 사회에 엄청난 해악을 끼쳤다고 본다. 현대의 생산 방식이 모두 편안하고 안전할 수 있는 가능성을 열어놓았는데도 체제는 과로와 굶주림을 주는 방식을 고집한다는 것이다. 그래서 지금도 우리는 기계가 없던 때처럼 계속 뼈 빠지게 일해야 한다(러셀 1999, 33). 이것을 파킨슨의 법칙Parkinson's law이라 부른다. 항상 일이 늘어나 남는 시간을 채우기 때문에 충분한 시간이란 결코 있을 수 없다는 잔인한 법칙.

열심히 일하는 만큼 돈을 더 번다고 하지만 그런 사람 역시 체제의 틀 밖으로 벗어나지 못한다. 사실 고임금은 양날의 칼 같은 무기다. 고임금의 목적이 실현되려면 노동자들은 여분의 돈을 '합리적'으로 사용할 기회를 가져야 한다. 그 돈을 노동자의 근육이나 신경의 효율성을 유지하고 갱생하며, 가능하다면 증대시키는 데 사용해야지, 오히려 그 효율성을 부식시키고 파괴하는 데 사용해서는 안 된다. 그래서 예전부터 노동력 파괴의 가장 위험한 주범인 알코올 의존증에 맞선 투쟁은 국가의 사업이었다.

모순적이지만 인간 해방을 지향한다던 사회주의도 마찬가지였다. "공산주의 국가에서 정상적인 직업의 포기는 범죄였고 공식적으로 '기생 인간'이 되는 것"이다(젤딘 1999, 545). 노동 신화는 사회주의에서 더 강하게 주입됐고, 노동 해방은 체제 경쟁을 빌미로 계속 미루어졌다. 사회주의자들은 여가를 싫어하면서도 자신들이 지향하는 사회는 아침에 사냥하고 저녁에 철학하는 사회라는 모순을 남겼다.

이런 철칙을 일찌감치 간파하고 벗어나려 한 사람이 샤를 푸리에 C. Fourier였다. 노동에서 쾌락으로 나아가는 변형을 주장한 사상가인 푸리에는 '매력적인 노동attractive labor'이라는 개념을 통해 리비도적 힘의 해방을 추구한다. "산업의 매력은 유쾌한 협동을 가능하게 하는 데 존재한다"고 말한 푸리에는, 그러나 세부적인 계획에서는 이 이념의 현실화를 거대 조직과 관리에 넘긴다. 푸리에가 꿈꾼 이상적 공동체인 팔랑스테르라는 작업 공동체는 자유보다는 '즐거움을 통한 강화'를, 대중문화의 폐지보다는 대중문화의 미화를 예상한다. 자유로운 놀이로서 작업은 관리에 종속될 수 없다. 푸리에는 이런 자유롭고 매력적인 노동을 나비가 꿀을 찾아 이리저리 날아다니며 얻는 쾌락에 비유해 '나비 효과'라고 불렀지만(푸리에 1993, 405~407), 그러나 이런 공동체를 실현할 규율을 만든 점에서 푸리에는 비판을 받았다.

이런 구상들이 등장하면서 근면한 노동에서 자유롭고 유쾌한 노동으로, 노동 사회에서 문화 사회로 나아가는 전환이 조금씩 논의되기 시작한다. 미국의 아나키스트 시인 에드워드 카펜터는 《산업 자유의 방향》에서 "첫째는 생활 그 자체가 뭔가 선량하고 아름다운 것, 실제로 살 가치가 있는 것으로 되어야 하고 또한 되지 않으면 안 된다. 둘째는 산업 그 자신이 쾌락하지 않으면 안 된다"고 말했다. 노동이 쾌락으로 받아들여지려면 자유롭고 창조적인 성격을 지녀야 한다는 주장이다. 간단히 말해 노동이나 산업이 '예술'이 되고, 모든 사람이 '예술가'가 돼야 한다는 것이다(玉川信明 1991, 73).

영국의 아나키스트 윌리엄 모리스w. Morris는 공예 노동과 손작업을 옹호하며 기계 문명을 반대했다. 진정한 "노동의 대가는 '삶'"이고 뛰어난 노동은 '창조'라는 대가를 받는다고 주장하는 모리스는 "뛰어난 일을 뜻하는 '창조의 기쁨'에 대해 당신이 대가를 지급받고자 한다면, 그 다음에는 아이를 낳는 데 대해서도 대가 청구서를 보낸다는 말까지 듣게 될 겁니다"라고 말한다. 또한 모리스는 노동이 강요에서 벗어난다면 심지어 육체노동도 즐거울 수 있다고 말하는데, "그 이유는 첫째로, 우리가 명예와 부의 증가를 기대하며 일을 하기 때문"에 "일 자체는 즐거운 게 아니더라도 일을 하면서 즐거운 흥분을 느끼게" 되고, "둘째, 당신이 기계적인 일이라고 부를지 모르는 종류의 일이라도 그것이 즐거운 습관이 될 수 있"으며, "셋째, 일(우리 일의 대부분이 바로 이런 종류입니다) 그 자체에 의식적인 감각의 즐거움이 있을 수도 있"기 때문에 바로 이런 노동이 "예술가로서 하는 일"이라고 주장한다(모리스 2004, 166~167). 육체노동은 피해야 할 부끄러운 일이 아니고, 그 속에서 예술이 싹틀 수도 있다. 노동과 예술을 단절시킨 사회에서 모리스는 공예 노동을 통해 그 둘의 관계를 다시 회복시키려 했다.

비슷하게 더글러스 러미스는 노동의 성격이 생산하려는 결과에 따라 달라진다는 점을 명심해야 한다고 주장한다. 노동에서 즐거움을 배제하고 효율성만 강조하면 노동의 성격도 변하게 되며, 각각의 노동에는 거기에 걸맞는 특성이 따로 존재한다는 것이다.

종종 우리는 생산하려는 결과에 따라 효율성의 기준이 달라진다는 단순한 진리를 잊어버린다. 최소한의 노력이라는 원리는 수단과 목적이 분명하게 구분되는 상황에, 그리고 소외된 임금노동처럼 우리가 목적을 사랑하고 수단을 증오하는 상황에 가장 잘 적용된다. 이것은 음악을 연주하고 사랑을 나누고 춤추고 이야기를 하고 숲을 산책하는 것처럼 수단과 목적이 구분할 수 없을 만치 서로 얽혀있는 상황에는 똑같이 적용되지 못한다. 만약 당신이 친구들과 운동하거나 맛있는 식사를 먹는다면 그것을 가능한 짧은 시간에 끝내는 것은 '효율적'이지 않다. 이런 일과 비슷한 활동들이 많고, 적절한 시간동안 적절한 노력을 쏟는 경우에만 가장 효과적인 일들이 있다. 이런 활동들은 한편으로 치우치면 대체로 망한다.(Lummis 1996)

생산성이 떨어지는 방식이라 할지라도 노동자들은 때때로 지나친 노동 분업으로 노동의 즐거움이 떨어지지 않도록 했고, 소작업장에서는 서로 얘기를 나누며 일을 했다. 노동자들이 작업장을 구성하고 생산에 관련된 권한을 가진다면 스스로 자유로운 노동 조건을 만들 것이다.

크로폿킨도 이런 주장에 공감한다. "경제학자들은 다만 인간은 완전히 자유롭게 일할 때, 자기의 일에 어떤 선택의 여지가 있을 때, 자기를 방해하는 감시자가 없을 때, 끝으로 자기의 일이 자기와 자기처럼 일하는 사람들에게는 이익을 가져다주지만, 누구라도 게으른 자에게는 그렇

지 않다는 것을 알 때만이 진실로 일을 잘하는 것임을 증명하는" 것이
라는 점을 알지 못한다(Kropotkin 1990, 180). 억지로 하는 일이라면 일의 효율
이 오를 수 없다. 크로폿킨은 "임금 노동자가 단순한 필수품을 힘겹게
생산하는 데 반해서, 자유로운 노동자는 노력에 비례해서 자신과 남들
을 위해서 안락과 사치가 증가되는 것을 보고 더욱더 많은 정력과 지능
을 발휘하여 제일급의 생산품을 더욱더 풍부하게 생산한다"고 주장한
다(Kropotkin 1990, 182).

여기서 크로폿킨은 이 유쾌하고 자유로운 노동에 한 가지 중요성을
더하는데, 바로 이런 노동들이 서로 자유로이 협약을 맺을 수 있다는 사
실이다. 공동으로 일하고 공동으로 즐기는 관계 속에서 노동은 자유로
이 서로 협동하고 관련된 협약을 맺는다.

한 예로, 겨울에 모든 촌락민이 모두 공유의 산림에 벌목을 하러 가는 스위
스의 농촌을 들어보자. 가장 열심히 일하는 것과 인간의 힘이 가장 크게 발
휘될 수 있는 곳은 바로 이런 노동의 향연 가운데에서이다. 어떤 임금노동
자도, 사적소유자의 어떠한 노력도 이것에 필적할 수는 없을 것이다.

또한 주민 전체가 촌유村有 또는 마을이 임차하고 있는 목초지에서 풀베기
를 할 때의 러시아의 농촌을 예로 들자, 여기서도 공동으로 일할 때 인간이
얼마나 생산할 수 있는가를 볼 수 있을 것이다. 남자들은 자기의 낫이 가장
넓은 원형을 베기 위해 경쟁하고, 여자들은 베어 둔 풀더미에 뒤질세라 있
는 힘을 다하여 남자들을 뒤따라 베어나간다. 그것은 노동의 향연이며 그때
100사람이 각각 일해서는 수 일이 걸려서도 끝내지 못할 일을 수 시간 내에
끝낸다. 이것에 비하면 고립된 소유자의 일 따위는 얼마나 비참한 대조를
이루는가!

끝으로 미국의 개척자나 스위스, 독일, 러시아의 마을 및 프랑스의 몇몇

지방에서도 많은 예를 찾아낼 수 있을 것이다. 러시아에서 석공, 목수, 뱃사람, 어부 등이 만들고 있는 조합(아르텔)에서 일하는 모습을 보면 그들은 그 제품과 보수까지도 하청업자의 중개를 거치지 않고 직접 나누어 가지게끔 일의 계획을 세워 놓고 있다. 또한 유목민들의 공동 수렵이나 성공을 하고 있는 공동사업을 들 수도 있을 것이다. 그리고 임금노동자의 노동이나 고립된 사유주의 노동과 비교해서 공동 작업의 이론의 여지없이 우월함을 도처에서 보여 줄 수 있을 것이다.(Kropotkin 1990, 181)

이런 구상은 노동의 성격이 분화되지 않고 단순한 시대에나 가능하던 것이 아니다. 불필요한 노동을 줄이고, 스스로 필요한 것들을 만들며, 서로 필요한 것들을 나누면, 다양하고 복잡해진 사회에서도 노동은 훨씬 자유로워질 수 있다. 더구나 자유로운 협약이 맺어진다면 유쾌한 노동의 범위와 종류가 훨씬 다양해질 수 있다. 자발적으로 참여하는 유쾌한 노동에서 더 많은 생산물이 만들어진다.

결국 노동의 성격과 그 노동이 진행되는 방식이 살림살이의 성격을 결정한다. 그런 의미에서 크로폿킨은 공산주의와 '자유로운 공산주의' (자유-코뮌)를 구분했다. 공산주의는 생산과 수요를 예측하고 공동으로 이용하는 방식, 공동 생활을 유지하는 방식, 공동체의 성격과 공동체들 사이의 관계, 공동체 내부에서 개인이 놓인 상황에 따라 조금씩 다른 양상을 보인다. 자유로운 공산주의만이 개인과 사회의 자유를 동시에 보장할 수 있다고 본 크로폿킨은 자유로운 공산주의를 자처하려면 세 가지 항목을 반드시 충족해야 한다고 주장했다(크로폿킨 2009, 246).

1) 자본가가 노동자에게 지불하는 노동시간제 임금 시스템의 폐지. 왜냐하면 이 시스템은 고대 노예제도와 봉건적 농노제도의 현대적 형식일 뿐이

기 때문이다.

2) 생산을 위해 사회에 필수적인 것에 대한 개인적 소유의 폐지.

3) 경제적 노예화를 유지하고 보존하는 정치적 노예화 형식으로부터, 즉 국가로부터 개인과 사회의 해방

임금 노동과 공적인 생산도구의 사적 소유권, 국가의 폐지가 자유로운 공산주의의 전제 조건이다. 이런 자유로운 공산주의, 자유-코뮌은 "절대로 개인의 종속을 조건으로 하지 않"고 "일정한 공동생활 형식 속에서 개인에게 부여된 크고 작은 공간은 여러 사회 제도에 개입된 개인적 자유의 필수성에 대한 관점에 의해 정의된다."

(이곳에서는 — 인용자) 사회 구성원 각자의 생존이 보장되고, 어느 누구도 — 사적인 쉬운 돈벌이를 위해 노동력을 이용하려는 — 주인에게 노동력과 지혜를 팔도록 강요당하지 않을 때에만 가능하다. 마지막으로, 공산주의자들이 하는 것처럼, 사회의 계속적인 발전과 진보를 위한 첫 토대는 직업의 다양성임을 인정하는 것이며, 이것은 다시 개인의 자유 확대를 가능하게 한다. 사회의 구성원 각자가 여가 시간에 과학, 예술, 창작, 사회활동, 발명의 영역에서 하고 싶은 것을 할 수 있다면, 노동시간에 여러 생산분과에서 일할 수 있고, 교육 자체가 이런 목적에 따라 실시된다면, 더 큰 자유가 확보될 것이다. 공산주의 사회에서 이것은 전적으로 가능하다. 왜냐하면 우리 각자 앞에 개인 능력을 모든 방향으로 확대할 수 있는 가능성이 활짝 열리기 때문이다. 과학, 예술, 창작, 발명 등과 같이 전에 접근하기 어려웠던 영역이 모든 사람에게 개방(되기 때문이다 — 인용자).(크로포트킨 2009, 266~267)

자유를 확대하고 능력을 향상시키는 자유로운 노동은 자유로운 공

산주의의 전제 조건이다. 이 사회에서는 개인과 사회의 자유가 모두 실현될 수 있다.

크로폿킨은 공산주의에 자유의 바람을 불어넣었다. 이 사회는 러시아 혁명 이후 만들어진 현실 사회주의의 모습하고 완전히 다르다. 표방하는 이념은 그렇지 않지만 현실 사회주의는 임금 제도를 폐지하지 않고 노예 노동을 지속시켰으며, 생산수단을 국유화해 국가가 관리하면서 민중의 손에 돌려주지도 않았다. 국가가 폐지되기는커녕 국가의 지배가 더 강화됐다. 크로폿킨의 구상은 경제를 다시 인간의 살림살이로 만들어 강력한 대안의 근거지를 만드는 것이었다.

2장. 공유의 원리와 자급의 관점

1. 소유에서 공유로

프루동은 "소유란 도둑질"이라는 주장으로 부르주아지들의 간담을 서늘하게 만들었다. 유럽의 자연법사상 어디에도 소유권을 보장한다는 내용이 없고 사회를 규율하는 원리인 권리가 사회성을 파괴하는 소유를 보장할 수는 없다는 주장이었다. "자신이 생산하지 않은 것을 무력이나 교활한 짓으로 빼앗는 자는 자기 자신에게서 사회성을 파괴하는 자"이고 "그는 강도이다"(프루동 2003, 331).

그렇다고 프루동이 모든 것을 함께 써야 한다는 공유제를 지지한 것도 아니었다. 오히려 프루동은 공유제를 "강자에 대한 약자의 착취"라고 부르며 반대했다. 공유제는 명령이나 의무감이 아니라 자기 자신의 의지에 따라 남에게 봉사하고 희생하기를 바라는 사람의 마음을 해치기 때문이다.

> 획일성을 규범으로 삼고 평준화를 평등으로 여기는 공유제는 전제적이고 부당하게 변한다. 반면에 소유는 그 전제와 침해에 의해 곧 압제적이고 비사회적으로 변한다. 공유제와 소유는 선을 원하지만 그 두 가지가 낳는 것은 악이다. 왜 그런가? 그것은 이 두 가지가 서로 배타적이기 때문이며 제각기 사회의 두 요소를 무시하고 있기 때문이다. 즉 공유제는 독립성과 비례균형을 무시하는 반면, 소유는 평등과 법을 존중하지 않는다.(프루동 2003, 407)

프루동은 무제한의 축적을 강요하는 자본주의와 인간을 평준화하려는 공산주의를 모두 반대했다. 자본주의가 소유의 평등을 보장하지 않고 공산주의가 개인의 독립성을 보장하지 않는다는 지적은 지금 들어도 매우 날카롭다. 프루동은 개인적인 물건을 가지더라도 그 권리가 일정 기간의 점유로 제한돼야 한다고 봤다.

그리고 프루동은 생산물과 생산수단을 구분하면서 설령 생산물의 소유권을 보장하더라도 생산수단의 소유는 절대로 가능하지 않다고 주장했다. "생산물에 대한 소유는 배타적이다. 요컨대 물 안에서의 권리 jus in re이다. 반면에 생산수단에 대한 권리는 공통적이다. 즉 물에 대한 권리jus ad rem이다"(프루동 2003, 170). 혼자 일하지 않고 함께 일하는 공동체에서 생산수단은 평등하게 소유돼야 하며, 자연스럽게 생산 활동에 따른 생산물도 공정하게 분배돼야 한다. 이것이 정의로운 살림살이다.

프루동은 이런 자연적인 질서, 자연적인 사회성을 파괴한 것이 바로 자본주의와 근대 국가라고 봤다. 소유권과 공권력에 도전하기 위해 프루동이 마련한 대안은 생산수단을 공유하는 상호주의와 인민은행, 연방 국가였다. 노동자 각자가 자신을 위해, 그리고 모든 노동자들이 모든 사람을 위해 서로 연대해서 일하는 조합을 만드는 것, 그런 조합의 설립을 지원하고 민중이 서로 신용을 보증하는 인민은행, 이런 일들이 가능하게끔 민중들이 상향식으로 정치 공동체를 운영하는 연방주의, 이것이 프루동이 꿈꾼 세상이었다.

지나치게 낭만적인 구상이라고 비판할 수 있다. 그렇지만 프루동은 인간과 동물이 모두 일종의 사회적 본능을 가지고 있다고 봤다. 이 사회적 본능은 인간과 동물이 자신의 행위를 책임지게 하고 양심의 가책이나 형벌을 받게 한다. 그리고 인간은 동물하고 다르게 이런 본능과 관념을 결합시켜 정의의 원리를 구성하고 관용과 감사, 우애 같은 형평성équité의 원리를 구성한다. 그 원리에 따라 인간 사회는 약자를 도와 대등한 위치로 끌어올리고 강자의 노예가 되지 않으면서도 거기에 상응하는 존중과 영예를 인정할 수 있다고 프루동은 믿었다. 그리고 프루동은 작은 마을들의 연합체인 연방주의 사회가 인류의 대안이라 믿었으며, 이런 믿음은 바쿠닌에게 이어졌다.

바쿠닌도 프루동처럼 노동자보다 농민에게 더 많은 관심을 쏟으면서 소유를 강화하고 빈곤을 강요하는 상속권의 폐지를 강하게 주장했다. 바쿠닌의 집산주의에서도 마르크스주의자의 프롤레타리아 독재에서 그렇듯 분배를 위한 기준은 필요$_{need}$가 아니라 능력$_{performance}$이었다.

크로폿킨은 공유의 필요성을 더 명확하게 제기했다. 크로폿킨은 상호부조와 상호 지원을 바탕으로 사회를 재건하려는 시도가 종교개혁을 통해 행해졌다고 본다. 종교개혁은 가톨릭교회의 부조리에 맞선 저항뿐 아니라 형제애로 뭉친 공동체를 건설하려는 움직임으로 나타나기도 했기 때문이다. 따라서 국가는 이런 시도들을 강력히 탄압해야 했고, 서로 전쟁을 벌일 때도 "어떤 형태로든 시민들이 결성하는 독립적인 동맹은 국가 내에서는 존재할 수 없고, 감히 '제휴'를 꾀하려는 노동자들에게는 고된 노역과 죽음만이 적절한 처벌이 된다는" 점에 대해서는 의견이 일치했다(크로포트킨 2005, 271). 이렇게 근대 국가는 지속적으로 촌락 공동체를 파괴하고 공유지를 몰수하려 했다.

크로폿킨은 이렇게 국가가 사회의 모든 기능을 흡수함으로써 편협한 개인주의가 발전하게 됐다고 본다. 왜냐하면 "국가에 대한 의무가 늘어나면서 시민들은 서로에 대한 의무를 확실히 덜게 되었"기 때문이다. 고대 사회에서는 분쟁이 생기면 국가의 경찰이나 법관이 개입하고, 굶주리는 자 역시 국가가 판단하고 개입할 문제가 됐다(크로포트킨 2005, 272).

그러나 크로폿킨은 촌락 공동체를 재건하거나 대체하려는 시도들이 아직 사라지지 않았다고 판단했다. 특히 "촌락 공동체 제도는 땅을 경작하는 사람들의 요구와 생각에 매우 잘 맞아 떨어"졌기 때문에 "공동체 생활을 하던 시기로 거슬러 올라가는 관습과 습속"이 농민의 삶 속에 녹아들어 있었다(크로포트킨 2005, 281). 실제로 크로포트킨은 동유럽과 프랑스, 독일, 이탈리아, 스칸디나비아, 스페인 등 유럽 전역의 농촌에서 공유제가 존재한다는 사실을 예로 든다. 그리고 민회가 공유지를 관리하고 촌락 공동체가 폭넓은 자치권을 소유하는 스위스를 가장 대표적인 사례로 지목한다. 스위스는 관습적인 상호부조뿐 아니라 협동조합을 통해 근대적인 다양한 요구들도 충족시키고 있었기 때문이다. 자본주의가 전세계에 보편화된 적은 없으며, 지역으로 내려가면 다양한 공유지들이 존재했다.

이런 실례를 통해 크로포트킨은 공유제의 의미를 다시 한 번 강조한다. 특히 공유제가 경제적인 가치보다 윤리적인 중요성을 더 많이 가진다고 본다. "촌락 생활에 공동 소유제가 있었기 때문에 소토지 소유제로 개인주의와 탐욕이 매우 쉽게 발전해서 무모하게 자라나는 계기를 강력하게 제어해주는 상호부조 관습과 습속이 토대를 유지할 수 있었다"는 것이다. 이런 윤리적인 관점은 농민에 관한 독특한 평가로 이어진다.

> 우리가 지금 고려하고 있는 윤리적인 관점에서 보면, 농민들의 중요성은 간과될 수 없다. 현재 만연되고 있는 무모한 개인주의 체제하에서도 농민 대중들은 상호지원이라는 유산을 충실하게 유지하고 있음을 여실히 보여준다.(크로포트킨 2005, 287~294)

농민의 중요성을 강조하는 시각은 산업 노동자를 중요시하는 마르크스주의와 아나키즘을 대립하게 만들었다.

사실 자연 질서와 보편 공리를 거스르는 배타적인 소유권이 확립된 시기는 근대 국가가 하향식으로 만들어지던 시기에 일치한다. 소유권의 역사보다 공유의 역사가 훨씬 더 길고 자연스러웠던 것이다. 이전의 역사가 그런 권리를 인정하지 않았기 때문에 배타적인 소유권을 주장하는 이론은 구체적인 사실보다 이론적인 논증에 바탕을 뒀다. 앞서 살펴본 대로 근대 자유주의 국가의 이론적 토대를 마련한 영국의 사상가 토마스 홉스나 존 로크는 모든 인간이 서로 싸운다는 '자연 상태'라는 반역사적인 가정을 내세워 정부가 권력을 독점할 정당성을 마련하고, 정부의 가장 중요한 구실이 개인의 생명과 그만큼 소중한 사적 소유를 보호하는 것이라고 주장했기 때문이다. 또한 자연 상태에서 유지되는 불안정한 공유를 포기하고 개인의 소유를 확실하게 보호받으려면, 특히 무한히 축적할 소유를 보호받으려면 정부의 지배를 받아들여야 한다고 설득했다(비록 홉스는 국익을 위해서라면 개인의 소유권을 어느 정도 제한할 수 있다고 봤지만). 그 뒤 이런 논리는 정치법과 시민법을 나누면서 정치적 자유와 소유권을 구분하고, 설령 국익을 위한다 하더라도 국가가 시민법의 지배를 받는 소유권을 건드릴 수 없게 만들었다. 이렇게 근대 사회에서 발명된 배타적인 소유권은 국가가 시민의 무장을 해제시키고 물리적인 힘을 독점하며 경찰과 군대를 만들어야 한다고 사람들을 설득했다.

힘을 가진 자들이 소유권을 내세워 사회적 약자에게 더 많은 부를 빼앗으려면 공권력의 힘도 덩달아 강해져야 했다. 지켜야 할 소유의 범위가 넓어지고 많아질수록, 그 부가 소수의 사람들에게 독점될수록, 경찰과 군대의 힘이 강해져야 했다. 그래서 소유권 확장의 역사와 국가 폭력의 역사는 분리될 수 없다.

시장은 공유지를 사적인 소유권으로 바꾸고, 국가는 이런 사유화된 질서를 보장하려 한다. 크로폿킨은 이런 공유지의 약탈과 농민이 땅에서 추방된 사건을 살펴보면서 공유지와 공유 제도를 없애기 위해 영국에서만 1760년부터 1844년까지 무려 4000건의 법령이 만들어졌다고 말한다. 촌락 공동체의 땅은 귀족의 약탈물이 됐고, 의회는 이런 약탈을 정당화했다. 미국의 상황도 비슷했다. 노예해방의 기수로 알려져 있지만, 사실 링컨은 '자작농법Homestead Act'을 제정해 약 2억 7000만 에이커(미국 전체 면적의 10퍼센트)의 공유지를 사유지로 매각한 장본이었다. 이밖에도 1873년 '산림개간법Timber Culture Act', 1887년 '사막개간법Desert Land Act', 1916년의 '목초지 자작농법Grazing Homestead Act'이 공유지를 사유지로 바꾸는 구실을 했다(리프킨 2005, 196). 한국에서도 일제 강점기에 동양척식주식회사의 토지조사사업을 통해 공유지가 사유화되고 배타적 소유권이 확립됐다. 공유에서 소유로 바뀌는 전환이 자연스럽게 진행된 곳은 거의 없었다. 아나키즘이 국가 폐지를 핵심적인 내용으로 받아들인 것은 이런 국가의 억압하고 무관하지 않았다. 사회혁명을 강조하면서도 정치혁명을 포기하지 못한 이유는 국가와 자본의 결탁이라는 현실 때문이었다. 그냥 막연히 테러를 저지르고 점거를 하려고 아나키즘을 주장한 것은 아니라는 말이다.

그런데 이런 공유의 권리는 흔히 알려진 국유화하고 다르다. 과거의 사회주의가 자본주의를 반대하는 이념을 자처하면서 배타적인 소유권을 대신할 대안도 주로 국유화나 국가를 통한 관리로 제시됐다. 그러나 국유화가 진정한 대안일까?

《추방과 탈주》(2009)에서 고병권은 "공유公有란 사적 소유권에 대한 부정"이지만 "공유가 국유를 의미할 때, 즉 국가에 의한 배타적 독점을 의미할 때, 그 독점은 사적인 독점의 형태로 쉽게 전화될 수 있다. 국유에서 드러나는 국가권력의 독점성은 사적 소유권에 대한 부정이라기보다는 사적 소유권의 기반이라고 말하는 편이 사실에 가깝다"고 지적한다. 예를 들어 새만금 간척 사업이나 4대강 사업처럼 국가권력이 사유지를 강제 수용하고 처분하며 자본의 기능을 대신한다는 사실에서 드러나듯이 반민주적 권력에서 국유화는 소유권을 해체하기는커녕 강화한다. 고병권은 이런 "공공 부문의 사유화는 국가에 의한 사적 소유권의 발생이자, 소유권 없는 대중들에 대한 추방"이라고 말한다(고병권 2009, 30~31).

특히 한국처럼 식민성을 완전히 벗어나지 못한 국가에서 국유는 위험한 논리다. 이른바 좌파가 권력을 잡으면 국가의 성격과 기능이 근본적으로 달라질 것이라고 생각하지만, 러시아 혁명은 그런 변화를 일으키기가 매우 어렵다는 사실을 이미 증명했다. 중앙집권화된 권력이 해체돼 민중이 직접 권력을 잡지 않는다면, 국유화는 만병통치약이 될 수 없다.

더구나 국유화는 민중과 민중들이 모인 공동체의 성장을 고려하지 않는다. 공유는 단순히 소유를 나누는 것을 뜻하지 않는다. 공유는 그 공유를 관리할 모임을 필요로 하고, 그 모임은 구성원들에게 민주주의를 학습하며 세계관을 바꿀 기회를 준다. 지난날 두레는 공동 노동 조직이자 마을의 크고 작은 일을 다루는 의사 결정 기구이기도 했다. 전통적인 마을 공동체에서 두레나 촌회, 동계, 모정, 농사 등의 모임은 단순히 공동 노동이나 경제적인 상호부조만을 하기 위한 단체가 아니었다. 이런 모임들은 농작물과 가축을 돌보고 노동력을 관리하는 마을 공동의 규범을 마련하는 구실을 했고, 민주적인 결정 과정을 거쳤다.[1] 양반이 향회나 유향소를 통해 지배 이데올로기를 전파했다면, 삶터와 일터가 구분되지 않은 평민들은 촌회를 통해 자치를 실현하려 했다. 이런 모임들이 강제로 해체된 뒤에도 이 전통은 고스란히 남아 농민조합을 만들고 민간협동조합을 조직하는 기반이 됐다.

사실 사회의 약자들에게 공유지는 살아가는 데 기본적으로 필요한 것들을 채울 수 있는 샘이었다. 특히 크로폿킨은 촌락 공동체가 "공유지에서 공정한 배당을 각인에게 보증하기 위한 동맹"이었을 뿐 아니라 "공통의 문화, 가능한 한에서의 상호 지지, 폭력으로부터의 방위, 보다 일층의 지적 발달, 민족적 결속, 도덕관념을 위한 동맹"이었다고 지적한다(크로포트킨 2005, 163~170). 바로 이런 점에서 민회가 필요했고, 자치 조직이 활성화됐다. 시민들은 공유지를 통해 민주주의를 몸에 익히고 공동의 정체성을 만들었다.

반면 국유화는 민중을 시혜의 대상으로 여기며 최소한의 권리를 보장하지만, 민중이 스스로 그 권리를 지키고 확장시킬 기회를 주지는 않는다. 국유화가 되면 사람들이 모여 회의하며 다른 사람의 목소리에 귀 기울일 기회나 그럴 이유도 줄어든다. 따라서 배타적인 사적 소유권에 맞선 저항은 국유보다 '공동의 소유共有'와 '공적인 소유公有'를 지향해야

---

1 "원래 조직은 음력 6월 초순 모내기와 초벌매기가 끝난 직후 하루를 휴일로 정해 주연을 여는 것으로 시작한다. 이 주연을 '낱알이'(참고 '낱알'은 평안북도에서는 곡물의 의미이다) 또는 쟁기씨세(洗未宴)(쟁기씨세의 경상도식 표현 — 역주)라고 한다. 비용은 논 한 두락에 3전, 밭 한 두락에 1전이라는 식으로 기준을 정해서 구역 내의 각 농가가 경작하는 전답별로 할당하든가 농가의 등급에 따라 징수한 금액 및 동의 경비 지출로 충당한다. 이날은 동 내의 농부가 전부 모여서 하루 동안 논다. 일본의 모내기 마츠리(田植祭)와 비슷한 것으로 모내기와 보리 수확의 노고를 서로 위로하는 의미를 가지고 있다. 따라서 주연을 함께 즐기면서 농청과 두레 협의를 한다. 의사 진행은 매우 민주주의적인데 결정은 유력자와 연장자가 대중의 의사를 이끌어가는 형식이다. 먼저 농청의 임원을 선출하는데, 그 수와 직책은 행수(行首, 황수(皇首)라고도 한다) 한 사람, 도감(都監) 한 사람, 조사총각(調査總角) 한 사람, 유사(서기) 한 사람, 방목감(放牧監) 두 사람이다. 행수는 전체 통솔자, 도감은 그 보좌역, 수총각(首總角)은 작업 진행 계장 겸 기수, 조사총각은 수총각의 보좌 겸 농청 규칙의 감독역, 방목감은 소 방목에 대한 감시역을 한다. 행수 및 도감은 자영농민 중에서 덕망 있는 사람을 선출하고, 수총각은 연고(年雇)에서 고르고, 조사총각은 연고 또는 미혼 청년 중에, 방목감은 15, 16세의 소년 사이에서 고르는 것이 통례이다. 선거에서 임원을 선출한 후 공동작업 일수를 결정하는데, 며칠을 넘기지 않는 것이 보통이다. 그것은 논밭의 잡초 상황과 동리 및 농청이 경비로 염출해야 하는 수입을 견주어서 정한다. 마침내 일수가 정해지면 구역 내 농가에서는 집집마다 장정 한 사람을 기간 중 계속 내보내야 하는데, 이 경우 성인 남자가 없거나 사고, 질병 등으로 참여할 수 없으면 미리 농청에 신고하여 당국의 심사를 받고 나중에 대금을 납부해야 한다. 단 과부 농가는 제외하며 16, 17세 정도의 미성년자밖에 없는 집은 할 수 없이 그 소년이 참여하도록 한다. 이와 관련해서 문제가 되는 것은 온품(一人前)으로서의 인정 방법인데, 그것은 고용주 또는 경영주가 술자리를 마련하고 신청을 하면 농청에서 그 역량을 참작하여 인정하는 방식이다. 이것을 '주먹다듬이'(주먹을 다듬는다는 의미)라고 한다. 이 인정을 받은 사람은 보통의 교환노동을 할 때 어른 한 사람으로 계산된다"(강정택 2008, 272~274).

한다.

공동의 소유 면에서 노동자의 작업장 소유와 관리, 협동조합과 공유지의 확대, 작업장과 공동체 위원회들의 네트워크 같은 민중의 자주관리, 직접 통제는 매우 중요하다. 그런 의미에서 생산수단을 공유하고, 협동해서 노동하며, 공동 관리하는 일터와 삶터를 확대하려는 노력이, 특히 지식의 공유를 확장하려는 노력이 필요하다.

2. 협동운동과 생산의 재구성

공유가 자연스러운 원리로 사회에 자리 잡으려면 협동을 내세운 다양한 사회운동이 활발하게 펼쳐져야 한다. 아나키즘은 국가와 자본을 대체할 힘을 만들지 않으면 실제로 사회를 바꿀 수 없다고 믿었다. 그리고 그 힘은 외부의 지원이 아니라 바로 평범한 사람들 속에서 만들어져야 했다. 그래서 아나키스트들은 혼자 힘으로는 자립하기 어렵지만 평범한 사람들이라도 서로 힘을 모으면 자립의 기반을 만들 수 있다고 믿었다. 아나키즘은 테러리즘이라는 오해를 받았지만, 테러라는 공포의 수단보다 협동의 방법으로 새로운 사회를 만들 수 있다고 믿었다. 그런 점에서 협동조합은 싼 가격에 생산물을 거래할 뿐 아니라 생산자와 소비자의 관계를 만들어 좋은 노동 조건에서 일하고 정당한 가격을 받을 수 있게 하는 좋은 장치였다.

공상적 사회주의자로 불리는 로버트 오언R. Owen이 협동조합을 만든 것도 바로 이런 이유 때문이었다. 오언은 좋은 환경에서 자란 인간이라면 누구나 자신의 삶을 합리적으로 변화시킬 수 있다고 믿었고, 협동조합을 구성해 질 좋고 값싼 물품을 활용할 수 있으면 스스로 삶을 바꿀 수 있다고 생각했다. 그래서 오언은 자신이 관리하는 뉴래너크에서 실제로 소비협동조합을 운영해 조합의 수입으로 노동자의 아이들이 다니는 학교의 비용을 충당했다. 협동조합은 가난한 사람들의 삶을 실질적으로 도울 수 있는 좋은 방법이었고, 서로 힘을 합쳐 어려운 위기를 극복하는 수단은 새로운 발명이 아니라 인류의 역사가 축적해온 지혜였다. 나아가 오언은 여러 산업을 공동으로 통제하고 협동해서 운영하면 공동체의 기반이 더 탄탄해질 수 있다고 믿었다. 함께 출자하고 공동으로 소유하며 지혜를 모으면 사업은 한 개인만이 아니라 사회 전체의 이익을 늘릴 수 있다는 것이다.

프루동은 노동자들의 상호주의에 바탕을 둔 인민은행이 노동자협동조합이나 소비자생활협동조합, 주택협동조합 등 다양한 협동조합의 결성을 지원하면 조금씩 자본주의를 대체할 수 있으리라 기대했다. 프루동의 인민은행은 조합원인 노동자들이 출자해서 각자의 삶을 보장하는 체계였다. 노동자들이 고리대금에 얽매여 삶을 낭비하지 않도록 인민은행은 신용 대부를 할 뿐 아니라 노동자가 다른 노동자의 생산물을 구입할 수 있는 교환권, 생산성을 기준으로 각 노동자에게 분배되는 교환권을 유통하는 구실을 맡는다. 프루동의 상호주의는 협동 노동이 개개인의 노동력을 합한 것보다 훨씬 더 많은 노동 성과를 거둘 수 있는 만큼 노동자들이 자유롭게 일할수록 인민은행의 힘이 더 강해지리라 기대했다. 실제로 프루동의 이런 생각을 이어받아 신용협동조합들이 만들어지기도 했다.

그런데 협동조합의 존재 자체가 대안을 뜻하지는 않는다. 협동조합의 목적과 가치가 대안을 지향해야 하고, 그 활동 과정이 대안적인 생활을 구성해야 한다. 그런 의미에서 협동조합의 중요한 구실은 사업의 확장뿐 아니라 민중의 욕구를 내밀하게 살피고 적극적으로 소통하는 것이다. 이런 생각은 과거의 사회주의자들에게서도 나타나는데, 대표적으로 경제학자 칼 폴라니K. Polanyi는 협동조합의 구실을 강조하면서 협동조합이 주민의 욕구를 조망하는 신경망 기능을 해야 한다고 주장했다. 폴라니는 민주적으로 조직된 소비자협동조합이 "매일 노동계급 여성들과 만나며 그들이 활동하는 공동체의 모든 주민과 관계를 맺"고 "조합의 지도층을 인도하고 비판하며 충고할 수 있는 능력을 가지게" 되리라 기대했다. 그리고 협동조합이 "성원들의 필요 욕구를 내적으로 조망하는 기관"이 돼 삶터와 일터를 분리시킨 근대 사회의 문제점을 치유하며, 각자의 욕구를 이해하고 자율적으로 조절하는 장이 될 수 있다고 생각했다(폴라니 2002, 113~114).

크로폿킨은 협동조합이 "일반적인 복지와 생산자들의 연대"라는 길드의 성격을 가진다고 봤다. 협동조합에서는 물건을 거래하는 데 그치지 않고, 서로 욕구와 필요를 나누고 소통하며 대화하면서 호혜의 관계망이 구성된다. 영국, 네덜란드, 덴마크, 독일 등지에서 협동조합들이 이미 중요한 구실을 하고 있었지만, 크로폿킨은 매우 다양한 양상을 띠는 협동조합을 연구하는 데 가장 좋은 지역이 러시아라고 본다.

러시아에서 협동조합은 중세로부터 이어져 내려와서 자연스럽게 발전하였다. 그리고 한편으로 공식적으로 설립된 협동조합은 법적인 어려움과 관리들에게 의심을 받아야 했지만, 비공식적인 협동조합 — 아르텔 — 은 러시아 농민의 삶에 본질적인 부분이 되었다. '러시아 형성'의 역사 그리고 시베리아 개척의 역사는 촌락 공동체와 더불어 사냥과 교역 아르텔 또는 길드의 역사이다.(크로포트킨 2005, 317~318)

꼭 협동조합이라는 명칭을 붙여야 이런 관계망이 형성되는 것은 아니다. 크로폿킨은 친목 단체, 비밀 공제조합, 장례 공제회, 소규모 공제회 등도 "상당히 사회적이고 건전한 정신"을 가지고 있다고 봤다(크로포트킨 2005, 320). 심지어 "삶을 즐기기 위해, 연구나 조사 또는 교육 등을 목적으로 결성된 수많은 단체나 공제회 그리고 결연" 등도 단결이나 상호 지원의 기능을 해왔다고 인정하기도 한다. 비록 이런 단체들이 "사회의 경제적인 계층 조직을 바꾸지는 못하지만 특히 작은 마을에서는 사회적인 차별을 완화하는 데 기여하며, 대규모로 국가나 국제적인 연합에 가입하는 경향을 보이므로 지구상에 다양하게 흩어져 있는 여러 인종의 사람들 사이에 사적으로 친숙한 관계를 증진시키는 데 도움"을 주기 때문이다. 과학, 문학, 예술 교육 단체들도 마찬가지다(크로포트킨 2005, 325~326). 협동의 힘은 거의 모든 영역에서 긍정적인 기여를 했다.

그러나 크로폿킨은 종교 단체는 부정적으로 봤다. 상호부조의 감정을 초자연적인 탓으로 돌리기 때문이다. 더구나 "초기 기독교는 상호부조와 동정심이라는 인간적 감정에 폭넓게 호소했지만, 기독교 교회는 국가와 손을 잡고 상호부조와 상호 지원 제도를 파괴하였다." 크로폿킨은 교회가 설교하는 자비란 "받는 자보다 주는 자가 우월하다는 의미를 내포하고 있다"고 비판한다(크로포트킨 2005, 329). 상호부조의 감정은 동등한 사람들 속에서 형성되지, 힘의 우열을 전제하는 권력관계에서 형성되지 않는다. 종단을 만들고 내부에 관료 기구를 둔 종교 기관은 협동조합의 호혜성을 공유하지 못한다.

이밖에도 협동조합뿐 아니라 노동조합을 비롯한 여러 형태의 정치적 연합들이 많이 존재했다. 크로폿킨에게 정치 운동은 "원대하고 먼 미래의 쟁점들을 가지고 투쟁하면서 그 가운데서도 가장 사심 없이 열정을 불러일으키는 쟁점"을 담는 것이고, 그때의 현실에서 이런 운동은 사회주의였다. 이 대목에서 크로폿킨은 사회주의에 가해지는 비난을 반박하고 사회주의를 찬양한다. 크로폿킨은 "웅대한 사상에 고무된 그저 평범한 사람들"에 관해 이야기하면서 "과거에 이루어진 모든 진보는 이런 사람들 그리고 그들의 헌신을 통해 촉진되어 왔다"고 주장한다(크로포트킨 2005, 315~317).

크로폿킨은 상호부조라는 감정의 역사적 뿌리가 아주 깊기 때문에 쉽사리 없어질 수 없다고 본다. 상호부조의 감정은 "수천 년 동안 인간의 사회생활 속에서 그리고 인류가 나타나기 전 수십만 년 동안의 군거 생활 속에서 길러"진 것이기 때문이다. 상호부조는 "인간이 물려받은 본능과 받은 교육의 산물이다"(크로포트킨 2005, 323). 그래서 크로폿킨은 "근대인들의 공적인 삶에서 사적인 삶으로 옮아 가보면 상호부조와 상호 지원이라는 지극히 넓은 또 하나의 세계를 발견하게 된다"고 얘기한다. 인구가 밀집된 도시 지역에 사는 가난한 사람들은 "개인적인 친밀도에 따라 집단이 형성되어 자신들의 영역 내에서는 부자들이 상상할 수 없을 정도로 상호부조를 실천"한다. 노동자와 가난한 사람들 사이에서는 사적인 영역에서도 상호부조와 상호 지원이 자연스럽게 실현되고 있다(크로포트킨 2005, 330~331). 그러면서 크로폿킨은 이런 결론을 내린다.

중앙집권 국가의 파괴적인 권력도, 고상한 철학자나 사회학자들이 과학의 속성으로 치장해서 만들어낸 상호 증오와 무자비한 투쟁이라는 학설도 인간의 지성과 감성에 깊이 박혀 있는 연대 의식을 제거할 수는 없다. 모든 인간의 연대감이란 앞선 진화 과정 속에서 자라난 것이기 때문이다. 최초의 단계부터 진화를 거듭하며 얻어진 연대감이 마찬가지로 진화 과정에서 나타난 여러 가지 양상 가운데 단 한 가지 요인 때문에 극복될 수는 없다.(크로포트킨 2005, 338~339)

이미 기본적인 연대감과 자유가 인간 속에 내재돼 있기 때문에 그 연대감과 자유를 끌어내는 다양한 실천들이 중요하다. 그런 점에서 아나키즘은 지역화폐운동인 레츠LETS나 공동체운동, 주거, 보험, 문화 등 다양한 영역에서 사회적 관계망을 다시 구성하는 방법에 긴밀한 연관성을 지닌다. 그리고 협동조합뿐 아니라 협동 운동의 가치에 동의하는 노동조합을 비롯한 다양한 지역단체들이 이런 관계망의 구성에 참여할 수 있도록 문을 열어, 이런 관계망의 확대가 소유권을 약화하고 공동 소유의 영역을 확대하는 운동에도 연관된다. 이런 형태의 협동 운동들은 사회적 약자들에게 일방적인 시혜가 아니라 자존감을 가지고 새로운 시도를 할 수 있는 힘을 준다.

크로폿킨은 이런 생각을 아나코-코뮌주의로 이론화했고 노동 생산물뿐 아니라 지식의 공동 소유까지 주장했다.

문명사회에서 우리는 부유하다. 그런데 왜 많은 사람들이 빈곤한가? 대중은 무엇 때문에 고통스럽고 힘들게 일하는가? 과거로부터 많은 부를 물려받았고 하루 몇 시간의 노동에 대한 대가로 모든 사람에게 안락을 보장할 수 있는 강력한 생산수단이 있음에도, 많은 보수를 받는 노동자들조차도 내일을 확신할 수 없는 것은 무엇 때문인가? …… 그것은 소수가 생산에 필요한 모든 것, 즉 토지, 광산, 기계, 교통로, 식량, 주택, 교육, 지식 등을 독점했기 때문이다. …… 이런 소수의 사람들이 과거에 획득했다고 주장하는 권리를 이용해서 오늘날 인류 노동 생산물의 3분의 2를 착취하고, 그것을 가장 어리석고 수치스런 방법으로 낭비하기 때문이다. 그것은 대중이 일 개월 또는 겨우 일주일 동안 생활하기 위한 수단을 가지지 못하게 해놓고 소수의 사람들은 그 이득의 대부분을 차지하는 조건에서만 다수가 일하도록 허락하기 때문이다. 그것은 이런 소수의 사람들이 모든 사람에게 필요한 물자를 생산하는 것을 방해하고, 모두의 필요가 아니라 독점자에게 최대의 이익을 보장하는 물건을 만들도록 강제하고 있기 때문이다.(Kropotkin 1990, 3~4)

크로폿킨은 독점이 사라지면 인류가 골고루 그 진보의 유산을 나눠 가질 수 있다고 믿었다. 낭비되는 노동과 자원을 모든 사람이 필요로 하는 데 이용하는 것만으로도 지구상의 많은 빈곤이 해결될 수 있다. 생산기술의 발달 덕분에 이미 생산은 충분하기 때문이다. 그렇게 되면 인류에게 필요한 것은 쉬면서 힘을 사용하는 법과 여가를 활용하는 방법이다.

그리고 지금 우리가 누리는 삶은 과거의 인류가 끊임없이 노력해온 결과다. 과학기술이나 문명의 발전은 특정 인종이나 민족만 누리는 혜택이나 은총이 아니라 모든 인류의 공동 유산이다. 그래서 아나키즘의 관점에서 보면 특허권이나 지식 재산권은 터무니없는 폭력이다. 누가 어떤 발견이나 발명을 자신의 것이라 주장할 수 있다는 말인가? 세상만물은 모든 생명이 함께 누려야 하고, 지금 현재의 생명뿐 아니라 미래의 생명도 나눠야 하는 공동의 자산이다.

3장. 농촌 공동체와 길드의 호혜망

1. 공업의 분산과 소공업 — 농촌과 공업 촌락

크로폿킨은 경제학이 어떻게 이윤을 늘릴 것인가 하는 문제보다 무엇을 그리고 어떻게 생산할 것인가라는 물음에 초점을 맞춰야 한다고 주장했다. 그 물음에 대답하면서 크로폿킨은 "농업이 공업을 성립시키고, 공업이 농업을 지지"하는 통합된 관점을 가져야 한다고 강조했다(크로포트킨 1983, 15). 이 관점에 따르면 땅과 인간의 다양성에 발맞춰 공업은 분산돼야 하며, "재배하고, 생산하는 사람들 자신이 사용하기 위하여 곡식이 재배되고 공업 제품이 만들어지는 상태"를 만들어야 한다(크로포트킨 1983, 50). 크로폿킨은 자급을 전제할 때만 인류의 진보가 가능하다고 강조했다.

이런 생각은 크로폿킨뿐 아니라 러시아의 농경제학자 차야노프A. Chayanov의 것이기도 했다. 차야노프는 농업이 농기업의 확대에 자연적인 한계를 만든다고 봤다. 넓은 면적에서 농사를 지으면 비용이 증가하기 때문에 농업 경영의 가장 기본적인 단위를 가족농으로 보고 협동조합을 통해 농기업이 농산물 가공을 담당하는 차별적 최적화를 주장했다. 농민생산협동조합은 기술적 진보를 고려하면서 지속적으로 자신의 구조를 최적 조직화의 경제적 효율성에 맞춰 쇄신해야 한다. 차야노프는 "'조직화 계획'을 각각의 농업 생산 과정을 담당하는 개별적 집단으로 나누고, 각각의 과정에 가장 적합한 규모로 조직화한다면 농업에 더할 나위 없이 이상적인 경영 도구를 제공하게 될 것이라는 결론"을 내렸다. 차야노프에게 협동조합은 "한편으로 협동조합은 조직·경제 형태로서 협동조합 기업이었고, 다른 한편으로 그것은 광범위한 사회운동, 더 정확히는 '각자 자신의 이념을 가진 운동들'"을 의미했다(김창진 2008, 65~71). 그러나 이런 차야노프의 계획은 협동조합 조직의 단일화나 농업 집산화를 주장하는 레닌과 스탈린의 계획에 충돌했고, 결국 차야노프는 반소비에트 혐의로 체포됐다.

크로폿킨은 소공업small industries과 공업 촌락industrial villages이 "토지 경작자가 동시에 공장 노동자이기도 했던 옛 제도의 장점"을 살린다면 전체 인류가 넉넉히 살림살이를 장만할 수 있다고 예상했다(크로포트킨 1983, 149). 특히 농업과 결합해 노동자가 땅을 경작하는 가운데 발전하는 소공업은 작은 규모의 다양한 발명을 통해 농업의 발전을 자극할 수 있기 때문이다. 그렇게 소공업과 촌락은 서로 필요로 하고 지지하며 발전한다. 크로폿킨은 소공업과 농업이 결합된 전원도시 또는 농촌과 도시의 유기적인 결합이 미래의 대안이라고 강조했다.

그런 의미에서 크로폿킨은 소농과 지방 소공업의 몰락을 경제발전에 뒤따른 자연스러운 과정으로 받아들이고 몰락을 당연시하던 자본주의 경제학자와 사회주의자를 모두 비판했다. 자본주의를 향한 자연스런 발전은 불가능하고 바람직하지도 않다. 그리고 토지와 공장을 향한 집중, 도시로 향하는 집중이 반드시 사회에 해로운 결과를 가져올 것이라고 경고했다. 집중화는 인간 삶의 자율성을 파괴한다.

당연시되던 대규모 집중화 과정을 비판하면서 크로폿킨은 공업 촌락, 전원도시의 중요성을 주장했다. 사실 애초에 농업과 공업의 관계는 매우 밀접했는데, 근대 사회가 이 둘의 관계를 끊고 각자의 기원을 망각하게 했다. 예전에는 시골에서 농업뿐 아니라 소규모 공업도 발달했고, 도시에서도 농업에 연계된 삶을 살았다.

그때, 촌락은 각종 공업의 소재지이고, 도시의 직공은 농업을 버리지 않아,

공업촌락에 불과한 도시도 많았다. 가령 중세의 도시가, 부유 계급의 욕구를 충족시키려는, 예술과 비슷한 공업의 발생지였다고 할지라도, 금일까지 러시아에 있어서 그러하고 독일이나 프랑스에 있어서도 대규모로 그러하듯이, 서민의 욕구를 충족시키고 있던 것은 역시 시골의 공업이었다. 그러나 그 후 수력 발동기, 증기, 기계 등이 발달하여, 이것들이 일찍이 농장과 작업장을 결합하고 있던 유대를 단절한 것이다. 공장은 성장하여 전원을 내버렸다. 공장은 생산물 판매가 매우 용이하거나 원료와 연료를 가장 유리하게 입수할 수 있는 곳으로 집중했다. 새로운 도시가 일어나고, 옛날부터의 도시가 급격하게 확대하고, 전원은 황폐했다. 순전히 폭력에 의하여 토지에서 구축된 다수의 노동자가 일자리를 구하여 도시로 집중하고, 곧 이전에 그들을 토지에 결부하고 있던 연고를 잊어버렸다. 그리고 새로운 공장제도 하에 달성된 경이적인 성과에 경탄한 우리는, 토지경작자가 동시에 공장노동자이기도 했던 옛 제도의 장점을 간과하고 말았다. 우리는 기왕에는 언제나 촌락에서 번영했던 이러한 공업의 모든 분야는 소멸할 운명에 있다고 단정하고, 공업에 있어서는 큰 공장이 아니면 모두 부적당하다고 본 것이다.(크

로포트킨 2009, 149)

국가와 자본이 산업화를 강행하고 도시와 농촌의 단절을 사회발전의 숙명으로 받아들이게 만들면서 몰락한 농민은 도시로 밀려나 빈민이 돼야 했다. 그리고 아무런 지지 기반이 없는 도시에서 살아남기 위해 자신의 노동력을 임금에 팔아야 했다. 결국 농업은 하나의 상품으로 취급돼 시장 경쟁에 내몰리면서 붕괴하고, 도시의 공업은 소공업이 몰락하고 공장화되면서 다양성을 상실하고 독점화된다. 농업과 공업의 붕괴는 서로 연관된 문제였고, 한 인간이 누릴 수 있던 다양한 노동의 자유와 존엄성은 박탈됐다. 그리고 이런 파멸이 가져올 혼란을 막기 위해 국

가권력은 더욱더 집중화되고 강해져야 했다.

그래서 크로폿킨은 농업과 공업이 다시 결합돼야 하고, 그러려면 다시 "지방의 공업, 가내 업종, 소업종 등의 명목 아래 말하여지는 방대하나 경시되고 과소평가되고 있는 공업 분야를 연구하는 것, 즉 그것들을 너무도 시대에 뒤진 공업 형태라고 생각하기 쉬운 경제학자의 저서에 있어서가 아니라, 그것들 자체의 생명, 그 노력, 실패, 성공에 관하여 그것들을 연구"해야 한다고 주장한다(크로포트킨 2009, 150). 자본주의와 사회주의를 막론하고 경제학이 의도적으로 포기하고 방치한 그 지점에서 아나키즘 경제학은 시작된다.

소공업을 연구하는 것이 대규모 매뉴팩처화된 현대 사회에 맞지 않을 뿐 아니라 소공업의 수익이 대단히 낮고 고용이 불확실하며 노동 시간도 길다는 비판이 있다. 크로폿킨은 이런 비판의 타당성을 인정하면서도 그 비판에 담긴 편견도 비판한다.

이와 같은 빈궁이 통례인 양 과장하는 사람들은 잘못이다. 스위스의 시계제조가들과 같이 생활하고 그들의 친밀한 가족생활을 아는 자는, 이들 노동자의 상태가 물질적으로나 정신적으로 모든 점에 있어서 수백만 공장노동자의 상태보다도 비교가 안 될 만큼 우수하다는 것을 인정할 것이라고 말하고 싶다. 1876~1880년에 경험한 시계업의 공황 동안에조차 그들의 상태는 양모나 면직 업종의 공황기간에 겪는 공장노동자의 상태보다 좋았다.(크로포트킨 2009, 154)

특히 자율적인 코뮌이 존재하는 곳에서는 노동의 어려움이나 실직이 생활의 빈곤이나 파멸로 이어지지 않는다. 따라서 크로폿킨은 공장factory에서 작업장workshop으로 바뀌는 전환이 필요하다고 주장한다(이것은 영국에서 오언이 주장한 내용이기도 했다). 기계 설비를 사용하지 않는 게 아니라 기계를 현명하게 활용하는 공장, 대공장의 흡수에 저항하는 다수의 소공장과 작업장이 필요하며, 여기에 더해 지역 경제를 부활시켜야 한다고 주장했다.

크로폿킨은 이런 과정이 훨씬 더 자연스러운 사회 발전이라고 봤다. 왜냐하면 대공장이 대규모 수요를 조작하고 만들어내지 않는 이상 "수요가 대공장 조직을 필요로 할 정도로 많아지기 전에, 모두 작은 작업장의 단계를 거치"고, "새로운 발명이 많으면 많을수록, 그러한 소공업도 많아질 것"이며, "소공업이 많으면 많을수록 발명의 재주도 많아질 것"이기 때문이다(크로포트킨 2009, 172). 소공업의 소멸은 결코 산업사회의 운명이 아니며, 모리스의 말처럼 소공업이야말로 미래 유토피아 경제의 중심축이다.

농업도 마찬가지다. 대규모 기계화된 대농이 아니라 소농이 사회의 중심이라고 크로폿킨은 믿었다. 특히 소농은 "농업과 공업의 결합에 집착"하는데, 왜냐하면 "시장 원예와 과실 재배가 종종 소공업과 서로 협력하여 실행"되기 때문이다(크로포트킨 2009, 174~175). 이런 소농이 쇠퇴한 것 역시 자연스런 과정이 아니었고, 소농의 쇠퇴는 지방 공업의 쇠퇴를 불러왔다.[1] 그리고 크로폿킨은 소공업이 쇠퇴한 원인을 농민의 수가 줄어든 현실에서 찾았다.

그런 점에서 소농과 지방 소공업의 몰락은 근대 국가와 자본주의 발전에 따른 농민의 몰락에 밀접히 연관된다. 근대 국가는 농민들이 서서히 몰락하도록 방치했고 때로는 농민들이 자생적으로 조직한 협동조합

---

1 "지방의 공업이 소멸할 때, 그 쇠퇴의 원인은 경쟁하는 공장과의 항쟁 — 많은 지역에 있어서, 소공업이 완전히 수정되거나 그런 경우엔 그 성질이 바뀌어진다 — 보다도, 농가로서의 인구 쇠퇴에 있는 것이다"(크로포트킨 2009, 175).

을 법적으로 탄압해 자급을 가로막았다. 농민의 몰락은 도시의 몰락도 자극하는데, 왜냐하면 농촌에 이어진 고리가 끊어지면서 도시 역시 공동체성을 상실하고 개인화되기 때문이다. 도시의 장인이나 소공업자가 생산한 제품이 농촌에 판매되고 농촌의 생산물이 도시에 판매되던 상황에서 농촌의 몰락은 도시 소공업의 몰락도 불러왔다.

그런데도 마르크스주의자나 사회민주주의자들은 이런 연관성을 무시했다. 농민 계급이 몰락해 노동계급이 되는 현상을, 대공장과 대자본의 집적accumulation을 일종의 필연적인 과정으로 파악했다. 사회민주주의자들은 "그들 자신이 경제적인 문제에 관하여 너무도 추상적인 견해를 내세워서 '소업종은 쇠퇴해 가고 있다', 사회민주주의적 신조에 의하면 '곧 소멸하게 될' 소업종은 자본주의적인 집적에 자리를 양보하는 것이므로 '그것들의 소멸이 빠르면 빠를수록 좋다'고 하는 취지의 판에 박힌 문구를 단순히 되풀이하기만 하는 것이 아닌 모든 것을 격렬히 공격"했다(크로포트킨 2009, 200). 크로폿킨은 그런 점에서 마르크스주의자나 사회민주주의자들이 부르주아 경제학자들의 견해와 일치했다고 비판했다.

아울러 크로폿킨은 대공장이 소공장을 무너뜨리는 힘은 막대한 규모나 진전된 기계화가 아니라 "대회사의 뜻대로 되는 생산물의 판매와 원료생산물의 구매에 관한 유리한 조건"에서 찾았다(크로포트킨 2009, 203). 따라서 협동조합이 활성화돼 사회적 시장이 형성되는 곳이면 소공장이 대공장을 상대로 충분히 경쟁력을 가질 수 있다. 크로폿킨은 제품을 생산하지 못한 게 아니라 제품을 판매하지 못해서 소공업자나 장인들이 사라졌기 때문에 판로만 개척하면 승산이 있다고 봤다. 마찬가지로 협동조합이 실패하는 것은 "생산을 옳게 경제적으로 조직 못한 데 있는 것이 아니라 협동조합이 제품의 판매자나 수출자로서 행동을 못한 데 있다"(크로포트킨 2009, 206). 결국 생산과 소비의 조직화가 중요한 구실을 맡는다.

여기서 크로폿킨은 중요한 지적을 한다. 과거의 연합 체계에서는 상업도 개인화되지 않고 일종의 공동체성을 가졌다는 것이다. 협동 노동을 통해 생산된 상품들은 이미 공동체성을 가지고 있었기 때문에 당연히 협의의 대상이었다. 그러나 자본주의가 점점 확대되면서 "상품이 공동체적이 아니게 되고 개인적으로 되었기 때문에, 도시는 주요한 상업가의 각축의 희생으로 되었다"(크로포트킨 2009, 206). 그런데 협동조합은 협동하는 생산이 사회적인 시장을 조직하는 것을 가능하게 한다. 그리고 "가령 공업이 현재의 자본주의적 공장의 형태에서가 아니라 기계와 기술지식의 충분한 도움을 얻어 사회적으로 조직된 형태로 촌락에 들어온다면, 농업과 공업의 결합에서 끌어낼 수 있는 이익을, 어느 정도는 보여준다"(크로포트킨 2009, 212~213). 이런 의미에서 협동조합은 아나키즘의 살림살이에 매우 중요한 의미를 갖고 있었다.

엠마 골드만E. Goldman도 이런 구상을 했다. 골드만은 노동자가 노동조합에 안주하지 않고 자신의 투쟁을 "협동조합 실천의 확장과 상호부조의 논리로 충실화시켜, 그곳으로부터 사회혁명의 논리를 도출"하도록, "예를 들어, 도시의 공장 노동자와 지식인으로 된 협동조합과 빈농이 주축이 된 농촌을 연결하는 기능"을 실현하려 했다.

1912년 매사추세츠 주 로렌스에서 '워블리스Wobblies'가 개입하여 발생한 제직製織 노동자의 파업에서 실제로 근교에 살던 농민들이 먹을 것을 제공하였고, 또한 여성 입장에서 성적 쾌락에 대한 긍정과 피임의 합법화, 그리고 피임기술의 발전에 공헌한 마가릿 생어를 중심으로 한 뉴욕의 페미니스트 활동가들은 파업 중인 노동자들의 자녀들을 시내로 이동시켜 보살폈다. 엠마는 이러한 조직화를 높게 평가하였고, 이것을 분석한 후에 그곳으로부터 '사회혁명(=네트워크) 이론'을 발전시키려고 시도했다.(코소 2010, 236~238)

이처럼 아나키즘은 중앙 집중화된 혁명 조직이 아니라 각자의 살림살이를 지지할 수 있는 다양한 조직들 간의 연계와 단단한 삶의 그물망이 아직 오지 않은 사회를 도래하게 만들 것이라고 믿었다. 그리고 도래할 사회는 그 사회를 도래하게 만드는 방법에 무관하지 않다는 사실을 강하게 믿었다. 하나의 협동조합은 하지 못할 일도 여러 개의 협동조합들이 힘을 모으면 할 수 있다. 그리고 그 힘은 서로 만나고 손을 잡을 때만 생긴다. 손을 잡으려면 서로 마주보며 서로의 존재에 눈을 떠야 한다. 그런 마주봄의 계기는 바로 교육이다.

2. 두뇌노동과 육체노동의 통합

노동과 교육은 밀접히 연관된다. 노동이 고역이 아니라 개인과 사회의 열망과 이념을 객관화하는 과정이라면, 교육은 개인이 자신의 자아를 찾고 다양한 능력을 개발할 수 있게 돕는다. 노동과 문화의 접점도 교육 없이 만들어질 수 없다. 그런 의미에서 이런 농촌과 도시의 결합, 전원도시와 공업 촌락의 형성 역시 사회 체계의 변화만으로 가능하지 않다. 농업 노동과 공업 노동을 결합하려면 교육 제도도 바뀌어야 한다.

어린아이와 학생들은 학교에서 추상적으로 배운 것을 실제로 응용해보고 싶어하며 습득한 지식의 핵심을 이해하는 데는 구체적인 응용만큼 효과적인 것이 없다. 어리석은 교육자들은 이런 사실을 흔히 간과하곤 한다.(크로포트킨 2003, 188)

추상적인 이론뿐 아니라 그 이론을 현실에 직접 적용하고 경험하며 시행착오를 거치는 과정에서 교육이 진행되는데, 근대 교육은 경험적 지식, 노동에서 묻어나는 지식의 가치를 평가절하했다.

아나키즘은 이런 교육을 바로잡는 것이 매우 중요하다고 여겼다. 막스 슈티르너M. Stirner는 자아를 해방시키려면 부모와 교사가 주입한 우상을 파괴해야 한다고 주장했다. 사회의 교육이 자신의 진정한 자아를 방해할 수밖에 없다는 것이다. 그런 맥락에서 아나키스트들은 국가가 실시하는 교육이나 공교육을 부정했고, 그런 점에서 사회주의 교육관하고 달랐다(방영준 2006). 그렇다고 아나키스트들이 공교육 자체를 부정한 것은 아니다. 국가가 공교육을 독점하는 상황을 비판했다고 해석하는 게 옳다. 그러면서 아나키스트들은 자유학교free school를 지향했다.

콜린 워드C. Ward는 탈학교 논의를 지지하면서 "공교육은 사회정의를 모독하는 제도"라고 주장한다. 공교육은 과거에 확립된 사회적 편견을 강화할 뿐 아니라 자율성을 억압하고, 중앙정부의 감독을 받으며 이데올로기를 공급하기 때문이다. 더구나 불평등한 현실의 경쟁을 감추는 기만적인 평등을 강화한다. 따라서 워드는 폴 굿맨Paul Goodman의 논의를 빌려 학교를 해체하고 아이들이 스스로 선택해서 배울 수 있도록 교육비를 나눠줘야 한다는 급진적인 주장을 펼친다(워드 2004, 136).

탈학교 논의와 달리 프란시스코 페레F. Ferrer의 '모던 스쿨modern school'은 아나키즘 교육의 상을 잘 보여줬다. 페레는 학교의 설립선언문에서 "학교에 다니는 소년소녀들이 진실하며, 정의롭고, 그리고 편견에서 해방될 수 있도록 …… 아동들의 자연적 능력을 자극하고, 발달시키고, 지도하여, 충분한 개인적 가치를 지닌 쓸모 있는 사회 구성원이 되게 함으로써 전체 공동체의 발전에 헌신하게 할 것"을 학교의 목표로 삼았다. 그리고 아이들뿐 아니라 학부모들도 일요일 아침마다 함께 출석해서 수업을 받게 했다. 또 학교 수업 때는 상벌이나 시험을 폐지하고 아이들의 자율성을 키우려 노력했다(페레 2002, 159~160). 이런 자유로운 교육을 통해 청소년들이 사회의 편견에서 벗어날 수 있었고, 그런 변화는 아이들만이 아니라 부모들의 몫이기도 했다. 지옥 같은 사회에서 천사 같은 아이들이 존재할 수는 없다.

그런 의미에서 자유학교는 단순히 좋은 교육에 그치지 않고 청소년들이 자신이 사는 사회를 명확하게 인식하고 자유로운 인간이 되는 것을 목표로 삼았다. 박홍규는 자유학교의 공통점을 이렇게 정리한다.

> 일반적으로 통용되는 사회적 기준보다도 아이들의 기본적인 요구에 착안한다. 둘째, 교육의 자주성을 중시한다. 따라서 외부의 요청에 의해 교육이 결정되는 사태가 생길 수 없다. 셋째, 성인을 대하는 것과 마찬가지로 아이들을 진실하게 대한다. 청소년의 자주관리, 자기책임, 자주규율을 인정하며, 동시에 높은 책임도 부과한다. 넷째, 공동생활, 집단생활에서의 사회적 학습을 가장 중요한 교육수단으로 삼는다. 다섯째, 청소년에게 그들의 삶을 현실적으로 바라보게 하고 그것에 근거함과 동시에 현실생활과 유리되지 않는 교육동기를 명확하게 부여한다. 여섯째, 생산적인 노동과 노동의 의미를 잊지 않고, 공동체를 위해 교육시킨다. 일곱째, 가치·목적·인격과 결합된 교육관을 가지고 사회적 상호관계에 의한 자기실현과 자아의 발견을 목표로 한다. 여덟째, 미완성이라는 개념을 전제하므로 교육의 경직화를 피하고 개방성을 보장한다.(페레 2002, 123~124)

아나키즘에서 교육은 자기 힘을 자각하고 자신이 누구인지를 자각하는 과정이다. 그런데 아나키즘이 말하는 자아, 곧 자기는 자유주의에서 이야기하는 단자적 개인, 고립된 개인이 아니다. 아나키즘의 세계관에서 인간은 분리돼 존재하지 않고, 지금 현재 같은 공간에 사는 사람만

이 아니라 과거의 인간에도 연결돼 있다. 이것이 서구 사회에서 아나키즘이 가지는 독특성인데, 사실 동양 사회에서는 꽤 자연스럽게 받아들여지는 특성이다. 이런 관계성을 자연스럽게 깨달을 수도 있지만, 우리는 자유주의와 자본주의가 강요되는 사회에 살고 있기 때문에 설령 본성은 그렇게 타고났다 할지라도 자신의 본성을 배반하는 삶을 살기 쉽다. 그래서 아나키스트들은 교육이 필요하고 중요하다고 봤다. 다만 이 교육은 새로운 권위에 자신을 맡기는 것이 아니라 자신 속에 깃든, 자아를 구성하는 관계성을 깨달으며 세계를 확장시키는 과정이다.

이렇게 교육이 민중에게 성장의 기회를 제공해야 하고 경쟁보다 자율성과 서로 보살핌을 길러야 한다고 생각한 사람은 페레만이 아니었다. 크로폿킨은 배우려는 의지가 있고 알아듣기 쉬운 언어로 설명하면 민중들이 어려운 이론도 이해할 수 있다고 믿었다. 만약 그런 교육이 진행되면 대중과 엘리트의 경계는 자연스럽게 사라지리라 기대했다.

교육은 단지 개인이 성장할 수 있는 기회만을 제공하지 않는다. 크로폿킨은 소농과 지방 소공업의 몰락을 막고, 공장이나 도시를 향한 집중을 막을 수 있는 방법도 바로 교육이라고 봤다. 크로폿킨은 소농과 소공업을 발전시킬 수 있는 통합 교육을, 곧 "자신의 농민과 공업가, 전원이나 그 어떤 공예에서 노동하는 각 개인, 과학적 지식과 수공의 지식을 결합한 각 개인"을 기르는 교육을 실시해야 한다고 강조했다(크로포트킨 1983, 17). 소농과 소공업이 서로를 지탱하는 기둥이 될 수 있듯이, 크로폿킨은 두뇌노동과 육체노동 또한 통합돼 '눈과 손을 통해 두뇌로' 가는 교육(간디의 '나이탈림'하고 비슷하다)을 지향해야 한다고 강조했다. 이런 교육으로 삶에 뿌리를 둔 생산적인 기술이 널리 확산돼 각 지역의 다양성이 살아나면 공동체가 자치와 자립의 기반을 마련할 수 있다고 크로폿킨은 믿었다.

우리가 주장하는 것은 과학과 공업 및 사회 전반을 위하여 출생에 의하여 차별되지 않고, 인간이면 누구나 그 또는 그녀가 완전한 과학지식과 완전한 수공기예를 결합할 수 있는 교육을 받아야 한다는 것이다. 우리는 지식 전문화의 필요성을 충분히 인정하나, 이 전문화는 일반교육의 뒤에 계속될 것이고, 일반교육이 과학과 수공에서 똑같이 행하여지지 않으면 안된다는 것을 주장한다. 두뇌노동자와 육체노동자에로의 사회의 분할에 대하여 우리는 이 두 종류 활동의 결합을 대립시킨다). 그리고 두뇌노동과 육체노동 사이의 현행 분할의 유지를 의미하는 '기술교육' 대신에 저 유해한 구별의 소멸을 의미하는 종합교육educatin intégrale, 즉 완전교육을 우리는 주장하는 것이다.(크로포트킨 1983, 224~225)

시대를 앞서 통합 교육의 중요성을 강조한 것이다. 또한 크로폿킨의 교육개혁은 학교의 변화만을 바라는 데 머물지 않았다.

우리가 임금 제도의 폐지와 사회혁명을 바라는 것은 바로 이 두뇌노동과 근육노동과의 차별을 없애기 위해서이다. 그때 노동은 더 이상 운명의 저주가 아닐 것이다. 그것은 마땅히 그래야 하는 것 — 사람의 모든 능력의 자유로운 사용 — 이 될 것이다.(Kropotkin 1990, 183~184)

크로폿킨은 근본적으로 우리가 노동을 바라보고 이해하는 시선을 바꾸려 했다. 두뇌노동과 근육노동, 지식노동과 육체노동의 성격이 다르지만 직접 두 가지 노동을 모두 경험하며 그 노동의 가치를 제대로 이해하게 하는 것, 그것이 교육의 중요한 과제였다.

그런 교육이 꼭 학교에서만 진행되는 것은 아니다. 아이 한 명이 자라려면 한 마을이 필요하다는 아프리카의 속담처럼, 교육은 마을에서도 진행된다. 자유로운 코뮌에서 진행되는 교육은 구성원들을 자유로 이끈다. 이렇게 마을에서 진행되는 자유로운 교육에서는 도서관이 매우 중요한 구실을 한다. 인류의 지혜를 저장하고 있는 도서관이 공동체의 모든 구성원에게 개방돼 스스로 지혜를 활용할 방법을 깨닫도록 한다면 민중은 놀라울 정도로 성장할 수 있다. 그래서 미국에서 유대인 아나키스트들은 도서관과 독서실을 세우고 문학 모임을 조직해 사람들이 다른 사회를 꿈꿀 수 있게 했다. 이런 도서관에서는 다양한 강좌들이 열려 시사적인 이슈와 인문학에 기반을 둔 관점을 갖게 했다. 오스트레일리아의 아나키스트 플레밍J. W. Fleming은 협동조합의 설립을 도왔을 뿐 아니라 멜버른 공공도서관의 일요일 개관을 위해 싸우기도 했다.

지금까지 살펴봤듯이 아나키즘이 실현하려는 경제는 먼 미래의 공산주의가 아니었다. 그것은 임금 노동을 강요하고, 소유권의 경계를 그어 공유지를 없애며, 농업과 공업을 이윤을 짜내는 대규모 산업으로 바꾸려는 국가와 자본의 지배를 지금 당장 거부하고, 협동과 호혜의 경제, 자유로운 노동자의 협약과 공유의 경제, 농업과 공업을 연계한 코뮌의 경제를 만들어가는 과정이다. 과거에 없던 새로운 경제를 만들자는 게 아니라 국가와 자본주의에 파괴된 경제를 복원하자는 주장이고, 그 힘이 바로 우리에게 있다는 선언이다. 우리에게 익숙하고 내게 속한 힘이기 때문에 우리는 그 과정에서 소외되지 않고 살림살이를 재구성할 수 있다. 물론 그 과정은 끊임없는 실험이며, 그 속에서 새로운 주체들이 계속 탄생해야 한다. 그런 점에서 아나키즘의 인간관과 사회관은 매우 중요하다.

5부

완　　전　　을
거　　부　　하　는
불　　완　　전　한
사　　　　　　　상

장 프레포지에J. Preposiet는 고대 아테네의 견유학파와 디오게네스Diogenes의 관습에 얽매이지 않고 자유로운 삶에서 아나키즘의 씨앗을 찾기도 한다(프레포지에 2003, 20). 그리고 동양에서도 작은 공동체에서 외부의 간섭을 받지 않고 자율적인 삶을 살기를 원하는 사상들이 오래전부터 등장했다. 노자는 작은 나라에서만 백성들이 소박함과 순박함을 잃지 않고 평화를 누릴 수 있다며 소국과민小國寡民을 주장했다. 묵자墨子는 강압적인 역정力政에 반대하고 의정義政을 주장하면서 전쟁과 정벌을 반대하는 비공非攻과 겸애兼愛의 사상을 펼쳤다. 한국에서도 정여립鄭汝立은 신분과 직업의 차별이 없는 대동세상大同世上을 꿈꾸며 대동계를 조직했다.

이런 사상들에 모두 아나키즘이라는 이름을 붙일 필요는 없다. 다만 서로 보살피는 자유로운 삶, 좋은 삶을 기대하는 사상이 인류 역사에 오랫동안 존재해왔다고 말할 수는 있다. 인간의 자율성과 자아실현, 스스로 필요한 것을 충족하며 서로 보살피는 자유로운 코뮌이 더 나은 삶의 근원이라 믿는 사상들은 아나키즘에 강한 친화성을 갖는다. 아나키즘은 '새로운' 사상이 아니라 어떻게 살 것인가에 관한 하나의 태도라고 할 수 있으며, 그런 태도가 올바르고 정의롭다는 사실은 이미 역사적으로 증명돼왔다. 아나키즘의 정치적 주체는 특별한 존재가 아니라 새로운 정치를 시작하려는 배제된 사람들이었다. 아나키즘의 주체는 특정한 계급이나 계층으로 제한되지 않으며, 변화의 영역을 정치로 제한하지도 않았다. 아나키즘은 목적의식적으로 구성된 정치 전략을 거부하고 일상의 습관과 관습, 문화를 바꾸는 혁명을 강조했으며, 그래서 역사와 교육의 중요성에 일찍부터 주목했다. 아나키즘의 주체는 자기에 눈 뜨며 자기 삶을 만들어가는 존재, 자신을 둘러싼 사회적 관계를 변화시키는 존재다.

1장. 아나키즘의 다양한 결과 아나코-코뮌주의

하나의 완성된 대안을 찾는다면 아나키즘은 그 길이 아니다. 아나키즘은 '완전함'을 추구하지 않으며, 그런 완전한 상을 부정하는 이론이다. 아나키즘을 대표하는 흑색은 다른 모든 색깔을 삼켜버리는 블랙홀의 검은색이 아니라, 다른 모든 색깔을 살아 있게 하는, 그런 다양한 차이들이 모인 덕분에 드러나는 '검음'을 추구한다. 아나키즘은 검은색이라는 하나의 단색으로 드러나는 게 아니라, 그 속에 많은 색깔을 품고 있어서 검음이라는 '동사'의 형태로만 자신을 드러낼 수 있다.

이론에 대항하는 이론, 운동에 저항하는 운동인 탓에 아나키즘은 잘 만들어진 '박제'가 될 수 없었고, 항상 '거리의 사상'으로 자리매김됐다. 거리의 다양한 목소리를 담는 아나키즘은 하나의 각으로 쉽게 정리될 수 없는 역동적인 기운을 품고 있고, 그 다양한 차이가 아나키즘을 살아 있게 하는 힘이다.

또 우리의 상식처럼 아나키즘은 인간을 억압하는 세상을 가장 증오하고 권력을 향해 격렬한 복수심을 드러내는 무시무시한 사상이다. 그 복수심은 잘못된 세상을 파괴하기 위해 암살이나 테러도 마다하지 않았다. 아나키스트들은 억압이 한 조각이라도 남아 있는 세상 따위에 아무런 미련을 가지고 있지 않았다. 세상을 완전히 갈아엎고 새로운 세상을 만드는 것이 아나키스트들의 희망이었다. 대결 없이는 건설이 불가능하고, 파괴 없이는 창조도 없다.

그렇지만 그 복수는 새롭게 만들어야 할 세상, 아직 오지 않은 세상을 향한 뜨거운 사랑이 있었기 때문에 가능했다. 복수의 뒤편에서 아나키즘은 자율적인 인간이 스스로 만들고 관리하는 세상을 '지나칠 정도로' 사랑했다. 차가운 복수심만이 아니라 뜨거운 사랑이 있었기 때문에 아나키스트들은 주저하지 않고 자신의 목숨까지 바칠 수 있었다.

현실 속에서 모순된 것들이 함께 공존하고 있다면, 아나키즘은 그런 현실 위에서 운동하는 사상이다. "파괴를 향한 충동이 창조적인 충동"이라는 바쿠닌의 말에서 드러나듯 파괴는 창조를 배경으로 할 때만, 틀에 갇힐 수 없는 상상력과 창의력을 바탕으로 할 때에만 가능하다. 마찬가지로 창조는 기득권과 집착을 미련 없이 파괴할 때 살아날 수 있다. 끊임없이 기득권에 맞서 대결하고, 내 속에 똬리를 틀고 있을지 모를 불순한 자아를 상대로 대결하며 함께 살 수 있는 기반을 만들자는 사상이 아나키즘이다.

그렇다면 현실에 맞서 '완전하고 빠른 단절'을 외치는 것이 아나키즘일까? 단절을 위해 현실을 재단할 때 이미 우리는 어떤 틀 속에 갇혀버릴 수 있다. 그리고 착취와 억압이 없는 세상을 만들기 위해 지금 우리가 사는 현실을 바꿔야 하는데, 그런 힘은 소수의 활동가나 집단이 아니라 악착같이 현실을 사는 대중 속에서만 나올 수 있다. 따라서 중요한 것은 소수의 단절보다 다수의 '실험'이다. 닫힌 현실에 균열을 내고 뒤흔들 수 있는 갖가지 다양하고 지속적인 실험들, 엘리트가 아니라 대중이 진행하는 즐거운 실험들, 아나키즘은 책이 아니라 그런 실험들 속에서 생명력을 얻는다. 당연히 시행착오가 있을 수밖에 없고, 실패를 통해 배우며 불안과 공포에서 벗어날 수 있다. 실수하거나 실패할 것을 두려워한다면 새로움을 접할 수 없다.

아나키즘을 인식론적으로 정리한 파이어아벤트P. Feyerabend는 "모든 방법론은, 가장 분명한 것일지라도 자기 나름의 한계를 갖고" 있기 때문에 과학도 똑같은 한계를 지닐 수밖에 없다고 본다. 파이어아벤트는 우리가 받아들일 단 하나의 원리는 "그것은 무엇이라도 좋다anything goes라는 원리"이므로 어떤 실험도 가능하다고 본다.

과학은 언제나 공백과 모순들로 가득 차 있으며, 무지, 우직함, 편견에 대한
신뢰, 거짓말은 지식의 진보를 방해하는 것이 아니라 그것의 근본적 전제이
고, 정확성, 일관성, '정직성', 사실의 존중, 주어진 상황 아래서의 최대한의 지
식이라는 전통적인 미덕이 만일 단호하게 실천된다면, 그것은 과학의 발전
을 멈추게 할 것이다. 또한 논리적 원리들은 과학을 진보시키는 (논증적, 비
논증적) 수단 가운데서 아주 작은 역할을 할 뿐이고, 그것들을 보편적으로
강요하려는 시도는 과학을 심각할 정도로 방해할 것이다.(파이어아벤트 1987, 297)

이론에 과학성을 강요하는 태도야말로 그 이론을 비과학적인 것으
로 만든다. 마찬가지로 끊임없이 대안을 요구하는 사회는 정상이 아닌
사회다. 대안이 있어야 비판할 수 있다는 생각은 더욱더 끔찍한 것이다.
애초에 그런 상황은 불가능하다.

특정한 이념을 강요하지 않고 사람들의 자연스런 마음과 감정에 희
망을 걸고 내부에 끊임없는 긴장과 역설을 내포하는 아나키즘은 하나
의 이론으로 정리되기 어렵다. 이상을 꿈꾸고 함께 노력하는 사람들의
성향에 따라 다양한 형태를 띠고 각 지역의 특수한 상황에 맞게 변형됐
기 때문에 사실상 아나키스트의 수만큼 아나키즘의 수가 늘어날 수 있
다. 아나키스트의 역사를 정리한 애브리치는 이탈리아 아나키스트들을
예로 들어 이런 경향을 네 가지 정도로 정리한다(애브리치 2003, 302).

첫째 부류는 아나코-코뮌주의자로, 국가와 시장을 대체할 코뮌(공
동체)을 건설하려 노력했다. 크로폿킨으로 대표되는 이 흐름은 단순히
기성 질서를 거부하는 데 그치지 않고 개인의 자유와 평등을 보장할 수
있는 코뮌의 질서를 마련하려 노력했다. 많은 노동자와 농민이 이런 코

뮌의 건설에 나섰다.

둘째 부류는 노동자들의 조합이 국가를 대체해야 한다는 아나코-생디칼리스트anarcho-syndicalist다. 바쿠닌을 따르던 이 흐름은 강력한 국가권력을 작은 노동조합이나 지방의 권력으로 쪼갠 뒤 이런 작은 단위들이 서로 긴밀히 연결되는 연방주의 사회를 꿈꿨다.

셋째 부류는 아나코-개인주의자anarcho-individualist로, 코뮌이나 노동조합도 개인의 자유를 억압하는 또 다른 권력으로 변질될지 모른다고 염려했다. 그래서 공동체나 조직을 만들지 않고 개인들이 직접 행동하는 것을 선호했다. 대표적인 인물인 독일의 사상가 슈티르너는 개인의 자유와 자율성을 다른 무엇보다도 강조했다.

넷째 부류는 앞서 얘기한 세 가지 부류 중 어디에도 속하지 않는 사람들이다. 이 사람들은 자신들에게 어떤 수식어도 붙이고 싶어하지 않았다. 자신은 '그냥' 아나키스트일 뿐 다른 어떤 설명도 필요하지 않다고 여겼다. 아나키즘에는 하나의 정통이 있을 수 없다는 것이다. 조약골도 비슷한 이야기를 한다.

> 뭔가 새로운 것을 만들어 간다는 것은 감동적인 경험이다. 이것이 내가 생각하는 아나키즘과 아나키 운동의 핵심적인 내용이다. 이것은 철저히 나 자신의 고민과 경험과 실천을 통해 얻어진 것이다. 나의 아나키즘이 다른 사람들과 매우 다르다는 것도 잘 알고 있다.(조약골 2011, 74~75)

이렇게 다양한 흐름으로 분류되지만 아나키즘을 특징짓는 공통점도 분명히 있었다. 프랑스의 아나키스트 세바스티앙 포르S. Faure는 "모든 아나키스트는 다른 부류의 사람과 구분되는 공통점을 지니고 있다. 그 공통점이란 사회 조직에서 권위주의를 부정하고 이를 토대로 설립된 제도의 모든 규제를 증오한다는 것이다. 따라서 권위를 부정하고 그에 맞서 싸우는 사람이라면, 누구나 아나키스트이다"라고 말했다. 이 정의에 따르면, 사회의 불의에 맞서 자신의 뜻을 펼치려는 사람은 누구나 아나키스트다.

그런데 그레이버에 따르면 아나키즘 사상가들, "19세기의 '초기 사상가들'은 자신들이 어떤 매우 새로운 것을 만들었다고 생각하지 않았"는데, "아나키즘의 기본원리들, 자조, 자발적인 결사, 상호부조는 인류만큼이나 오래되었다고 여겨지는 인간 행위 양식을 가리켰"기 때문이다. 학계에서 아나키즘에 관한 논의가 활발하지 않은 이유는 아나키즘 쪽에 학위를 가진 이론가들이 없었고, 새로운 교리를 제안하지 않은 탓이 크다. 그리고 마르크스주의가 주요 저자들이 있는 사상이자 지식인들의 지적 경기였다면, 아나키스트들은 "자신들의 실천과 어떤 목적을 위해 자신을 조직하는 방식으로 자신들을 드러내고 싶어했." 마르크스주의 학파의 저자들은 마르크스주의, 레닌주의, 마오주의, 트로츠키주의, 그람시주의 등의 이름을 가지고 지적인 경기를 벌였다. 그러나 아나키즘에는 위대한 사상가는 있을지라도 위대한 주의자는 없었고, 실천가들이 많았다. 그레이버는 아나키스트들은 마르크스주의자들을 사로잡은 질문들에 관심이 없었다고 본다.

큰 전략적, 철학적 질문들, 예를 들자면 농민들이 잠재적인 혁명 계급인가 (아나키스트들은 이것을 농민들이 결정할 문제라고 봤다), 상품 형태의 본질은 무엇인가 등에 관심을 두지 않았다. 오히려 아나키스트들은 회의를 진행할 때 무엇이 진정 민주적인 방식인가, 조직이 개인의 자유를 억압하지 않도록 어디서 멈춰야 하는가 등을 놓고 논쟁을 벌였다. 또는 대항 권력의 윤리학에 관해 논의했다. 무엇이 직접행동인가? 국가의 수장을 암살한 사람을 공개 비난하는 것이 필요한가(또는 옳은가)? 특히 전쟁처럼 끔찍한 사건을 막으려 했다면 암살이 도덕적인 행동인가? 창문을 깨는 건 언제 가능한가?

그레이버는 마르크스주의와 아나키즘의 차이를 이렇게 요약한다 (Graeber 2004, 6).

1. 마르크스주의는 혁명 전략에 관한 이론적, 분석적 담론이 되려 한다.
2. 아나키즘은 혁명적인 실천에 관한 윤리 담론이 되려 한다.

아나키즘은 어떤 완벽한 이론의 청사진을 만들지 않았고 만들 수도 없다는 것이다. 혁명 전략보다는 혁명적 실천이 더 중요하다고 본 말라테스타도 비슷한 말을 남겼다.

어떤 이는 아나키가 인간 사회의 완전한 형태라고 말할지 모르지만 우리는 이 어두운 시대에 그런 도약을 원하지 않는다. 그러니 당신의 사회가 어떻게 조직될지를 구체적으로 말해달라. 그리고 해방된 사회에서 풀어야 할 문제들을 공부하려 한다면 매우 흥미로운 일련의 질문들이 있지만 우리가 명확한 해결책을 제시하기를 기대한다면 그것은 쓸모없고 불합리하고 우스꽝스런 일이다. 아이들을 가르치는 데 어떤 방법이 사용되어야 할까? 생산은 어떻게 조직되어야 할까? 대도시가 계속 있어야 하고 사람들이 지구상의 모든 곳에 골고루 퍼져야 할까? 시베리아의 모든 주민들이 프랑스의 니스에서 겨울을 보내기를 원한다고 생각한다면? 그리고 모든 이가 북아메리카의 메추리를 먹고 이탈리아 포도주를 마시기를 원한다면? 누가 광부나 어부가 되려 할까? 누가 변소를 치울까? 아픈 환자들은 가정이나 병원에서 어떤 치료를 받아야 할까? 누가 계획에 따라 철도를 놓아야 할까? 기차가 움직이는 동안 기관사가 위장병에 걸린다면 누가 그 일을 맡을 것인가? 경험하지 않은 미래에 관한 모든 지식과 경험을 가지고 있다고 가정해도 좋으려면 아나키의 이름에서도 우리는 미래 세대에게 잠자리에 들어야 하는 시간과 옥수수 껍질을 벗겨야 하는 날을 미리 정해야 한다.(Malatesta 1891)

그렇다고 아나키스트들은 평범한 사람들이 어느 날 갑자기 탁월한 혁명가로 등장하리라 믿을 만큼 비현실적이지 않았다. 굴욕적인 생활 조건을 더는 받아들이지 않겠다고 결심하거나 사회적 고통에 눈을 뜰 때 평범한 사람들이 주체로 등장할 수 있다. 크로폿킨은《청년에게 고함》이라는 유명한 글에서 청년들이 사회주의를 위한 정의로운 길에 함께하자고 권했다. 의사나 변호사, 학자의 길을 꿈꾸는 청년들이 귀족이나 지주, 자본가의 이득이 아니라 가난하고 착취당하는 사람들의 이익을 위해 살겠다고 결심할 때, 이기적인 삶을 원하지 않고 인류의 행복을 위해 일하겠다고 결심할 때 주체는 '등장'한다.

크로폿킨은 이런 출현의 원인을 순수한 '이타심'에서 찾지 않았다. 오히려 크로폿킨은 진리와 정의, 평등을 위한 투쟁보다 아름다운 것을 찾을 수 없다며 아름다운 청년이 되기를 권한다. 크로폿킨은 양심에서 눈을 돌리는 악한이 되지 않고 아름답고 숭고한 삶을 살기 위해, 인류와 정의를 위해 싸우는 정의로운 사람이기 위해, 자신을 자신이게끔 하기 위해 싸워야 한다고 말했다. 크로폿킨 자신도 "노동 대중에게 모든 노동자의 이익을 위해 노력해야 한다는 사상을 전파하는 것, 도래할 사회 혁명에서 지켜져야 할 원칙과 개념을 심화 확대시키는 것, 이상과 원칙을 지도자가 명령하는 것이 아니라 노동 대중이 결정함으로써 자신의 것으로 만드는 것, 새롭고 평등한 사회의 건설자로서 역사의 전면에 나

서기를 요구하는 시대적 요청에 부응하여 노동 대중들이 자신의 선도성을 깨닫는 것"을 평생의 과제로 삼았다(크로포트킨 2003, 466).

이렇게 아나키스트들은 추상적인 대의명분이나 정치 전략보다 자신과 공동체의 삶을 돌봐온 오랜 전통에서 변화의 가능성을 봤다. 오랜 역사를 거듭하면서 우리는 내 속의 자아를 완성시키기 위해 우리 삶에 개입할 책임이 있으며 그럴 때 공동의 삶이 만드는 결실을 누릴 권리를 가진다는 인류애를 자각해왔기 때문이다. 내 속의 자아와 공공성이 분리돼 있지 않다는 점을 자각하는 인간은 새로운 공동체의 주체가 될 수 있다.

로버트 오언의 말처럼 인간의 성격은 그 사람이 살고 있는 사회적 환경의 지배를 받기 때문에, 어릴 때부터 합리적으로 생각하고 주위 사람들을 우정과 사랑으로 대하며 자라면 아이들은 훌륭한 미래의 시민으로 성장할 수 있다. 물론 아나키스트들이 이런 자각과 성장을 자연스러운 과정으로 낙관한 것은 아니다. 근대 국가의 대의민주주의나 자본주의는 시민들을 개인화된 국민과 소비자로 만들어 자신들이 만든 질서에 길들이려 하기 때문이다. 대표적인 것이 선거다. 말라테스타는 보통선거권으로 선출된 대표란 이성이나 정의, 능력 등 무엇으로도 증명되지 않는 단순한 숫자일 뿐이며, 그래서 그런 대표들은 민중을 속일 수 있다고 비판한다(Malatesta 2001, 20). 정치인들에게 공적인 일을 떠맡긴 채 공적인 시민의 성격을 잃고 개인적이고 사적인 영역에 갇힌 개인은 인간의 본질적이고 자주적인 특성, 곧 적극적인 공동체 참여를 통한 자아의 실현이라는 특성을 잃어버린다. 자본주의와 권위주의는 사람들의 이런 자각과 성장을 가로막으려 온갖 노력을 다한다.

이에 맞서면서도 지도자가 대중을 이끄는 방식이 아니라 민중 자신의 변화를 추구했기 때문에 아나키스트들은 이데올로기나 선전보다 직접 자신의 삶을 통해 메시지를 전달하려 했다. 아나키스트들이 테러리스트라는 비판을 많이 받은 이유는 직접행동을 통해 자신의 사상을 실천하려 했기 때문이다. 민중을 억압하는 권력자, 일하는 계급을 착취하는 자본가나 지주에게 메시지를 전달하고 민중에게 희망을 주기 위해 아나키스트들은 자신의 목숨을 바치는 것도 두려워하지 않았다. 그래서 삶을 통한 선전, 실행을 통한 선전propaganda by deed은 '이데올로기의 주입'이 아니라 '공명共鳴'을 일으켰고, 합리적이고 이성적인 설득뿐 아니라 열정적이고 감정적인 공감을 불러왔다.

또한 아나키스트들은 민중의 성장 공간이 민회 같은 공식적인 정치 공간에 더해 공장 평의회, 학교 운영위원회처럼 다양한 생활의 장에서도 구성돼야 한다고 여겼다. 미리 정해진 완벽한 유토피아를 만들려 하지 않고 구성원들이 언제든 새로운 규칙을 짜고 독재의 출현을 막을 수 있는 사회를 꿈꿨다. 아나키즘이 추구하는 삶의 변화는 피라미드의 서열이나 구조의 변화가 아니라 피라미드 자체의 변화다. 각각의 영역에 세워진 피라미드 구조에서 빠져나오면 새로운 관계가 만들어지고, 우리는 새로운 변화를 경험할 수 있다.

특히 아나키즘에서 개인의 생명력은 사회에서 분리되지 않기 때문에 만남을 통해 그 힘은 더욱 강해진다. 고유한 나는 타자와 맺는 관계 속에서 더욱 강한 생명력을 가진다. 이 점을 이해하지 못할 경우 인간은 치열한 경쟁 속에서 에너지를 소모하게 된다. 아나키즘에서는 개인의 행복과 사회의 행복이 대립하지 않는다. 골드만은 이렇게 말했다.

아나키즘은 순수한 생명체의 스승이다. 자연뿐 아니라 인간의 스승이다. 개인적 본능과 사회적 본능 사이에 갈등이 없는 것은, 심장과 허파 사이에 갈등이 없는 것과 같다. 허파는 귀중한 생명의 본질을 담아두는 곳이요, 심장은 생명의 본질을 순수하고 강력하게 유지시켜주는 요소를 담아두는 곳이다. 개인은 사회의 심장이다. 사회적 생명의 본질을 보존하는 곳이다. 사회는 이 생명의 본질, 곧 개별적인 것을 순수하고 강력하게 유지시켜주는 요소를 분배하는 허파이다.(골드만 2001, 42)

그러므로 사회 없는 나를 상상할 수는 없는 법이다. 따라서 우리에게는 싸워야 할 다양한 이유들이 있다. 크로폿킨은 불의와 부조리를 목격하고도 자기 일이 아니라며 등을 돌리는 행동이 자아를 파괴한다고 본다. 그래서 뜨겁게 싸우기를 원한다.

반대로 강해져라. 불의의 목격자가 되고, 생활에서의 불의든, 과학에서의 거짓이든 혹은 누군가에게 자행된 고통이든 그것을 발견할 때마다 불의, 기만, 부당함에 저항하라. 투쟁하라! 투쟁은 생명이다. 생명이 치열할수록 투쟁은 더 뜨거워진다. 그때 그대는 살았다고 말할 수 있으며, 그대는 부패한 늪에서 무위도식하는 수년간을 위해 이러한 삶의 몇 시간을 포기하지는 않을 것이다. 투쟁하라! 샘처럼 솟는 완전한 생명의 가능성을 다른 사람들에게 주기 위하여 투쟁하라. 이 투쟁에서 그대는 어떤 다른 무대에도 존재하지 않는 거대한 기쁨을 얻게 될 것임을 믿으라. 이것이 도덕에 대한 과학이 그대에게 말할 수 있는 것이다. 선택은 그대의 손에 달려 있다.(크로포트킨 2009, 239)

이것이 가장 강한 생명력이자 연대성이다. 완전한 사상이란 존재할 수 없고, 설사 이론이 완전하다 해도 현실은 그 이론하고 다르게 흘러갈 수밖에 없다. 이론이 그런 변화를 견디고 현실이 조금 더 이론을 받쳐주도록 만드는 힘이 접속이고 네트워크다.

2장. 에고와 어소시에이션

슈티르너는 계급 제도가 사상의 지배요 정신의 지배라고 말한다. 중세만이 아니라 근대에도 이어져 내려온 지배이고, 혁명도 서열을 바꾸었을 뿐 그 지배 자체를 제거하지 못했다는 것이다(개혁이 있을 뿐 진정한 혁명은 없었다). 고대인의 지혜가 모두 세계에 관한 학문이라면 근대인의 지혜는 모두 신에 관한 학문이다. 그런 의미에서 프로테스탄티즘과 근대적 사유가 내적인 종속을 더 심화시켰을 뿐이라는 관점에서 슈티르너는 자유주의를 해석한다.[1]

슈티르너의 이론을 따라가면, 자유주의는 민족이나 국가의 형태로 단결할 때만 우리가 진정한 인간일 수 있다고 보게 된다. 그런 점에서 자유주의가 지향하는 삶은 인간이 아니라 시민으로 사는 삶이다. 자유주의는 개인적인 성격이나 고립을 버리고 사적인 삶을 넘어 공적인 삶을 누릴 때 참된 인간이 된다고 말한다. 과거에 좋은 기독교인을 요구했듯이, 근대는 좋은 시민을 요구한다. "국가는 자유롭고 평등한 인간의 공동체가 되고 모든 사람은 '전체의 복지'에 스스로 헌신해야 한다"(Stirner 1995, 90). 슈티르너는 이것을 '세속신mundane god'의 출현이라 본다. 프랑스 혁명 역시 자신을 민족, '인민의 자유', '자유로운 인민'이라 부르며 기득권 계층의 권리를 폐지하지 않고 이것을 '권리'로 전환시키려는 평민commonalty들을 출현시켰다. 이런 변화가 새로운 군주제의 출현을 가져오고 제한된 군주제를 절대군주제로 전환시켰으며, 그 과정을 주도한 것

---

1 슈티르너에 따르면, "자유주의는 단지 깔개 위에 다른 개념을 가져왔을 뿐이다. 신성 대신에 인간을, 교회 조직 대신에 정치를, 교리 대신에 '과학'을, '조잡한 도그마'와 가르침 대신에 현실의 개념과 영원의 법칙을"(Stirner 1995, 88).

이 바로 부르주아지다. 그러면서 국가는 권리를 보장해야 할 많은 군중을 갖게 됐고, 이 제3계급은 자기를 제외한 다른 계급을 인정하지 않으면서 유일한 계급을 만들기 위해 자신을 민족으로 선언한다. 슈티르너는 이것을 신에 직접 연결되려는 프로테스탄트와 비교하며 정치적 프로테스탄트라고 부른다.

그런 점에서 프랑스 혁명은 오랫동안 지속된 정신의 지배와 영혼의 지배를 무너뜨리지 못했고, 도덕이나 도덕의 영향력을 없애지 않았다. 단지 다른 형태의 개념으로 대체했을 뿐이다. 슈티르너는 이런 상황을 자유주의의 실제 모습이라 본다. '합리적인 질서'와 '합리적인 법'을 얘기하지만, 그 틀은 과거를 반복할 뿐이다. 자유주의자는 신을 향한 믿음이 아니라 자신의 지배자인 이성을 숭배하는 광신도다. 부르주아 사회에서는 개인의 자유 역시 사람이 아니라 법을 따른다는 사실을 인정하는 것이다. 자의적인 의지에서 벗어나는 것이고, 법적인 군주에 종속되는 것이다. 여기서는 "오직 자유주의적 사안만이 합법적인 사안으로 인정된다"(Stirner 1995, 98). 슈티르너는 이런 과정이 결국 국가만을 유일한 군주로 승인하는 것이라고 주장한다. 자유로운 경쟁도 국가를 전제한다. 개인적으로는 어느 누구도 다른 사람의 군주가 되지 못한다. 심지어 아이들도 부모가 아니라 국가에 속한다. 개인은 해방됐지만, 그 개인은 이미 구속된 개인이다. 자기 자신의 이익과 필요에 따른다고 생각하지만, 그 이익과 필요는 자신에게서 나온 게 아니라 외부가 정해준 것이다.

이런 사유는 이반 일리치I. Illich의 사상에서도 드러난다.

이런 견해에 따르면 탈근대인이 처한 조건과 그가 몸담은 우주는 워낙 복잡해져서 최고 수준의 특화된 전문가가 아니면 오늘의 '요구'를 이해하고 정의하는 사제 노릇을 제대로 해낼 수가 없다. 이렇게 해서 인간 현상은 더 이상 사실 그대로의 우리로, 우리가 직면한 것으로, 우리가 감당할 수 있는 것으로, 우리가 꿈꾸는 것으로 정의되지도 않고, 그렇다고 해서 결핍으로부터 우리가 스스로 만들어내는 근대의 신화로 정의되지도 않는다. 인간현상은 이제 우리에게 모자란 것이 얼마나 되는가 하는 잣대로, 다시 말해서 요구로 정의된다. 그리고 시스템 이론의 발상에 따라 결정되는 이 잣대는 자연과 법도 새로운 눈으로 확 다르게 보고 자유를 요구하는 개개인의 권리를 존중하여 자율적 극복을 북돋우는 데 관심을 기울이기보다는 전문가가 정의한 생존요건(요구)을 마련하는 데 더 관심을 갖는 정치를 처방으로 내놓는다. 우리는 계몽의 꿈에 뿌리를 둔 진보, 성장, 발전에 바탕을 둔 정치의식으로부터 요구 충족의 '지속 가능한 시스템'을 보장하는 통제로 정의되고 새롭지만 아직은 이름이 없는 의식으로 넘어가는 문턱에 우리도 모르는 사이에 와 있다. 맞다, 발전은 죽었다. 그러나 요구를 선전하는 선의의 전문가는 자신의 발견을 열심히 재개정하고 그 과정에서 인간의 본성까지도 다시금 재정의한다. 시민은 사이보그로 재정의된다. 개인은 '인구'의 성원이었다가 '사례'로 바뀌더니 이제는 적절한 관리 아래서 균형을 유지해야만 잠정적으로 제 기능을 발휘할 수 있는 면역계를 표본으로 삼아 모형화된다.(일

리치 2010, 221~222)

이런 체제는 개인과 사회의 관계를 근본적으로 왜곡한다.

그런데 앞서 프루동의 사상에서 드러났듯이 아나키즘에서 개인과 사회는 분리되지 않는다. 나와 세상이 분리되지 않듯이, 나와 다른 사람들도 분리되지 않는다. 우리는 같은 세상에 더불어 살고 있기 때문에 좋은 방식이든 나쁜 방식이든 서로 서로 많은 영향을 주고받는다. 거꾸로 생각하면, 내가 변하면 나와 관계를 맺고 있는 사람들이 영향을 받고, 그 변화의 파동은 예측할 수 없을 만큼 퍼져 나갈 수 있다.

그런 의미에서 비겁함이나 소심함보다는 나 자신을 세상에서 분리하는 생각이야말로 우리를 자꾸 머뭇거리게 만든다. 그런 인식은 우리를 머뭇거리게 하고 변화의 의미를 내 것이 아닌 특정한 목적에서, 내 용기가 아니라 다른 누군가의 선의善意에서 찾게 만든다. 냉소하거나 동경하거나, 내 자리가 없는 사이에 세상이 변한다.

그러나 직접 나서는 순간에는 나와 우리 자신이 바로 목적이다. 한 걸음 내딛는 순간 우리는 존엄한 존재가 되기 때문이다. "우리가 이겼다"라고 외치면 좋겠지만, 이기지 못하고 "결코 너희 마음대로 되지는 않을 것이다"라고 외치는 것도 세상을 바꾸는 중요한 방법이다. 그러면서 우리는 존엄해진다. 그리고 그 길을 함께 걸을 동반자가 있다면 우리는 더욱 존엄해질 수 있다.

미국의 아나키스트 헤나시A. Hennacy가 말한 '한 사람의 혁명one-man revolution'도 그런 의미다. "만약 내게 용기가 있다면, 사람이 마땅히 그래야 한다고 내가 생각하는 대로 오늘 당장 살기 시작할 수 있다. 나는 사회가 바뀔 때까지 기다릴 필요가 없다. 세계를 변화시키는 방법은 자기 자신의 변화를 위한 시도이다." 이런 생각으로 헤나시는 매년 히로시마 핵폭탄 투하일이 오면 하루 동안 단식한 채 자기 지역의 연방 정부 건물 앞에서 피켓을 들고 시위를 벌였다. 사람들이 그렇게 해서 세상을 바꿀 수 있겠냐고 물으면 헤나시는 이렇게 답했다. "아뇨, 하지만 세상이 나를 바꿀 수 없다는 것은 확신합니다." 일리치가 말했듯이 희망은 외부의 것이 아니라 내 속에 있는 것이니(호이나키 2007, 328).

고진은 슈티르너와 프루동이 주장한 개인이 나의 고유성을 무시하지 않으면서도 연합을 지향할 수 있다는 점을 보여준다고 주장한다.

슈티르너가 에고이즘을 말하면서 어소시에이션(연합)을 지향하는 것은 조금도 모순되지 않는다. 오히려 슈티르너는 에고이스트만이 어소시에이션을 형성할 수 있고, 또 어소시에이션은 그러한 것이어야 한다고 말했다. 슈티르너는 프루동이 구상하는 어소시에이션에서 교회나 공동체 냄새를 맡고 있었다. 슈티르너는 그것이 강요하는 도덕성을 부정했다. 그러나 그것에 의해 슈티르너는 오히려 새로운 윤리를 제기하려고 했던 것이다. 슈티르너는 다음과 같이 말한다. 즉 지금까지 사람들은 개인을 같은 가족으로서, 같은 국민, 같은 인류로서만 승인해왔다는 것이다. …… 그러나 프루동은 슈티르너가 비판하는 '공산주의'와는 이질적이었다. 프루동은 그런 의미의 어소시에이션(결사)을 부정했다. 프루동의 사회주의는 오히려 '에고이스트들의 어소시에이션'이었다고 해도 무방하다. 그것은 나중에 《연합의 원리》에서 분명해졌다. …… 연합의 계약이란 "한정된 하나 내지는 다수의 목적을 위한 쌍무적이고 실증적인 계약이며, 게다가 그 기본적인 조건은 계약 당사자가 그들의 포기한 이상以上의 주권과 행동을 스스로 보류하는 것이다"(《연합의 원리》). 그러나 1840년대의 프루동에게서 그것이 명확하지 않았던 것은 확실하다.(가라타니 고진 2005, 286~289)

관심의 폭을 넓히면서 자연스레 서로 보살필 필요성을 깨닫고, 닫혀 있던 자아의 경계를 넘어 '사회적 개인'으로 거듭날 수 있다. 사실 개인과 사회의 관계를 어떻게 설정할 것인가 하는 문제는 새로운 정치를 구상하기 위한 가장 기본적인 틀이고, 주체에 관한 논의 역시 이 틀 안에서 진행돼야 한다. 영국의 정치철학자 무페Chantal Mouffe는 다원주의와 개인주의를 구분하면서 개인의 중요성을 받아들이지만, 개인주의를 인정하지는 않는다(Mouffe 1993, 97). 공동체 내부의 여러 가지 사회적 관계들이 영향을 미치기 때문에 개인은 사회에서 분리된 존재로 가정되거나 어느 한 차원(계급이나 성, 인종 등)으로 환원될 수도 없다는 것이다. 오히려 개인은 그런 사회적인 관계의 그물망 속에서 차지하는 위치에 따라 다양한 정체성을 갖게 된다.

함석헌은 고립된 개인이란 거짓된 것이며 인간의 사회 조직은 "하나하나의 개체들이 보다 높은 하나를 드러내는 방법"이라고 주장한다(함석헌 2001, 34). 그러므로 "각 개체가 다 전체를 가능성으로 가지고 있다. 그러므로 전체의 발전은 개체의 발전을 통해서만 되게 되어 있다. 민족적인 본성은 개인의 자아 속에서만 볼 수 있고 발전시킬 수 있다"(함석헌 2001, 42). 개인의 타락이나 제도의 불완전함이 아니라 전체의 통일이 깨어지면서 위기와 불안, 공포가 우리 삶을 덮친다. 그렇다면 지금 우리에게 필요한 것은 다시 이 전체의 통일과 균형을 잡는 일이다. 그러려면 각자가 각자의 삶에 의존해 살고 있다는 사실을 인정하고 자기 품을 내어줘야 한다. 차이와 긍정이 중요하지만, 때로는 베풀고 내어주고 자기를 부정해야 비로소 전체의 통일이 가능할 수 있다.

개인이 개인답게 살려면 반드시 타자가 필요하다. 마찬가지로 다른 생명을 존중하는 공생을 전제로 하지 않는 자급과 자치는 허구이다. 직접행동은 개인과 사회를 대립시키지 않으며, 공존을 위해 각자가 각자를 필요로 한다고 본다. 그래서 강하고 자율적인 개인을 만드는 과제는 강하고 자율적인 사회를 만드는 과제이기도 하다. 자기만의 강함을 추구하는 행동은 권력 정치로 변질되기 쉬운데, 어소시에이션은 개인의 자율성을 전제로 타자와 개인의 만남과 확장을 가능하게 한다.

우리는 민주주의를 제도적인 측면에서 생각하지만, 사실 민주주의는 제도보다 주체의 성장에 더 많은 관심을 기울인다. 민주주의는 외적인 억압으로 자신의 고유함과 독특함을 잃어버린 주체가 자신이 발 딛고 있는 사회구조와 자기 자신을 깨닫고, 자아를 열고 확장시키는 것을 뜻한다. 앞서 살펴본 대로 우리는 식민지와 독재 등을 거치며 자아를 억압

받았고 전쟁이라는 끔찍한 심리적 상처를 갖고 있다. 무한 경쟁의 논리, 가부장주의, 획일적인 집단성이 시민사회에 깊이 뿌리내려 있다. 이런 우리가 민주주의의 주체로 성장하려면 그 모습을 솔직히 인정하는 우리 자신이 자신을 서로 보듬고 보살펴야 한다. 그런 과정에서 '나를 지워버린 우리'가 아니라 '내가 확장된 우리', '사회적 개인'이 민주주의의 주체로 등장할 수 있다. 이렇듯 성장이 전제되기 때문에 아나키즘은 그것 자체로 완전한 사상일 수 없다.

3장. 지금 이곳의 아나키즘

미래의 부나 권력을 위해 지금 현재의 행복을 저당 잡히지 않는 사랑, 소유하지 않고 더불어 함께 누리려는 사랑이 아나키즘이다. 아나키즘을 폭력의 사상으로 몰아가려는 사회 분위기하고 다르게 아나키즘은 생명과 평화를 존중한다. 골드만은 이렇게 말한다.

> 다른 어떤 사회 이론보다도 아나키즘은 인간 생명을 그 무엇보다 귀중히 여긴다. 모든 아나키스트들은 근본적으로 톨스토이의 정신에 동의한다. 톨스토이는 이렇게 주장했다. 어떤 상품을 생산하기 위해 인간 생명을 희생하게 된다면 그 상품 없이 사회가 유지되도록 해야 한다. 생명이 없는 사회는 있을 수 없다. 그렇다고 아나키즘이 순종을 가르치는 건 절대 아니다. 모든 고통과 비참함과 병폐가 순종이라는 악으로부터 나온다는 점을 알고 있는데 어떻게 순종을 가르칠 수 있겠는가?(골드만 2001, 98)

과격한 인상하고 다르게 아나키즘은 지금 내가 믿는 바를 직접 실천하며 살 때 올바른 삶을 살 수 있다고 믿었다. 아나키즘의 폭력성을 비판하기는 했지만 폭력을 제거한 아나키즘에 무한한 애정을 드러낸 톨스토이는 자신을 아나키스트라 부르지 않았지만 아나키즘에 동의한다는 점을 분명하게 밝혔다.

그런데 사랑을 실천하는 삶이란 어떤 것일까? 앞서 얘기했듯이 사랑은 타자를 향한 이타적인 관심만을 뜻하지 않는다. 사랑은 자신과 타자를 향한 호감일 뿐 아니라 현재의 삶에 충실한 것이다. 아나키즘이라는 사상은, 멀리 이상 사회를 그리며 그런 사회를 만들기 위해 하나씩 준비하는 일도 중요하지만, 지금 우리가 그런 사회를 살지 않는다면 결국 그 사회는 먼 미래에만 존재하게 된다고 본다. 아나키즘과 사회주의 사상이 대립한 것도 이런 생각 때문이다. 사회주의는 과학적인 이론과 전위 정당, 계획된 혁명 노선에 따라 공산주의 사회로 '이행'해야 한다고 봤다. 미래의 공산주의를 위해 현재의 삶을 투쟁에 바치고 헌신해야 한다는 것이다. 반면 아나키즘은 수단과 목적을 구분하지 않는다. 우리의 이상은 먼 미래에 있지 않고, 지금 우리의 삶 속에서 이상을 어떻게 실천하면서 살 것이냐 하는 문제가 중요하기 때문에 내가 지금 어떻게 사느냐 하는 것이 바로 목적이 된다. 그러니 당장 국가를 없애고 평화로운 삶을 살아야 한다. 내가 지금 전혀 다르게 살면서 사람들에게 '나중에 우리가 어떠어떠한 이상 사회를 만들기 위해서 우리가 뭔가를 해야 한다'고 말할 수는 없는 노릇이다. 내가 이상대로 살고 있을 때 자연스럽게 우리가 생각하는 이상 사회가 실현될 것이라고 본 것이다.

그러니 아나키즘에서 직접행동은 동원mobilization이나 선동agitation하고는 다르다. 직접행동은 내 삶에 영향을 미치는 여러 정치적, 경제적, 사회적, 문화적 조건들에 어쩔 수 없어 능동적으로 개입하고 교감하며 나와 우리를 성장시키는 과정이다. 그런 점에서 직접행동이 던지는 물음은 단순하다. 나는 내 삶의 주인인가? 나는 내가 믿는 것을 실천하며 존엄하게 살고 있는가? 누가 내 삶을 대신 살아줄 수 있을까? 누가 그런 삶을 행복하다 말할 수 있을까?

사람은 누구나 행동하며 살지만, 그 행동이 언제나 자신의 뜻을 따르는 것은 아니다. 자신의 뜻을 따르지 않는 행동은 그 사람을 성장시킬 밑거름이 되지 못한다. 예를 들어 노예가 엄청나게 많은 일을 하지만 그 일이 노예의 삶을 성장시킬 수 없듯이, 그리고 컨베이어 벨트에서 일하는 노동자가 엄청나게 힘든 노동을 하지만 그 노동이 노동자의 삶을 성장시키지 못하듯이 말이다. 이렇게 많은 사람들이, 많은 힘과 돈을 갖지 못한 평범한 시민들이 그렇게 살 수 없는 조건이기 때문에 직접행동이라는 말이 등장했다. 풀뿌리민주주의가 민주주의에서 소외된 사람들에게 다시 시민의 지위를 보장하려 하듯이, 직접행동은 자기 삶에서 소외된 사람들이 다시 주인으로 서기를 바란다. 정치 공간에서, 공장과 사무실에서, 학교에서, 가정에서 그런 삶을 살기를 바란다. 그리고 사람들이 자기 자신의 존엄함을 깨닫고 남이 강요하는 삶이 아니라 자신의 삶을 살기를 바란다.

직접민주주의의 '직접'이 혼자서 결정하는 것을 가리키지 않듯이, 직접행동의 직접 또한 내가 하는 일일 수도 있고 우리가 벌이는 일일 수도 있다. 다만 그 안에 반드시 내 자리가 있어야 한다. 모든 사람이 항상 그일에 참여해야 한다는 게 아니라 내가 원하면 언제든 그 일에 개입할 수 있어야 한다는 것이고, 이 점은 다른 사람들도 마찬가지다. 그러니 타인을 위해 직접행동을 하기도 한다. 그래서 직접행동은 나뿐 아니라 우리의 자리를 마련하는 행동이다.

물론 내가 세상 모든 일에 다 개입할 수는 없다. 그래서 직접 해야 한다는 당위보다 더 중요한 것은 사람들이 그렇게 할 수 있다는, 실제로 그런 힘을 가지고 태어나고 살아간다는 강한 '믿음'과 그렇게 산다는 '존엄'이다. 사람들을 향한 그런 믿음이 없다면 그 사람들의 존엄함을 믿고 결정을 맡길 수 없기 때문이다.

외국 아나키스트 중에서 최근 가장 왕성하게 활동하는 사람을 꼽는다면 그레이버와 이와사부로 코소Sabu Kohso를 들 수 있다. 그레이버는 세계 곳곳에서 아나키스트들의 활동이 두드러지고 있다고 본다.[2] 특히 그레이버는 아나키즘이 이념이라기보다는 "새로운 형태의 조직을 창조하는 운동이고, 이 새로운 형태의 조직이 바로 이념"이라고 주장한다(Graeber 2004). 실제로 그레이버는 2011년 9월 월스트리트를 점거한 오큐파이 운동에서 두드러진 활약을 했고, 지금도 이 운동에 관여하고 있다. 그레이버는 《민주주의 프로젝트Democracy Project》에서 오큐파이 운동이 직접행동을 전면에 내세운 전략이라고 주장한다.

오큐파이 운동의 구상은 직접민주주의가 아니라 직접행동의 전통을 따랐다. 물론 직접행동은 분명 아나키즘 전통이다. 아나키스트의 관점에서 직접민주주의와 직접행동은 같은 사물의 두 측면이다(또는 그래야만 한다). 우리의 행동양식이 그렇다는 건 하나의 모델이나, 적어도 자유로운 민중이 스스로를 조직하는 방법에 관한 단초나 자유로운 사회가 어떤 모습일지를 알려준다. 20세기 초반에 이것은 '낡은 껍질 안에서 새로운 사회의 건설'이라

---

2 아나키즘에 적대적이던 네그리와 하트도 아나키스트들이 벌이는 활동의 중요성을 인정하고 있다. "우리는 협력적 의사결정 과정, 대등하게 결합된 친연 집단들(affinity groups) 등등의 다양한 중요한 실험들을 볼 수 있다. 이러한 점에서 특히 북미와 유럽에서 나타난 아나키스트 운동들의 부활은 매우 중요한데, 이 운동들이 자유와 민주적 조직의 필요성을 강조하기 때문이다. 이 모든 민주주의와 자율의 경험들은 가장 작은 수준들에서일지라도 운동들의 미래의 발전에 엄청난 풍요로움을 제공해준다"(네그리·하트 2008, 121~122).

불렸고, 1980, 90년대에는 '미래를 살아가는 정치prefigurative politics'로 알려졌다. 그러나 그리스의 아나키스트들이 '우리는 미래의 메시지이다'라고 말했을 때, 또는 미국의 아나키스트들이 '반란을 일으키는 문명'을 만들었을 때 그것은 분명 같은 사물에 관해 똑같이 얘기하는 것이다. 우리는 행동 자체가 예언이 되는 공간에 관해 이야기하고 있다. 오큐파이 운동의 원래 구상은 여러 가지 점에서 이 아나키스트 감수성을 따랐다. 가장 분명한 점으로, 요구를 만들지 않는다는 거부는 매우 의식적인 것으로 그런 요구가 받아들여질 현재의 정치질서의 정당성을 받아들이지 않겠다는 거부이다. 종종 아나키스트들은 이것이 저항과 직접행동의 차이라고 지적한다. 전투적인 저항은 당국이 다르게 행동하기를 요구하는 것이다. 그렇지만 공동체를 구성하는 것이든 법률을 무시하고 소금을 만드는 것이건 모임을 봉쇄하거나 공장을 점거하려 하려는 직접행동은 현재의 권력구조가 더 이상 존재하지 않는 듯 행동한다. 결국 직접행동은 우리가 이미 자유로운 것처럼 행동하자는 도전적인 주장이다.(Graeber 2013)

오큐파이 운동이 뉴욕시의 주코티 공원에서 실현한 것, 주코티 공원을 무대로 펼쳐진 일상적인 모임과 집회, 도서관, 밥집, 춤과 노래는, 누가 아나키즘이라고 주장하지는 않았지만 아나키즘의 이상을 재현하고 있었다.

이런 흐름을 보며 그레이버는 1989년 이후 "엄청난 전쟁 동원의 시대가 끝난 것처럼 보이고 아나키스트 원리에 기초한 지구적 혁명운동 — 지구적 정의운동global justice movement — 이 즉각적으로 재출현"했다고 본다(고병권 2012, 255). 그런데 이 운동은 과거처럼 민중을 계몽하고 이끌려 하지 않을 것이다.

만일 당신이 민중을 아이처럼 대하면, 민중은 아이처럼 행동할 것이다. 타인이 성인처럼 행동하도록 고안된 가장 성공적인 방법은 그들이 이미 성인인 것처럼 대하는 것이다. 이것은 결코 실패하지 않는다. 다른 접근법은 절대로 성공하지 못한다. 위기상황에서 실제로 나타난 역사를 살펴보면 참여민주주의 문화에서 성장한 사람만이 매우 합리적일 수 있다는 점이 드러난다. 아나키스트가 제안할 수 있는 건 이것이다.(Graeber 2013)

그레이버는 아나키즘의 직접행동을 자율적인 연대와 네트워킹의 방식이라 본다. 수평적이고 자율적인 조직들을 만들어가는 과정이 아나키즘이라는 것이다. 이런 논의를 이어받아 이와사부로 코소는《새로운 아나키즘의 계보학》에서 새로운 아나키즘이란 "완결된 체계로 아직 존재하지 않은 운동체의 '허구假構 작업'"이라고 말한다. 이 아나키즘은 마르크스주의와 아나키즘의 대립이라는 구도도 넘어서 있으며, 현재 진행되고 있는 지리적 또는 지구적인 사건이다. 현재의 운동은 어떤 하나의 사상이나 전선으로 환원될 수 없으며, 전지구적인 운동은 하나의 교본을 따라가는 것보다 실천 속에서 "타자에의 사랑과 존경을 기초로 한 조직론의 선행성이 확립"됐다. 새로운 투쟁은 반자본주의적인 "새로운 '사회적 관습'과 '인간관계'를 통해서만 가능"하고, "'새로운 아나키즘'은 '인간의 천성의 생산'을 세계 변혁 운동의 핵심으로 간주한다. …… '새로운 아나키즘'은 '반자본주의적 삶' 혹은 '자본주의 외부의 삶'을, 혁명이 성취한 후에 확립되는 '제도적 현실'로서가 아니라 현재진행형의 운동=투쟁에 있어서 '구성적 과정constitutive prpcess'으로 번식시켜간다. 따라서 이는 대항운동일 뿐 아니라 동시에 새로운 무언가의 구축과 같은 사회적 과정을 가리키는 것이다"(코소 2012).

그레이버와 코소의 주장에서 두드러지는 요소는 21세기 사회운동을 새롭게 재편하는 운동으로서 아나키즘이 지니는 중요성이다. 그런데 그 아나키즘은 어떤 이론의 성격보다는 함께 만들어가는 사회로서, 수평적인 네트워크운동으로서, 새로운 사회를 이미 살아가는 관습과 관계로서 점점 더 중요한 위상을 가지고 있다. 실제로 각기 다른 사회 조건을 가진 사회에서 협동조합이 힘을 가지려면 구획으로 나뉜 사회운동의 관행을 뛰어넘어야 하며, 말 그대로 '함께 살자'는 준비가 돼 있어야 한다. 그리고 함께 살려면 일단 먼저 서로 마주봐야 한다. 나는 너에게, 너는 나에게 어떤 의미이고, 우리가 지금 어떤 삶을 살 수 있는지를 함께 고민하고 상상해야 한다. 그렇게 마주보고 상상하다 보면 먼 미래의 좋은 삶을 기다리지 않고 지금 좋은 삶을 살 수 있는 방법을 찾을 수 있다 (하승우 2013).

현실을 바라보는 관점이 삶에 이어진 연관성을 잃어버리고 어떤 법칙이나 이론의 틀에 갇혀버릴 때 그 관점은 오랜 세월 쌓아온 삶의 지혜를 망각할 수밖에 없다. 마찬가지로 지금 우리에게 필요한 것은 경쟁과 집중화의 현실에서 살아남기 위한 단기 처방이 아니라 삶의 기반을 근본적으로 재구성할 관점과 지혜다. 이런 관점과 지혜는 선험적으로 주어질 수 없으며, 현실하고 부딪치고 충돌할 때만 드러난다. 직접행동과 자율적 연대는 내가 살고 싶은 대로 삶을 살 수 있게 뒷받침하는 디딤돌인 셈이다.

콜린 워드는 아나키즘이란 "인간의 존엄성과 책임감을 내세우는 주장"이며 "정치 변혁 프로그램이 아니라 사회적 자기 결정 행동"이라고 강조한다(워드 2004, 231). 워드의 말처럼 아나키즘의 주체는 특별한 사람들이 아니라 새로운 정치를 시작하려는 배제된 사람들이었다. 아나키즘의 주체는 특정한 계급이나 계층으로 제한되지 않으며, 변화의 영역을 정치로 제한하지도 않았다. 오히려 아나키즘은 목적의식적으로 구성된 정치 전략을 거부하고 일상의 습관과 관습, 문화를 바꾸는 혁명을 강조했고, 그렇기 때문에 역사와 교육의 중요성을 일찍부터 강조했다. 아나키즘의 주체는 자신에 눈 뜨며 자신의 삶을 만들어가는 존재, 자신을 둘러싼 사회적 관계를 변화시켜가는 존재다.

그런데 21세기를 살아가는 우리는 단지 자본주의 위기만 겪고 있지는 않다. 그레이버와 코소의 논의에서 두드러지지 않는 영역은 이런 반反자본주의라는 구호만으로 해소될 수 없다. 오일 피크와 기후변화, 사막화의 시대를 살아가기 위해 우리는 근본적인 관점의 전환을 요구받고 있다. 산업에서 농업으로 바뀌는 전환이 필요하고 협동조합이 이런 전환에서 큰 구실을 맡을 수 있지만, 이런 전환도 협동조합이 전환을 구체적으로 고민할 때에나 가능하다. 프루동의 말처럼 자신의 정치적 능력을 갖출 때만 전환은 진행될 수 있으며, 그 능력은 자기 삶에 관한 구체적인 '응시'와 타자의 목소리를 향한 '귀 기울임'을 통해 가능하다. 지금의 아나키스트들이 그런 응시와 귀 기울임의 능력을 얼마나 강화하고 있는지도 점검해야 할 부분이다.

그리고 아나키즘의 실천 윤리가 중요한 만큼 아나키즘의 역사를 꼼꼼히 복기하는 작업도 매우 중요하다. 아나키즘이 오랫동안 누적된 인류의 지혜라면, 그 누적된 지혜를 검토하지 않는 일은 매우 어리석다. 그리고 그렇게 누적된 지혜가 사람들에게 '운동'의 과정으로 전달되려면 나름의 구성된 이념도 필요하다. 하나의 이념을 규정하고 따라가자는 게 아니라, 밤하늘의 별을 봐야 우리가 어디로 걸어가는지 알 수 있다는 뜻이다. 그런 점에서 제도에 관한 고민 없이 무수한 활동만으로 현실의 문제를 극복하기는 매우 어렵다. 머레이 북친의 이런 지적은 곱씹을 만하다(북친 1998, 241).

공동체, 협동조합, 여러 직업적인 단체는, 확실히 자치 관리 기업을 어떻게 운영할 것인가를 민중에게 가르쳐주는 뛰어난 학교일 수 있다. 그러나 그것들은 대체로 주변적인 과제이고, 가끔은 매우 단명으로 끝나며, 기능하는 제도로서보다 모델로서 더욱 유용하다. 어떤 협동조합도 그것이 아무리 훌륭한 선의에 의해 뒷받침된다고 하여도, 단지 경쟁에 의해서는 거대한 슈퍼마켓 체인망을 대신할 수 없고, 또 아무리 많은 지지자가 있어도 프루동적인 '인민은행'이 중요한 금융 제도를 대체할 수 없을 것이다. 우리는 자치 단체 속에 민중 활동의 중요한 영역을 발견했던 프루동으로부터 다른 것을 배울 수 있다. 만일 그것이 통치술과 의회 활동으로서가 아니라, 민중 회의에 의한 지역사회 또는 폴리스의 운영이라고 하는 고대 그리스적인 의미에서 사용한다면, 나는 여기서 '정치'라는 말을 사용하는 것을 주저하지 않겠다. 모든 사회는 과거의 ─ 현재의 제도에 포함되고 있는 초기의, 때로는 더욱 리버테리언적인 제도 ─ 흔적을 포함한다. …… 이러한 접근 방법이 전제로 하는 것은, 우리가 단일의 지역사회 사람들이 자치 단체에 대한 통제를 장악하고, 이웃 회의를 기초로 하여 그것을 변혁한다는 고립된 사례가 아니라, 하나의 '운동'에 관하는 말하는 것이라는 점을 강조하고자 한다. 지역사회를 점차적으로 변혁하고, 자치 단체 사이의 연합 관계 시스템을 확립하는 운동이 존재하게 되리라고 상정한다. 곧 자신의 권한으로 지역 권력을 형성하는 운동이다.

역사를 보면 아나키즘은 이런 순수한 고민을 지속적으로 던진 사상이다. 목표가 성취되고 있는 시점에서도 아나키즘은 권력과 집중을 향한 회의적인 물음을 멈추지 않았다. 그런 순수함을 고집한 탓에 하나의 '운동'으로서 아나키즘은 어려운 고비를 넘어야 했고, 그 어려움은 지금도 여전하다.

프루동은 《노동자 계급의 정치적 능력》에서 "정치적 능력을 갖는다는 것은, 하나의 공동체의 일원으로서 자기의 '의식'을 갖고, 그 결과로서의 '사상'을 확신하고, 그리고 그 '실현'을 추구하는 것"인 만큼 세 가지 조건을 갖춰야만 그런 능력을 가졌다고 말할 수 있다고 강조했다. 더 구체적으로 보면, 1) "노동계급은, 사회와 국가와의 관계라고 말하는 관점에 있어서, 그 자신의 의식을 가졌는가 어떤가. 집단적, 도덕적, 그리고 자유로운 존재로서 부르주아 계급으로부터 스스로를 구별하고 있는가", 2) "노동자계급은 하나의 사상을 가지고 있는가 어떤가, 즉 자기의 체질의 관념을 만들고 있는가 어떤가. 자기의 존재의 법칙, 조건 및 형식을 인식하고 있는가 어떤가. 국가, 민족, 우주의 질서와의 관련 속에서 자기 자신을 이해하고 있는가", 3) "노동자계급은, 이 사상에서 사회를 조직하기 위해, 자기 자신의 실제적인 결론을 빼낼 수가 있는가"라고 물었다(프루동 1989, 110). 자신의 의식과 사상을 가진 상태에서 그것을 실현할 때만 노동계급이 능력을 갖췄다고 말할 수 있다는 것이다.

나는 이 물음이 참 무시무시하다고 생각한다. 지금 우리 시대에도 똑같이 물을 수 있지 않을까? 우리는 자신의 의식을 가지고 있는가? 우리는 사상을 가지고 있는가? 그것을 실현할 방법을 가지고 있는가? 다른 누구가 아니라 우리 자신을 통한 혁명을 프루동은 구상했다.

6부

결론 — 리와
풀 뿌의주
민 주 리즘
아 주 키 즘의
합 나 주

결론 — 뿌리와 주리즘
풀뿌리 민주주의 키즘의 주
민아합

지금까지 살펴본 대로 풀뿌리민주주의와 아나키즘은 많은 유사성이 있다. 아나키즘의 속성은 다양하지만 적어도 분권과 연방주의, 사적 소유와 노예 노동에서 벗어난 살림살이, 서로 돕고 보살피는 인간 본성에 관한 부분은 큰 논란 없이도 합의가 가능하다. 이런 아나키즘의 지향과 속성은 풀뿌리민주주의와 관련된 논의를 활성화하는 데 도움을 준다. 어떤 면에서는 한국의 현실을 고려할 때 이 둘의 접합은 서로 좋은 기회이기도 하다. 풀뿌리민주주의는 지역화되면서 대안적인 이념의 성격을 잃어가는 현실을 다잡고 다시 근본적인 사회 변화의 대안으로 자신을 제안할 수 있는 기회이고, 아나키즘은 대중운동을 만날 접촉면을 잃은 채 담론으로만 논의되는 현실을 극복할 수 있는 기회다.

한국뿐 아니라 전세계가 참여와 민주주의가 위기를 겪으며 정치 체제에 관한 불신이 높아지고 있고, 경제 위기에 이어 자본주의의 쇠퇴를 점치는 사람도 있다. 공공 영역의 사유화가 계속되고 무한 경쟁과 승자독식 문화가 확산되면서 공포와 안전이 중요한 열쇠말이 되는 시대를 우리는 살고 있다. 옛 것은 사라지고 있는데 아직 새로운 것은 명확하게 드러나지 않는 상황, 그렇다, 위기다. 이 위기를 벗어나려는 몸짓도 점점 더 다양해지고 거세지고 있다. 그 방향이 어디를 향할지는 아직 점칠 수 없지만 지금 이렇게 계속 살 수는 없다며 다른 길을 걸으려는 사람들의 수는 자의든 타의든, 늘어나고 있다.

혼자 걸을 수는 없으므로 우리는 함께 걸어야 하고, 풀뿌리민주주의와 아나키즘의 합주도 필요하다. 여기서 말하는 합주는 한나 아렌트가 말한 합주action-in-concert다. 우리가 따로 분리돼 서로 경쟁해야 하는 존재가 아니라 서로 이어져 큰 하나, 온전한 세계를 만드는 존재라는 자각, 모든 차이를 없애고 동질성을 부여하는 틀이 아니라 각각의 다양성을 살려주고 지지하는 틀이 필요하다는 자각, 우리 사이에 거리가 있기 때문에 서로 목소리를 경청해야 내 소리를 온전히 전달할 수 있다는 자각이 바로 합주다. 풀뿌리민주주의와 아나키즘의 합주도 공통점을 묶고 차이점을 배제하는 방식이 아니라 이질적인 것들을 드러내고 공통점을 되짚어보기 위한 것이다.

나는 크게 두 가지의 합주가 한국 사회에 이롭다고 본다. 하나는 연방주의이고, 다른 하나는 살림살이를 위한 협동 운동이다.

1장. 왜 연방주의가 대안인가

우리 역사에도 혁명에 견줄 만한 사건들이 여럿 있었지만 그 사건들이 실제로 사회를 크게 바꾸지는 못했다. 주체들의 역량이 부족한 탓도 있겠지만, 혁명을 준비하는 방법이나 혁명 이후에 관한 사유가 우리 사회의 근본 구조를 건드리지 못한 탓도 크다. 주로 자신들의 '집권'만 생각하고 국가의 성격 자체를 바꿀 방법을 고민하지 않았기 때문이다.

물론 그동안 한국 사회에서 연방주의가 제대로 논의되지 못한 것은 분단이라는 조건 탓도 크다. 1960년 8월에 북한이 '고려연방제'를 제안한 뒤 한국 사회에서 연방은 금기어가 됐기 때문이다. 연방의 의미를 제대로 사유하는 정치적 운동이나 사회운동도 없었다. 2007년 대통령 선거에서 민주노동당 권영길 후보가 코리아연방제를 주장했지만 '1민족-1국가-2체제-2정부'라는 식상한 논의를 벗어나지 못했고, 연방 제도를 체제로 사유할 뿐 본래의 의미와 정신을 살리지 못했다.

새로운 정치인이나 정당의 등장을 지지하는 수준을 넘어서 시민의 정치적 열정을 계속 불태울 방법은 없을까? 그런 의미에서 한나 아렌트의 논의를 참조할 만하다. 우리는 미국의 독립전쟁이나 건국보다 프랑스 혁명을 더 높이 평가하지만, 아렌트는 《혁명론》에서 미국 건국의 가치를 더 높이 산다. 두 나라 모두 혁명이라는 새로운 시작 과정에서 폭력과 파괴를 경험했지만, 미국은 자유를 지속시킬 수 있는 연방이라는 방법을 창조했기 때문이다.

아렌트가 프랑스 혁명을 높이 평가하지 않는 가장 큰 이유는 혁명이 자유의 공간을 만들지 못했기 때문이다. 아렌트는 프랑스 혁명이 빵을 달라고 외치며 빈곤에서 벗어나는 것을, 동료의 자유가 아니라 결핍의 충족을, 자유가 아니라 풍요를 목적으로 삼은 점에서 그 이유를 찾는다. 혁명가들도 '동정'과 '연민'이라는 정념에 휩싸여 혁명을 지속시킬 제도를 만드는 데 관심을 쏟지 않았다.

반면 미국은 독립으로 자유를 맛본 시민들이 공적 행복을 느끼며 일상적으로 통치에 참여하고 공권력에 대항해 자신의 세계를 지킬 수 있는 제도를 만들려 했다. 미국 헌법은 "새로운 정치 영역의 경계를 설정하고 내부의 규칙을 규정"하며, "혁명이 실질적으로 종말을 맞은 후에도 생존할 수 있도록, '공적 자유에 대한 정념'이나 '공적 행복의 추구'가 미래 세대를 위한 자유로운 유희를 수용할 새로운 정치 공간"을 보장했다. 미국 헌법은 혁명의 목적인 자유가 혁명 뒤에도 사라지지 않게, 추상적인 관념이 아니라 구체적인 실제이자 실생활에서 쓰고 활용할 수 있는 무기가 되게 했다. 미국 헌법의 수정 조항들은 건국의 의미를 되살렸으며, 아렌트는 "미국 헌법의 진정한 권위는 수정되고 확장되는 그 내재적 능력에 있다"고 말했다. 권위는 시민들 속에 있게 됐다(아렌트 2004).

너나 할 것 없이 풍요와 안전을 보장하겠다는 지금 이곳 한국의 선거판은 혁명이란 무엇을 고민하고 준비해야 하느냐는 아렌트의 물음을 떠올리게 한다. 시민이 권력의 주체로서 자유를 누리려면 개혁이든 혁명이든 그 자유를 지속시킬 수 있는 제도를 구상해야 한다. 혁명이 열어놓은 자유의 공간을 지속시킬 방법을 찾지 못한다면, 혁명은 지속될 수 없다. 혁명의 구체적인 내용을 채워가는 것은 자유로운 시민의 몫이고, 이런 과정을 가능하게 하는 정치 무대가 바로 연방 국가다.

그동안 일어난 사건들은 자유를 지속시키는 방법으로 정치를 사유하지 못했다. 1987년 6월 항쟁의 결과 개정된 헌법은 정치인들 사이의 타협의 산물이었고, 국민투표라는 과정을 거쳤지만 3개월 동안 이어진 논의는 시민들의 말과 행위에서 분리돼 있었다. 우리의 헌법은 정치를 자유의 실현으로 사유한 결과물도 아니었고, 시민에게 자유의 공간을 제공하지도 않았다. 대통령 직선제와 헌법재판소 설치 정도가 논의됐을 뿐 혁명을 지속시킬 제도에 관한 고민은 없었다. 내가 살고 싶은 나라에 살 수 있는 권리, 그렇게 살아갈 권리는 지금 우리에게 건국에 버금가는 행위를 통해서만 실현될 수 있으며, 그렇기 때문에 연방에 관한 고민이 필요하다.

아렌트의 찬사를 받은 미국의 연방주의가 지금의 모습처럼 실패한 이유는 각 주의 권한을 제한했기 때문이다. 각 주의 정치적 권한은 존중됐지만 미국 연방 헌법은 각 주가 화폐를 주조하거나 신용증권을 발행하는 등 근본적인 경제 활동을 주도할 수 없게 금지하고 있다(미국에서 프루동의 사상을 이어받은 벤저민 터커는 '자유 화폐free money와 경제적 자유를 주장했다). 경제 영역에서 연방의 원리가 실현되지 않는 상황은 정치적인 연방의 원리를 후퇴시킬 수밖에 없다.

연방주의가 모든 문제를 해결할 만병통치약은 아니다. 연방주의로 개헌을 한다고 모든 문제가 저절로 없어지지는 않는다. 권력을 쪼갠다고 그 권력의 속성이 자연스레 변하는 것도 아니다. 마이클 테일러가 염려하듯이, 공동체들의 연방이 언제나 다정하고 큰 문제없이 진행되는 것은 아니다. 작은 공동체들로 구성된 연방이 매력적이기는 하지만 내적인 갈등과 주변 국가의 공격 또는 대응이라는 공동체 안팎의 조건들을 고려할 때 무조건 낙관할 수는 없다(테일러 2006, 191~193).

연방주의의 과제는 단순히 국가기구를 해체하는 데 그치지 않고 분권을 통해 지역의 자율성을 확보하고, 그런 지역들 사이의 네트워크를 구성하며, 궁극적으로 국제적인 규모의 네트워크를 건설하는 것이다. 그리고 연방주의는 단순히 중앙집권화된 국가의 해체만을 의미하지 않는다. 연방주의는 다양한 풀뿌리운동들이 자기 결정권을 실현하고 자신의 자유를 확보하는 방법이기도 하다. 홀로 고립된 풀뿌리운동은 연방주의를 통해 더 많은 자유를 확보하고 다른 풀뿌리운동들을 만나 교류할 수 있다. 그런 점에서 연방주의는 이상이 아니라 현실적인 필요이자 요구이기도 하다. 기본적으로 연방주의는 풀뿌리의 힘을 강화하는 방법이다. 1991년에 지방의회가 부활한 뒤 한국에서도 지방자치 제도가 실시되고 있지만, 이런 제로를 통해 풀뿌리운동의 성장했다는 얘기를 듣기는 어렵다. 지방자치 제도가 실시돼도 여전히 중앙집권형 국가의 힘이 강하고 지방정부는 자치와 자급에 거리가 먼 단순 집행 기능만 담당하고 있다.

연방주의는 그저 국가를 운영하는 또 다른 방식이 아니라 지금 여기서 다른 혼과 몸으로 삶을 살겠다는 의지의 표현이기도 하다. 그런 결의가 뭉치고 하나의 운동이 될 때 연방주의는 많은 어려움을 극복하고 자유를 실현하는 틀이 될 수 있다. 그런 만큼 연방주의 개헌은 지금 우리가 연방으로 살아가려 하는 의지하고 무관하지 않다. 강정, 평택, 용산, 밀양, 삼척 등 많은 지역들이 고립된 지방이 아니라 하나의 정신으로, 각자의 삶을 지지하는 연합을 구성한다면 연방주의는 이미 정신으로 실현되는 셈이다. 개헌은 그 정신을 지속시키는 틀이지, 연방주의의 본질이 아니다.

연방주의를 말하면 이런 반대 의견이 나올 수도 있다. 연방주의는 영토가 넓은 국가에서 실시되는 것이지 한국처럼 작은 나라에는 맞지 않다는 논리 말이다. 그런데 큰 국가들만 연방주의를 한다는 말은 현실에 거리가 먼 착각이다. 한국보다 큰 나라도 있지만 작은 나라도 있다. 예를 들어오랜 연방주의 경험을 지닌 스위스의 면적은 남한의 절반도 안 되고, 벨기에의 면적은 3분의 1 정도다. 면적과 연방주의는 연관성이 없다.

지방정부의 부패를 고려할 때 연방주의가 더 심각한 문제를 낳을 것이라는 반대도 나올 수 있다. 그러나 중앙정부의 4대강 사업에 들어간 돈만 24조 원이고, 거기에 관련된 부패만 모아도 그동안 지방정부들이 쳐온 사고를 상쇄하고도 남는다. 하물며 연방주의 아래에서는 주민들이 지방정부를 소환해 심판할 수 있고, 굳이 '명박산성'을 넘지 않아도 마을에서 벌어지는 일들을 바로잡을 수 있다. 지방정부의 문제가 더 늘어날 수도 있지만 그 문제를 바로잡을 시민의 권한도 강화되기 때문에, 그리고 부패를 부채질하는 중앙정부나 재벌의 입김도 약해지기 때문에 오히려 지방정부의 부패가 줄어들 수도 있다.

또한 한국처럼 수도권 집중도가 높은 국가에서 연방이 실현되면 재정적으로 자립할 수 없는 지방이 몰락할 것이라는 염려도 제기될 수 있다. 그러나 대부분의 연방 국가에서 재정은 풍족한 곳에서 부족한 곳으로 흐른다. 오스트리아와 말레이시아의 지방정부는 연방 정부에서 27~30퍼센트 정도의 재정을, 미국은 26퍼센트 정도를, 오스트리아와 인도는 46퍼센트 정도를, 스페인은 73퍼센트 정도의 재정을 지원받는다. 연방 국가가 된다고 해서 각 지방정부가 자체 재정만으로 운영돼야 하는 것은 아니며, 그런 논리는 더 큰 자유를 보장하는 연방주의 정신에도 어긋난다. 그리고 지역 발전이 단지 투자의 문제가 아니라 자기 결정권의 문제라는 점을 고려하면, 재정의 불균형이 연방주의의 장애물일 수는 없다.

우리의 상식하고 다르게 이미 연방주의는 많은 나라에서 실현되고 있다. 미국, 브라질, 인도, 독일, 스위스, 오스트레일리아, 멕시코, 나이지리아, 베네수엘라, 벨기에, 이란 등 28개의 연방 국가가 있고, 세계 인구의 약 40퍼센트가 연방 국가에 살고 있다. 연방 국가라는 이름을 직접 쓰지는 않아도 스페인, 스코틀랜드, 이탈리아, 인도처럼 지방정부가 독자적으로 입법권을 행사하는 사례가 조금씩 늘어나고 있다(이기우 2009).

연방 국가가 되면 당장 얻을 이득도 많다. 일단 지금처럼 중앙정부가 일방적으로 결정을 내려 지방에 희생을 강요하는 일이 줄어들거나 사라질 것이다. 수도권의 전력 수요를 충족하기 위해 지방에 핵발전소를 짓는 일도 어려워질 테고, 안보를 명분으로 제주도 강정마을 주민들의 의견을 무시하고 해군기지 공사를 강행할 수도 없을 것이다. 같이 살지 않는 결정권자가 더는 존재할 수 없다.

연방 국가가 되면 경찰이나 사법부도 변할 수밖에 없다. 연방 국가의 자치 경찰 제도에서는 경찰청장이나 서장을 선거로 뽑는 만큼 지역 주민의 의견이나 반대를 무시하고 공권력을 투입하는 일도 줄어들 것이다. 또한 중앙 경찰청이 일방적으로 명령을 내리는 일도 사라질 것이다. 사법부도 마찬가지다. 지방자치단체가 독자 입법권을 갖게 되면 사법부도 그런 변화를 반영해 판결을 내릴 수밖에 없다. 연방 국가가 되면 그 지역의 정서와 상식을 반영하는 판결의 비중이 늘어날 것이다.

물론 토호들이 지배하고 이미 자급과 자치 능력을 상실한 지방의 상황을 고려할 때 성공을 무조건 낙관할 수는 없다. 그러나 연방주의 아래에서는 당연히 자치와 자급에서 시민의 주도권이 강화된다. 노동자와 시민들이 행정을 다시 전유할 수 있다. 중앙이 계획하고 지방이 실행하는 형태의 기능 분담은 근본적으로 폐지될 것이기 때문에 토호들의 힘도 약화된다. 그리고 시민들 사이의 자발성은 조례나 법률을 통하지 않고 자발적인 사회 협약들을 통해 실현될 수도 있다. 이런 사회 협약들은 법률에 준하는 기능을 맡음으로써 시민들이 자신의 주권을 실제로 행사할 수 있게 해준다.

연방 국가에서는 경제적인 실험도 가능하다. 당장 지역이 독자 화폐를 발행할 수는 없더라도 중앙 통화를 보완할 수 있는 지역통화를 발행할 수 있다. 지역통화는 지역 바깥에서는 쓸모없거나 가치가 감소하기 때문에 지역 경제를 살찌우는 근본 처방이 될 수 있다. 통화라고 해서 꼭 새로운 형태를 띨 필요도 없고 상품권처럼 유통할 수도 있다. 이런 경제적인 방식이 정치적인 접착제가 될 수도 있다.

예를 들어 독일의 프린 암 킴제Prien am Chiemsee 지방에서 유통되는 킴가우어Chiemgauer라는 지역통화는 시민단체와 일반 시민, 지역 기업에 모두 이득을 준다. 사무국이 100킴가우어를 97유로에 시민단체에 판매하면, 시민단체는 이 화폐를 시민에게 100유로에 판매하고 3유로를 단체 활동비로 충당한다. 시민은 100킴가우어를 액면 가격대로 쓰고, 지역 기업은 100킴가우어를 다른 지역 기업에 지불하든지 5퍼센트의 수수료를 내고 95유로로 환전할 수 있다. 킴가우어 사무국은 이 환전에서 2유로를 남겨 사무국 운영비로 쓴다. 3개월마다 화폐 가치가 2퍼센트씩 떨어지기 때문에 지역 안에서 제때 사용해야만 한다. 그리고 생태 도시로 유명한 브라질 꾸리찌바에서는 폐기물을 분리수거하는 대가로 버스표를 지급하는데, 이 버스표가 일종의 지역통화 구실을 한다. 스위스에도 오랜 역사를 가진 비르WIR라는 대안 화폐가 있어 스위스 전체 중소기업의 약 20퍼센트가 사용한다. 중소기업만 사용할 수 있기 때문에 자연스럽게 지역 안의 중소기업들을 활성화하고 연계시킨다. 이런 실험들이 진행되는 곳은 대부분 연방 국가이고, 시민들의 상상력에 따라 다양한 실험들이 가능하다.

기본소득에 관련된 새로운 상상도 가능하다. 기본소득의 취지는 얼마의 돈을 줄 것이냐가 아니라 개개인이 원하는 바를 찾고 실행할 수 있을 만큼의 자유를 줄 것인가에 있다. 중앙은행의 통화만이 아니라 지역통화가 보완 화폐로 사용될 수 있기 때문에 기본소득의 자원을 충분히 확보할 수 있다. 아울러 농촌의 회복이나 로컬푸드의 활성화도 연방

체제 아래에서 더 다양하고 효과적인 방식으로 실현될 수 있다.

연방 국가에서는 자원과 자발성의 자연스런 결합이 가능해지며 새로운 형태의 사회복지도 실현된다. 일본에서 논의되는 커뮤니티 옵티멈 community optimum, 곧 상부상조에 따라 지역사회 복지를 최적 수준으로 만드는 운영 시스템도 가능하다. 중앙정부가 일방적으로 지침과 재원을 내리는 중앙집권형 국가에서는 결코 실현될 수 없는 계획이다. 당연히 지역에 기반을 둔 교육 체계를 만들 수 있으며, 전국이 동일한 지침에 따라 교육을 진행할 필요도 없다. 그렇게 되면 학벌 체제도 영향을 받을 수밖에 없다.

궁극적으로 연방주의는 통일에 대비하는 실험이기도 하다. 남북한의 통일을 준비하는 가장 현실적인 경로이자 이상적인 방법이 연방주의다. 물론 연방주의 개헌은 완성이 아니라 시작이다. 그리고 연방주의는 단순한 제도가 아니라 어떤 사회를 살겠다는 의지와 결의다. 많은 논의가 있어야 하고 지역의 다양한 목소리들이 그 속에 반영돼야 한다. 그 과정에서 우리는 더는 억압적이지 않은 권력 또는 자유로운 권력을 새로이 고안할 수도 있다. 지금 우리에게 필요한 것은 착한 정치인이 아니라 새로운 국가를 대비할 자유로운 정치 활동과 자유로운 연대, 그리고 그런 것들을 반영하는 헌법이다.

2장. 왜 협동운동인가

전세계 어느 곳이든 협동운동의 역사를 찾을 수 있다. 근대 국가와 자본주의가 등장한 시기 이전에는 곳곳에서 그런 역사를 찾아볼 수 있었다. 그리고 이런 역사는 먼 과거의 낭만이 아니라 지금도 존재하는 현실이다. 얼마 전 SBS에서 방영한 〈최후의 제국〉이라는 다큐멘터리에는 세계 최강대국 미국과 급부상하는 초강대국 중국, 남태평양 솔로몬 제도의 작은 섬 아누타가 등장한다. 부모와 아이들이 차 한 대에 몸을 싣고 배고픈 아이들에게 먹을 것을 줄 일자리를 찾아 수천 마일을 떠돌아야 하는 자본주의 국가 미국, 일확천금의 꿈을 안고 도시로 왔지만 냉혹한 생존의 현실만이 반겨주는 사회주의 국가 중국, 서로 나누고 같이 아파하고 기뻐하고 모든 사람의 이익을 생각하는 '아로파'라는 말을 가진 작은 부족. 우리는 어떤 세상에 살고자 하는가?

협동이라고 하면 매우 이타적인 도덕성을 떠올릴지 모르겠다. 그런 생각은 절반만 맞다. 협동조합은 자립自立을 위한 협동 조직이다. 자립이란 스스로 일어선다는 뜻이다. 쿨하게 혼자서 잘 먹고 잘 살자는 뜻일까? 그러나 혼자서 잘 먹고 잘 살 수 있는 사람은 없다. 돈 많은 부자들도 홀로 설 수 없으며, 타자를 이용하고 착취해야 잘 먹고 잘 살 수 있다. 우리는 살아가기 위해, 그리고 생각하기 위해 타자를 필요로 한다. 그런 의미에서 자립이란 거짓일 수 있다. 세상에 홀로 설 수 있는 사람은 없다.

그런 의미에서 협동 운동은 자립을 위한 사회운동이다. 예를 들어 협동조합은 공통의 필요를 조직할 뿐 아니라 그 필요를 해석하고 다시 구성할 수 있게 하면서 조합원들의 삶을 지지한다. 다른 외부의 자원을 동원하지 않고 조합원들의 힘으로 그런 토대를 만든다. 그래서 협동조합은 타자를 만나는 공간이자 자신을 만나는 공간이다. 나를 알고 인정하지 못하는 사람이 타자의 존재를 알고 인정할 수 없듯이, 내가 그런 나를 알려면 타자를 만나야 하듯이, 우리는 지속적인 만남을 통해 자신과 타자를 깨달아간다. 자신을 인정하지 못하는 사람이 타자를 인정할 수 없고, 나를 존중하지 않는 사람이 타자를 존중할 수 없으며, 나와 약속할 수 없는 사람은 타자와 약속할 수 없다. 내가 남에게 기댈 수 있어야 남도 나에게 기댈 수 있고, 내가 스스로 일어서야 타자도 일어설 수 있다. 결국 자립이란 타자와 더불어 좋은 삶을 누리기 위한 내 조건이고, 협동조합은 그 목적을 실천하는 조직이다. 협동조합이 꿈꾸는 완성된 형태란 존재하지 않는다. 협동조합이 걸어가는 길이 바로 그 꿈이다.

그러나 현실을 고려할 때 한국 사회는 자립과 협동을 계속 방해할 것이다. 한국 사회는 끊임없이 경쟁을 붙이고 이긴 자에게 모든 것을 몰아주는 사회다. 텔레비전 예능 프로그램 〈1박 2일〉처럼 자원을 나누는 방식이 기본적으로 복불복이다. 다른 사람이 까나리 액젓을 먹는 모습을 보며 깔깔대고, 내가 먹지 않아 다행이라고 안심한다. 강자에게 유리한 규칙이고, 약자를 괴롭히는 제도다. 프로듀서가 아닌 이상 〈1박 2일〉의 멤버들이 벌칙을 영원히 피할 수 없듯이, 언젠가는 내 순서도 돌아온다. 이런 흐름이 변하지 않는 한 자립과 협동의 문화가 자연스레 꽃피리라고 기대하기는 어렵다.

그리고 협동 운동에 관한 인식이 매우 낮다. 소비자생활협동조합의 조합원 수가 이미 60만 명을 넘어섰지만 협동조합을 모르는 사람이 많고, 아는 사람의 인식도 농업협동조합이나 생협 매장 정도다. 농협이나 수협이 협동조합의 정체성에 무관하게 운영되고 있다는 점을 감안하면, 생협을 이용하는 사람들도 협동조합을 유기농이나 친환경 먹거리를 구입하는 매장 정도로 인식하는 점을 고려하면, 협동운동 전반에 관한 사회 전체의 인식은 매우 낮다.

최근 협동조합에 관한 관심이 높아지고 있지만 이런 관심이 협동조합'운동'의 확대로 이어질지는 의문이다. 분명 경제 조직으로서 '협동조합'의 존재는 독점 재벌이나 일반 기업보다 노동자에게 훨씬 나은 노동 조건을 제공한다. 그러나 협동조합이 있다고 해서 그 사회가 시민의 좋은 삶을 보장한다고 보기는 어렵다. 농협이 있다고 해서 농민들의 삶이 나아지지 않는 것하고 마찬가지다. 단순히 협동조합의 수가 늘어나고 매출 규모가 증가한다고 해서 승자 독식의 자본주의와 정치와 경제가 유착되고 중앙집권화된 국가 구조가 자동으로 변하지 않는다. 협동'운동'이 필요한 이유가 바로 이것이다.

그동안 지역사회를 재건하려는 운동은 두 가지 관점을 견지해왔다. 첫째, 지역사회는 주민, 시민, 노동자, 생활자 등 어떻게 정의하든 사회적인 주체가 재생산되고 생활하는 구체적인 장이다. 다양한 주체들이 서로 뒤엉켜 살아가야 하기 때문에 지역사회는 구체적인 의제(주거, 보육, 교육, 간병 등)를 중심으로 새로운 연대의 틀을 형성할 수 있다. 둘째, 지역사회는 운동 차원의 연대뿐 아니라 새로운 주체가 발굴되는 곳이기도 하다. 구체적인 생활상의 욕구를 가진 주민들이 능동적인 시민으로 재탄생하는 과정을 거치는 곳 역시 지역사회다. 이런 연대와 주체의 발굴, 주체의 역량 강화가 진행되면 지역사회는 사회 변화의 중요한 거점이 될 수 있다.

이렇게 지역사회를 향한 관심이나 기대는 서서히 높아지고 있지만 한국의 지역사회가 실제로 강화되고 있는지는 의문이다. 마을 만들기나 마을 공동체, 협동조합, 사회적 기업들이 지역사회를 강화시킬 대안으로 제시되고 있지만, 대안으로 소개되는 곳들도 지역사회 전체의 실제 역량을 따져보면 내실이 부족하다.

지역사회가 강화되지 못하는 이유는 여러 가지가 있겠지만, 구조가 아니라 주체 측면에서 보면 가장 큰 어려움은 자치운동과 자급운동의 주체가 분리돼 있다는 점이다. 지역사회 활동에 관련된 사람이나 단체를 보면 그 둘이 분리돼 있다고 말하기 어렵다. 그러나 실제 활동 과정에서 이 두 흐름이 유기적으로 결합되면서 지역사회를 변화시킬 힘을 만들고 있다고 말하기는 어려운 상황이다. 현실적으로 지역의 주민 단체가 지역 경제를 살리려는 활동을 함께하는 경우가 많은데도 굳이 분리를 지적하는 이유는 지금의 관점으로는 지역사회를 강화할 수 없다고 보기 때문이다. 다양한 활동을 펼치고 있지만 그 활동들을 하나의 틀로 묶을 수 있는 관점이 없기 때문이다.

협동 운동은 지역사회에 밀접하게 연관될 수밖에 없는데, 실제로 협동 운동을 하는 쪽이 지역사회하고 구체적인 관계를 맺고 있는 곳은 많지 않다. 시민들이 개별적으로 지역 활동을 하거나 지역사회의 필요와 욕구를 해석하고 발전시키는 과정에서 지역의 경제 조직이 단순한 서비스 제공자 구실 이상을 하지 못하고 있다. 반면 지역의 시민사회운동은 자체의 자원 동원력을 갖지 못하고 정부 보조금과 지원 사업에 의존하는 비중이 높아지면서 새로운 시민 주체를 발굴하거나, 시민사회 자체의 역량을 강화하고 동원하는 데 한계를 드러내고 있다.

사실 일제 강점지와 군사독재를 거치며 국가가 일상생활에 개입하고 규율해온 역사를 경험한 한국 사회에서는 자치나 자급이 말처럼 쉽지 않다. 노동 시간이 길고 노동 강도가 세다 보니 일상을 사는 사람들은 선술집 안줏거리로 삼는 정도를 넘어서 정치 현실에 개입하는 것을 부담스러워 한다. 그러다 보니 이념 수준이 높은 몇몇 사람들만 조직되고 대부분의 지역 주민들은 이런 조직을 지지하거나 무시하는 수준에 머물렀다. 또한 시민단체나 주민 단체에서 활동하는 활동가들은 적은 활동비로 생계를 이어야 하는 어려움에 부딪치고 있다. 낮은 임금 때문에 싼 가격을 위주로 삶을 구성할 수밖에 없고, 그러다 보니 종종 삶이 정치적 신념을 배반하는 일도 생겼다. 이렇게 소수 활동가의 삶조차 불안정하고 흔들리면서 운동도 넓게 확산되지 못했다. 결국 지역 풀뿌리운동은 자치와 자유, 자율이라는 높은 이상을 내걸었지만, 소수의 명목뿐인 운동에 그치거나 현실적인 힘을 갖지 못하는 상황을 벗어나지 못하고 있다.

이 두 운동이 각자의 고립된 장에서 벗어나 연계된다면 서로 결핍된 부분을 채워줄 수 있을 것이다. 그동안 협동운동은 정체성 상실과 경제주의적 편향을 드러내며 시장에 동화되거나 흡수되는 결과를 초래했고, 지역 풀뿌리운동은 주체의 불안정에 시달리고 주민들에게서 고립되면서 현실적인 힘을 발휘하지 못하게 됐다. 따라서 상호 의존하는 이 두 운동은 서로 만나 합주해야 한다.

이 합주를 더 조화롭게 만들 방법은 기본소득_{basic income}과 지역화폐이다. 모든 학생들에게 좋은 먹거리를 먹이자는 무상급식마저 논란이 되는 한국사회에서 기본소득은 냉소와 냉대를 받는다. 그렇지만 기본소득은 말은 다르지만 이미 여러 나라에서 실행되고 있고, 그것을 주장하는 사람도 자유주의자부터 사회주의자까지 다양하다. 억지로 힘든 노동을 하지 않아도, 임금을 받기 위해 굴욕을 감수하지 않아도 각자가 살아갈 수 있도록 보장하는 기본소득은 억압과 착취의 매듭을 단칼에 끊는 방법이기도 하다. 크로폿킨이 기본소득을 이야기한 바는 없지만 만약 그가 살아 있었다면 기꺼이 기본소득을 지지했을 것이다. 사실 아나키즘의 관점으로 따져보면, 모든 사람이 자기 나름의 방식으로 사회에 기여를 하고 있으니 무상無償은 잘못된 발상이고 각자는 힘든 노동을 강요당하지 않아도 소득에 대한 권리를 가진다. 그리고 2012년 한국 총선에서 이미 녹색당이 농민 기본소득을 주장하기도 했고, 노동당도 기본소득을 적극적으로 주장하고 있다. 왜 우리는 간단한 방법보다 복잡한 대안에 관심을 빼앗길까.

그리고 기본소득을 얘기하면 항상 빠지는 함정이 재원인데, 통화와 재정의 관리를 정부가 전담할 필요는 없다. 만약 지역의 단체가 화폐(또는 그와 유사한 증권)를 발행할 권리를 가지고 화폐를 발행하고 그 화폐를 실제로 사용할 수 있는 관계망을 구성한다면, 그리고 기본소득의 일정액이 지역화폐로 대체된다면, 그 소득은 지역경제를 살리는데 이바지할 수 있다. 기본소득이 개미들의 노력을 모아 베짱이들에게 특혜를 준다는 비판에서도 벗어날 수 있다. 지역화폐를 쓴다면 그 돈이 지역 내에서 돌고 돌아 베짱이의 소비가 개미들에게도 일정한 도움을 줄 수밖에 없기 때문이다. 그런 점에서 지역통화나 지역화폐는 기본소득을 보완하는 수단이 아니라 그 단추를 꿰는 적극적인 방법이 될 수도 있다. 그러면 기본소득이 '정책대안'이 아니라 '운동'으로 활성화될 수 있지 않을까? 얼마 안 되는 돈이라도 여러 명이 모이면 적지 않은 돈이 될 수 있고, 새로운 일을 벌이지 않아도 지금 하고 있는 일을 더 열심히 하고 거기서 나오는 성과를 함께 나눌 수 있다. 걸립乞粒의 전통은 필요한 자원을 마을에서 모을 수 있는 지혜를 알려주니, 지금 필요한 건 걸립패이다. 애타게 구하면 함께 먹고 살 방법이 보인다. '자본'주의에 맞서려면 다른 여러 방법도 필요하겠지만 자본에 칼을 들이대야 하지 않을까.

자치와 자립의 기반을 다지기 위해 삶의 정치를 실행하고 살림살이를 재구성하려는 풀뿌리민주주의와 아나키즘의 노력은 계속되고 있다. 함께 이야기를 나누며 같이 걷는 사람이 늘어나면 그곳에 길이 만들어진다. 그 길에 끝이 어디 있겠는가. 웃고 울며 갈 수 있는 만큼 가고, 따라오지 못하는 사람 손잡아 주고, 그 속에 대안이 있는 거라 생각한다.

참고 자료

가라타니 고진. 송태욱 옮김. 2003.《일본정신의 기원》. 이매진.
_____. 송태욱 옮김. 2005.《트랜스크리틱: 칸트와 마르크스 넘어서기》. 한길사.
_____. 조영일 옮김. 2007.《세계공화국으로》. 도서출판 b
강정택 지음. 박동성 옮김. 이문웅 엮음. 2008.《식민지 조선의 농촌사회와 농업경제》. YBM시사.
고병권. 2009.《추방과 탈주》. 그린비.
_____. 2012.《점거, 새로운 거버먼트》. 그린비.
고종석. 2003. "신분제로서의 지역주의: 극우 멘탈리티의 한국적 작동 양상". 홍세화 외.《불가사
    리: 극우야 잦아들어라》. 아웃사이더.
구승회 외. 2004.《한국 아나키즘 100년》. 이학사.
김갑수. 2007. "아나키즘의 윤리관과 전통 윤리관의 만남 및 변용: 한국 근대의 경험을 중심으
    로".《시대와 철학》제 18권 1호.
김명섭. 2013. "북경 독립운동세력의 아나키즘 수용과정". 우당 이회영선생 순국 81주기 추모 학
    술회의.
김상봉. 2012.《기업은 누구의 것인가》. 꾸리에.
김성국. 2005. "단주 유림과 21세기 한국 아나키스트 정치".《아나키즘 학술대회: 단주 유림의 사
    상과 독립노농당》자료집.
김영일. 2001a. "문화운동으로서의 아나키즘: 란다우어(G. Landauer)의 연방주의에 나타난 아나
    키즘의 이해". 한국정치사상학회 월례토론회.
_____. 2001b. "프루동의 연방주의와 민주주의 이해".《국제정치논총》제 41집 1호.
김용덕. 1992.《신한국사의 탐구》. 범우사.
김은석. 2004.《개인주의적 아나키즘》. 우물이 있는 집.
김익록 엮음. 2010.《나는 미처 몰랐네 그대가 나였다는 것을: 무위당 장일순 잠언집》. 시골생활.
김일대. 1931. "천도교 농민운동의 리론과 실제, 농촌문제특집".《동광》제 20호.
김정남. 2005.《진실, 광장에 서다: 민주화운동 30년의 역정》. 창비.
김종철. 2008.《땅의 옹호: 공생공락의 삶을 위하여》. 녹색평론사.
김지하. 2003.《생명학1》. 화남.
김택호. 2009.《한국 근대 아나키즘 문학, 낯선 저항》. 도서출판 월인.
노명식. 2002.《함석헌 다시 읽기》. 인간과자연사.
니콜로 마키아벨리. 강정인 외 옮김. 2003.《로마사논고》. 한길사.
다니엘 벤사이드. 김은주 옮김. 2003.《저항: 일반 두더지학에 대한 시론》. 이후.
단주유림선생기념사업회. 1991.《旦洲 柳林 資料溟》. 백산인쇄공사.
더글러스 러미스. 김종철·이반 옮김. 2002.《경제성장이 안되면 우리는 풍요롭지 못할 것인가》.
    녹색평론사.
데이비드 그레이버. 서정은 옮김. 2009.《가치이론에 대한 인류학적 접근》. 그린비.
데이비드 하비. 최병두 외 옮김. 2001.《희망의 공간》. 한울.
레프 니콜라예비치 톨스토이. 조윤정 옮김. 2008.《국가는 폭력이다》. 달팽이.

리 호이나키. 김종철 옮김. 2007.《정의의 길로 비틀거리며 가다》. 녹색평론사.

마리아 미즈, 베로니카 벤홀트-톰젠. 꿈지모 옮김. 2013.《자급의 삶은 가능한가》. 동연.

마샬 버만. 윤호병·이만식 옮김. 1994.《현대성의 경험》. 현대미학사.

마이클 테일러. 송재우 옮김. 2006.《공동체, 아나키, 자유》. 이학사.

마지드 라흐네마. 2010. "참여: 교묘한 통제의 방법". 볼프강 작스 외 지음. 이희재 옮김.《반자본
　　　발전사전》. 아카이브.

머레이 북친. 박홍규 옮김. 1998.《사회생태주의란 무엇인가》. 민음사.

_____. 서유석 옮김. 2012.《머레이 북친의 사회적 생태론과 코뮌주의》. 메이데이.

미셸 푸코. 홍성민 옮김. 1993.《권력과 지식》. 나남.

박용남. 2008. "'사랑의 경제'와 지역화폐 운동".《녹색평론》 102호.

박은식. 김도형 옮김. 2008.《한국독립운동지혈사》. 소명출판.

박형준. 2003. "'참여'의 의미찾기".《당대비평》 여름호.

박환. 2005.《식민지시대 한인 아나키즘 운동사》. 선인.

반병률. 2002. "한국 근현대사상사의 지평을 확대한 아나키즘 연구:《한국의 아나키즘-사상편》
　　　(이호룡, 지식산업사, 2001)".《역사와 현실》 제 46권.

방영준. 2006.《저항과 희망 아나키즘》. 이학사.

버나드 마넹. 곽준혁 옮김. 2004.《선거는 민주적인가: 현대 대의민주주의의 원칙에 대한 비판적
　　　고찰》. 후마니타스.

버트런드 러셀. 송은경 옮김. 1999.《게으름에 대한 찬양》. 사회평론.

샤르르 푸리에. 김문창 옮김. 1993.《산업적 협동사회적 새 세계 외》. 형설출판사.

샤를렌느 스프레트낙·푸리조프 카프라. 강석찬 옮김. 1990.《녹색정치: 전지구적 위기에 도전하
　　　는 녹색당의 이념과 활동》. 정신세계사.

서중석. 1991.《한국현대민족운동연구: 해방후 민족국가 건설운동과 통일전선》. 역사비평사.

송찬섭. 2004.《농민이 난亂을 생각하다》. 서해문집.

숀 쉬한. 조준상 옮김. 2003.《우리 시대의 아나키즘》. 필맥.

신종대. 1992. "부산·경남지방 인민위원회의 결성과 와해과정".《한국과 국제정치》제 8권 1호.

안또니오 네그리·펠릭스 가따리. 조정환 편역. 2000.《미래로 돌아가다》. 갈무리.

안종수. 2006.《에스페란토, 아나키즘, 그리고 평화》. 선인.

안토니오 그람시. 박상진 옮김. 2003.《대중 문학론》. 책세상.

안토니오 네그리·마이클 하트. 조정환 외 옮김. 2008.《다중: '제국'이 지배하는 시대의 전쟁과
　　　민주주의》. 세종서적.

엠마 골드만. 김시완 옮김. 2001.《저주받은 아나키즘》. 우물이있는집.

오두영. 2003. "아나키즘과 연방주의". 한국민족운동사학회 편.《일제하 아나키즘운동의 전개》.
　　　국학자료원.

玉川信明(옥천신명). 이은순 옮김. 1991.《아나키즘》. 오월.

위르겐 하버마스. 한승완 옮김. 2001.《공론장의 구조변동》. 나남출판.

윌리엄 모리스. 박홍규 옮김. 2004.《에코토피아 뉴스》. 필맥.

유자명. 1999.《한 혁명자의 회억록》. 독립기념관 한국독립운동사연구소.

윤해동. 2008.《식민지 근대의 패러독스》. 휴머니스트.

이경자. 2000. "한국적 지역사회조직의 사회행동 모델 사례연구 : 수도권도시선교위원회를 중심
　　　으로", 신라대학교 사회정책대학원 석사학위논문.

이기우. 2009. "지방분권, 지방자치, 연방제도". 민주화운동기념사업회 연구소 편.《민주주의강의 3: 제도》. 민주화운동기념사업회.

이기호. 2003. "생활정치의 관점에서 본 한일간 시민운동의 비교연구".《시민사회와 NGO》제 1 권 제 1호.

_____. 2005. "삶의 정치, 녹색자치와 여성: 지역정당일본 가나가와네트워크 운동의 사례". 초복 정치연대 지방자치학교.

이명원. 2008. "농민공동체와 직접행동 민주주의".《녹색평론》제 101호.

이문창. 2008.《해방 공간의 아나키스트》. 이학사.

이반 일리치. 2010. "요구: 중독된 욕망". 볼프강 작스 외 지음. 이희재 옮김. 2010.《반자본 발전 사전》. 아카이브.

이와사부로 코소. 김향수 옮김. 2010.《뉴욕열전》. 서울: 갈무리.

_____. 수유너머 옮김. 2012. "새로운 아나키즘의 위상". 웹진《수유 위클리》제 111호 (http://suyunomo.net/?p=9900)

이윤갑. 2005. "일제의 식민지 지배와 마을문화의 해체".《한국학논집》제 32집.

이재성. 2006. "지방화와 풀뿌리민주주의의 가능성 모색".《한국학논집》제 33호.

이정규. 1974.《又觀文存》. 삼화인쇄(주)출판부.

이정은. 2009.《3·1독립운동의 지방시위에 관한 연구》. 국학자료원.

이치석. 2005.《전쟁과 학교》. 도서출판 삼인.

이호. 2002. "주민자치·주민자치운동의 현황과 과제". 시민자치정책센터 편.《풀뿌리는 느리게 질주한다》. 갈무리.

___. 2010. "네트워킹하고 그라운드 워킹하자." 풀뿌리자치연구소 이음 편.《모이고 떠들고 꿈꾸 다》. 이매진.

이호·김현. 2004. "주민자치운동 1987~2002".《시민운동 15년사》. 시민의신문사.

이호룡. 2001.《한국의 아나키즘》. 지식산업사.

_____. 2008.《절대적 자유를 향한 반역의 역사》. 서해문집.

장 자끄 루소. 정성환 역. 1988.《사회계약론》. 홍신문화사.

장 프레포지에. 이소희·이지선·김지은 옮김. 2003.《아나키즘의 역사》. 이룸.

장우순. 2006. "1920년대 만주한인사회의 세대교체와 운동이념의 변화".《사림》제 26호.

장원봉. 2006a. "진보적 지방자치의 성과와 과제: 울산 동구와 북구를 중심으로". 한상진 외.《진 보적 지방자치, 무엇을 했고 무엇을 해야 하는가》. 진보정치연구소.

_____. 2006b.《사회적 경제의 이론과 실제》. 서울: 나눔의 집.

장일순. 2005.《나락 한알 속의 우주: 无爲堂 장일순의 이야기 모음》. 녹색평론사.

장일순·이현주. 2003.《무위당 장일순의 노자 이야기》. 삼인.

전명혁. 2006.《1920년대 한국사회주의운동연구: 서울파 사회주의그룹의 노선과 활동》. 선인.

전순옥 지음. 2004.《끝나지 않은 시다의 노래》. 한겨레신문사.

정상호. 2008. "'촛불'과 한국민주주의: '풀뿌리 생활정치'의 모색".《환경과 생명》통권 57호.

정수복: 2002.《시민의식과 시민참여》. 아르케.

한국역사연구회·역사문제연구소 엮음.《3·1민족해방운동 연구: 3·1운동 70주년 기념논문집》. 청년사.

정철희. 2003.《한국 시민사회의 궤적: 1970년대 이후 시민사회의 동학》. 아르케.

정혜경. 20006.《일제시대 재일조선인민족운동연구》. 국학자료원 정화암. 1992. 《어느 아나키스트의 몸으로 쓴 근세사》. 자유문고.

제러미 리프킨. 이원기 옮김. 2005. 《유러피언 드림》. 민음사.

제민일보 4·3 취재반. 1994. 《4·3은 말한다 1: 해방의 환희와 좌절, 3·1절 발포와 4·3의 길목》. 전예원.

제임스 스콧. 김춘동 옮김. 2004. 《농민의 도덕경제: 동남아시아의 반란과 생계(rebellion and subsistence)》. 아카넷.

_____. 전상인 옮김. 2010. 《국가처럼 보기: 왜 국가는 계획에 실패하는가》. 에코리브르.

조동걸. 1983. 《일제하한국농민운동사》. 한길사.

조세현. 2001. 《동아시아 아나키즘, 그 반역의 역사》. 책세상.

_____. 2003. "1920년대 전반기 재중국 한인 아나키즘운동". 《한국근현대사연구》 제25집.

_____. 2005. "동아시아 3국(한·중·일)에서 크로포트킨 사상의 수용: 《상호부조론》을 중심으로". 《중국사연구》 제39집.

조약골. 2011. 《운동권 셀레브리티》. 서울: 텍스트.

조재희. 1989. "일제 초기 식민지 국가기구의 형성과 그 성격". 한국역사연구회·역사문제연구소 엮음. 《3·1민족해방운동 연구: 3·1운동 70주년 기념논문집》. 청년사.

조지 카치아피카스. 이재원·이종태 옮김. 1999. 《신좌파의 상상력》. 이후.

조현옥. 2002. "사회운동에서 정당으로". 바람과 물 연구소 편. 《한국에서의 녹색정치, 녹색국가》. 당대.

존스턴 버챌. 장종익 옮김. 2003. 《21세기의 대안 협동조합운동》. 들녘.

주강현. 2006. 《두레: 농민의 역사》. 들녘.

주성수. 2004. 《시민참여와 정부정책》. 서울: 한양대학교 출판부.

_____. 2005. "풀뿌리민주주의의 이론적 기초: '대의 대 직접' 민주주의 논의를 중심으로". 《시민사회와 NGO》 제3권 제2호.

차미경. 2007. "이 세계를 어떻게 변화시킬 수 있을까". 《녹색평론》 95호.

천정환. 2003. 《근대의 책읽기》. 푸른역사.

최백순. 2013. 《미래가 있다면, 녹색》. 이매진.

최장집. 2002. 《민주화 이후의 민주주의: 한국민주주의의 보수적 기원과 위기》. 후마니타스.

_____. 2007. "한국 민주주의, 무엇이 문제이고 무엇이 문제가 아닌가". 최장집 외. 《어떤 민주주의인가: 한국 민주주의를 보는 하나의 시각》. 후마니타스.

_____ 외. 2007. 《어떤 민주주의인가: 한국 민주주의를 보는 하나의 시각》. 후마니타스.

최진혁. 2004. "로컬거버넌스 시대의 지방자치발전을 위한 지역 NGO의 역할과 과제". 한국거버넌스학회 학술대회자료집.

최창수. 2009. "풀뿌리 지역사회 주민조직의 지역성: 대도시 사례에 대한 연결망 분석". 《국가정책연구》 23권 제2호.

칼 폴라니. 홍기빈 옮김. 2002. 《전 세계적 자본주의인가 지역적 계획경제인가 외》. 책세상.

퀜틴 스키너. 박동천 옮김. 2004. 《근대 정치사상의 토대1》. 한길사.

타리크 알리·수잔 왓킨스. 안찬수·강정석 옮김. 2001. 《1968: 희망의 시절, 분노의 나날》. 삼인.

테오도르 젤딘. 김태우 옮김. 1999. 《인간의 내밀한 역사》. 강.

파올로 비르노. 김상운 옮김. 2004. 《다중》. 갈무리.

폴 라파르그. 조형준 옮김. 1997. 《게으를 수 있는 권리》. 새물결.

폴 애브리치. 하승우 옮김. 2003. 《아나키스트의 초상》. 갈무리.

폴 파이어아벤트. 정병훈 옮김. 1987.《방법에의 도전》. 서울: 흔겨레.

표영삼. 2004.《동학1: 수운의 삶과 생각》. 통나무.

표트르 크로포트킨. 하기락 옮김. 1983.《전원·공장·작업장》. 형설출판사.

_____. 하기락 옮김. 1993.《근대과학과 아나키즘》. 신명.

_____. 김유곤 옮김. 2003.《크로포트킨 자서전》. 우물이 있는 집.

_____. 김영범 옮김. 2005.《만물은 서로 돕는다》. 르네상스.

_____. 백용식 옮김. 2009.《아나키즘》. 도서출판 개신.

프란시스 무어 라페. 우석영 옮김. 2008.《살아있는 민주주의》. 이후.

프란시스코 페레. 이훈도 옮김. 2002.《꽃으로도 아이를 때리지 말라》. 우물이 있는 집.

프란츠 파농. 남경태 옮김. 2004.《대지의 저주받은 사람들》. 그린비.

피에르 조제프 프루동. 이용재 옮김. 2003.《소유란 무엇인가》. 아카넷.

피에르 조지프 프루동. 박영환 옮김. 1989.《노동자계급의 정치적 능력》. 형설출판사.

하기락. 1979. "우리는 서양철학을 어떻게 받아들일 것인가".《철학연구》제 28집.

_____. 1985.《탈환: 백성의 자기해방의지》. 형설출판사.

_____. 1993.《조선철학사》. 형설출판사.

하승수. 2006. "왜 풀뿌리운동이 희망인가?" 풀뿌리자치연구소 이음 창립토론회 주제발표문.

하승우. 2006a. "정부의 주민투표제도 악용과 지역사회의 역할".《시민사회와 NGO》제4권 2호.

_____. 2006.b《세계를 뒤흔든 상호부조론》. 그린비.

_____. 2008. "한국 풀뿌리민주주의의 사상적 기원에 관한 고찰".《기억과 전망》제 18호.

_____. 2009. "한국의 시민운동과 생활정치의 발전과정".《시민사회와 NGO》제 7권 제 2호.

_____. 2010. "그래, 나는 풀뿌리를 믿는다". 풀뿌리자치연구소 이음.《모이고 떠들고 꿈꾸다》. 이매진.

_____. 2013. "협동조합운동의 흐름과 비판적 점검".《문화과학》제 73호.

한국도시연구소. 1999.《지역주민운동 리포트》. 한국도시연구소.

한국자주인연맹 홈페이지 http://jajuin.org/index.asp

한나 아렌트. 이진우·태정호 옮김. 1997.《인간의 조건》. 한길사.

_____. 홍원표 옮김. 2004.《혁명론》. 한길사.

_____. 이진우·박미애 옮김. 2006.《전체주의의 기원1》. 한길사.

_____. 제롬콘 편집. 김선욱 옮김. 2007.《정치의 약속》. 푸른숲.

한상도. 2013. "일제 침략기 한·중·일 아나키스트들의 연대활동". 우당 이회영선생 순국 81주기 추모 학술회의.

한영혜. 2004.《일본의 지역사회와 시민운동》. 한울아카데미.

함석헌. 1979.《생각하는 백성이라야 산다》. 생각사.

_____. 2001.《들사람 얼》. 한길사.

함석헌기념사업회 엮음. 2001.《끝나지 않은 강연: 함석헌 미간행 강연 유고집》. 삼인.

허은. 1994. "경상북도 지역 지방인민위원회의 역사적 배경과 활동".《역사연구》제 3권.

홍성식. 2009. "조선농민사의 농민문학론과 농민소설 연구".《한국문예비평연구》제28집.

홍은광. 2003. "파울로 프레이리 교육사상의 수용과정과 한국 민중교육운동에 대한 영향". 서울 대학교 교육학과 석사학위논문.

황주석. 2007.《마을이 보인다, 사람이 보인다》. 그물코.

Alexander Berkman. 2003. *What is Anarchism?*. AK Press.

Chantal Mouffe. 1993. *The Return of the Political*. Verso.

Claude Lefort. 1988. *Democracy and Political Theory*. Cambridge Polity Press.

David Graeber. 2004. *Fragments of an Anarchist Anthropology*. Prickly Paradigm Press.

_____. 2013. *Democracy Project*. Spiegel & Grau.

Douglas Lummis. 1996. *Radical Democracy*. Cornell Univ Press.

Erik Olin Wright, Archon Fung ed. 2003. *Deepening Democracy: Institutional Innovations in Empowered Participatory Governance*. Verso.

Errico Malatesta. 1891. *Anarchy*. Freedom Press.

George Woodcock. 1996. *P J Proudhon*. Routledge.

Gustav Landauer, David J. Parent tr. 1978. *For Socialism*. Telos Press.

Herbert Marcuse. 1958. *Soviet Marxism: A Critical Analysis*. Beacon Press.

_____. 1964. *One-dimensional Man*. Beacon Press.

_____. 1966. *Eros and Civilization*. Beacon Press.

_____. 1969. *An Essay on Liberation*. Beacon Press.

James Scott. 2009. *The Art of Not Being-Governed: An Anarchist History of Upland Southeast Asia*. Yale Univ Press.

John Haskell. 2001. *Direct Democracy or Representative Government?: Dispelling the populist myth*. Boulder: Westview Press.

John Locke, David Wootton ed. 1993. *Political Writings of John Locke*. Penguin Books Ltd.

John Stuart Mill, John Gray ed. 1998. *On Liberty and Other Essays*. Oxford University Press.

Martin Gorsky. 1998. "The growth and distribution of English friendly societies in the early nineteenth century". *Economic History Review*, Vol. 51, No.3.

Max Stirner, David Leopold tr. 1995. *The Ego and Its Own*. Cambridge University Press.

Paul Avrich. 1988. *Anarchist Portraits*. Princeton University Press.

Peter Kropotkin, Colin Ward ed. 1974. *Peter Kropotkin's Fields, Factories and Workshops Tomorrow*. Freedom Press.

_____, Elisee Reclus tr. 1990. *The Conquest of Bread*. Black Rose Books.

Schönwälder, Gerd, 1997. "New Democratic Spaces at the Grassroots? Popular Participation in Latin American Local Governments." *Development and Change* 28.

Thomas Hobbes, Michael Oakeshott ed. 1962. *Leviathan*. Collier MacMillan Publishers.

_____, Sterling P Lamprecht ed. 1949. *The Cive or The Citizen*. Appleton-Century-Crofts, Inc.

ㄱ, ㄴ, ㄷ

ㄹ, ㅁ, ㅂ

ㅅ, ㅇ